btb

Buch

Dreißig Jahre lang hat Frank McCourt an New Yorker Schulen unterrichtet. Hat versucht, launische, genervte oder aufsässige Schüler zu fesseln und ihre Herzen zu gewinnen, mit den unkonventionellsten Methoden, was ihm oft Ärger mit den Vorgesetzten einbrachte. Vor allem jedoch hat er ihnen Geschichten erzählt, Geschichten aus seiner Kindheit, aus Irland, aus seinem Leben – und verblüfft festgestellt, daß die Kinder immer mehr hören wollten. In der Schule, vor seinem strengsten Publikum, hat McCourt gelernt, daß man seine Zuhörer ernst nehmen muß, wenn man sie erreichen will. Hier hat er gelernt, sie mit der ihm eigenen Mischung aus Witz und Selbstironie, Offenheit und Lebensweisheit zu fesseln. Und hier hat er erstmals zum Erzählen seiner Lebensgeschichte gefunden, die ihn später mit »Die Asche meiner Mutter« weltberühmt machte.

Autor

Frank McCourt wurde 1930 in Brooklyn in New York als Kind irischer Einwanderer geboren, wuchs in Limerick in Irland auf und kehrte 1949 nach Amerika zurück. Dreißig Jahre lang hat er Englische Literatur und Sprache an New Yorker High Schools unterrichtet. Danach schrieb er die Erinnerungen an seine irische Kindheit auf, ein Buch, das er sein ganzes Leben lang schreiben wollte. »Die Asche meiner Mutter« wurde weltweit zum Bestseller, und Frank McCourt bekam dafür u. a. den Pulitzerpreis. Frank McCourt lebt mit seiner Frau Ellen in New York City.

Frank McCourt bei btb

Frank McCourt

Tag und Nacht und auch im Sommer

Erinnerungen

Deutsch von Rudolf Hermstein

btb

Die Originalausgabe erschien 2005 unter dem Titel »Teacher Man«
bei Scribner, New York.

FSC

Mix

Produktgruppe aus vorbildlich
bewirtschafteten Wäldern und
anderen kontrollierten Herkünften

Zert.-Nr. GFA-COC-1223
www.fsc.org
© 1996 Forest Stewardship Council

Verlagsgruppe Random House FSC-DEU-100
Das für dieses Buch verwendete FSC-zertifizierte Papier *Munken Print*
liefert Arctic Paper Munkedals AB, Schweden.

1. Auflage
Genehmigte Taschenbuchausgabe Oktober 2008,
btb Verlag in der Verlagsgruppe Random House GmbH, München
Copyright © der Originalausgabe 2005 Green Peril Corp.,
in Übereinkunft mit dem Autor
Copyright © der deutschsprachigen Ausgabe 2006 Luchterhand Lite-
raturverlag, München, in der Verlagsgruppe Random House GmbH
Umschlaggestaltung: Design Team München
Umschlagfoto: Privatarchiv des Autors
Satz: Greiner & Reichel, Köln
Druck und Einband: CPI – Clausen & Bosse, Leck
CP · Herstellung: BB
Printed in Germany
ISBN 978-3-442-73750-5

www.btb-verlag.de

Für die nächsten Generationen des Stammes McCourt:

Siobhan (Tochter von Malachy)
und ihre Kinder Fiona und Mark
Malachy von Bali (Sohn von Malachy)
Nina (Stieftochter von Malachy)
Mary Elizabeth (Tochter von Michael)
und ihre Tochter Sophia
Angela (Tochter von Michael)
Conor (Sohn von Malachy) und seine Tochter Gillian
Cormac (Sohn von Malachy) und seine Tochter Adrianna
Maggie (Tochter von Frank)
und ihre Kinder Chiara, Frankie und Jack
Allison (Tochter von Alphie)
Mikey (Sohn von Michael)
Katie (Tochter von Michael)

Singt euer Lied, tanzt euren Tanz, erzählt eure Geschichte.

PROLOG

Verstünde ich etwas von Sigmund Freud und Psychoanalyse, könnte ich all meine Sorgen und Nöte auf meine unglückliche Kindheit in Irland zurückführen. Diese unglückliche Kindheit nahm mir meine Selbstachtung, löste Anfälle von Selbstmitleid aus, lähmte mein Gefühlsleben, machte aus mir einen reizbaren und neidischen Menschen ohne Respekt vor Autorität, verlangsamte meine Entwicklung, ließ meine Beziehungen zum anderen Geschlecht verkümmern, hinderte mich, im Leben voranzukommen, und machte mich, beinahe, unfähig zu jedem normalen menschlichen Umgang. Es ist ein Wunder, daß ich überhaupt Lehrer werden und Lehrer bleiben konnte, und ich muß mir die Bestnote dafür geben, daß ich die vielen Jahre in den Klassenzimmern von New York überlebt habe. Es sollte einen Orden für Menschen geben, die eine unglückliche Kindheit überlebt haben und Lehrer geworden sind, und ich sollte ganz oben stehen auf der Liste der Anwärter auf diesen Orden einschließlich etwaiger Bänder für negative Spätfolgen.

Ich könnte Schuld zuweisen. Die unglückliche Kindheit kommt nicht von ungefähr. Sie wird herbeigeführt. Es gibt dunkle Mächte. Wenn ich denn Schuld zuweisen soll, so tue ich es im Geiste der Vergebung. In diesem Sinn vergebe ich den Folgenden: Papst Pius XII., den Engländern im allgemeinen und König George VI. im besonderen, Kardinal MacRory, der Irland regierte, als ich ein Kind war, dem Bischof von Limerick, für den offenbar alles und jedes Sünde war, Eamon De Valera, dem ehemaligen Premierminister (Taoiseach) und Staatspräsidenten von Irland. De Valera war ein halbspanischer Gälisch-Fanatiker (spanische Zwiebel in irischem Eintopf), der die Lehrer in ganz Irland anwies, uns die Muttersprache einzubleuen und die angeborene Neugier auszutreiben. Er bescherte uns viele unglückliche Stunden. Er war vollkommen gleichgültig gegenüber den schwarzen und blauen Striemen, die der Stock des Schulmeisters auf diversen Teilen unserer jungen Körper hinterließ. Desgleichen vergebe ich dem Priester, der mich aus dem Beichtstuhl jagte, als ich mich zu den Sünden der Selbstbefleckung und des Diebstahls von Pennies aus der Börse meiner Mutter bekannte. Er sagte, ich ließe keine aufrichtige Reue erkennen, schon gar nicht in fleischlichen Dingen. Und obwohl er damit den Nagel auf den Kopf getroffen hatte, brachte er durch seine Weigerung, mir die Absolution zu erteilen, meine Seele derart in Gefahr, daß er für meine ewige Verdammnis verantwortlich gewesen wäre, wenn mich vor der Kirche ein Lastwagen überfahren hätte. Ich vergebe diversen rabiaten Schulmeistern, daß sie mich an den Haaren aus der Bank gezogen und mich regelmäßig mit Zeigestab, Riemen oder Rohrstock durchgewalkt haben, wenn ich über Fragen zum Katechismus stolperte oder nicht im Kopf 937 durch 739 teilen konnte. Von meinen Eltern und anderen Erwachsenen hörte ich nur, das sei alles zu meinem Besten. Ich vergebe ihnen ihre himmelschreiende Heuchelei und frage mich, wo sie heute sein mögen. Im Himmel? In der Hölle? Im Fegefeuer (wenn es das noch gibt)?

Ich kann sogar mir selbst vergeben, obwohl ich immer wieder stöhnen muß, wenn ich auf verschiedene Phasen meines Lebens zurückblicke. War ich ein Esel! Diese albernen Ängste! Diese Dummheiten! Dieses Zaudern und Herumstolpern!

Aber dann schaue ich noch mal genauer hin. Ich habe Kindheit und Jugend damit zugebracht, mein Gewissen zu erforschen und festzustellen, daß ich mich permanent im Zustand der Sünde befand. Das war der Drill, die Gehirnwäsche, die Konditionierung, und die verbot jede Selbstzufriedenheit, zumal bei Angehörigen der Sünderklasse.

Jetzt ist es, glaube ich, an der Zeit, mir wenigstens eine Tugend gutzuschreiben: Hartnäckigkeit. Nichts so Glanzvolles wie Ehrgeiz, Begabung, Verstand oder Charme, aber doch das einzige, was mich durch die Tage und Nächte getragen hat.

F. Scott Fitzgerald hat gesagt, ein amerikanisches Leben habe keinen zweiten Akt. Er hat einfach nicht lange genug gelebt. In meinem Fall hat er nicht recht behalten.

In den dreißig Jahren, die ich an New Yorker High Schools unterrichtet habe, nahm niemand außer meinen Schülern die geringste Notiz von mir. Außerhalb der Schule war ich unsichtbar. Dann schrieb ich ein Buch über meine Kindheit und wurde der Held der Stunde. Ich hoffte, das Buch würde den McCourt-Kindern und -Enkelkindern die Familiengeschichte nahebringen. Ich hoffte, daß sich vielleicht ein paar hundert Exemplare verkaufen würden und ich Einladungen von Lesezirkeln bekäme. Statt dessen eroberte es auf Anhieb die Bestsellerlisten und wurde in dreißig Sprachen übersetzt. Ich war verblüfft. Das Buch war mein zweiter Akt.

In der Welt der Bücher bin ich ein Spätzünder, ein Nachzügler, ein Frischling. Mein erstes Buch, *Die Asche meiner Mutter*, erschien 1996, als ich sechsundsechzig war, das zweite, *Ein rundherum tolles Land*, 1999, da war ich neunundsechzig. In dem Alter kann man von Glück sagen, wenn man überhaupt noch den Bleistift halten kann. Neue Freunde von mir (die ich meinem Aufstieg in die Bestsellerlisten verdanke) hatten in ihren Zwanzigern ihre ersten Bücher geschrieben. Jungspunde.

Aber was hat Sie denn so lange abgehalten?

Ich habe unterrichtet, das hat mich so lange abgehalten. Nicht an einem College oder einer Universität, wo man jede Menge Zeit fürs Schreiben oder für andere Zerstreuungen hat, sondern an vier verschiedenen öffentlichen High Schools in New York City. (Ich kenne Romane über das Leben von Universitätsprofessoren, die mit außerehelichen Liebschaften und akademischen Grabenkämpfen so beschäftigt waren, daß man sich fragt, wo sie da noch ein paar Unterrichtsstunden hineinquetschen konnten.) Wenn man täglich fünf Klassen unterrichtet, fünf Tage die Woche, ist es unwahrscheinlich, daß man sich am Feierabend mit einem klaren Kopf zu Hause hinsetzt und unsterbliche Prosa schmiedet. Nach einem Schultag mit fünf Klassen ist der Kopf randvoll vom Radau im Klassenzimmer.

Ich hätte nie gedacht, daß *Die Asche meiner Mutter* auch nur auf das geringste Interesse stoßen würde, aber als das Buch auf den Bestsellerlisten erschien, wurde ich ein Liebling der Medien. Ich wurde viele hundertmal fotografiert. Ich war eine geriatrische Novität mit irischem Akzent. Ich wurde für Dutzende von Blättern interviewt. Ich lernte Gouverneure, Bürgermeister, Schauspieler kennen. Ich wurde dem ersten Präsidenten Bush und seinem Sohn, dem Gouverneur von Texas, vorgestellt. Ich schüttelte Präsident Clinton und Hillary Rodham Clinton die Hand. Ich lernte Gregory Peck kennen. Ich war beim Papst und küßte seinen Ring. Sarah, Herzogin von York, interviewte mich. Sie sagte, ich sei ihr erster Pulitzerpreisträger. Ich erwiderte, sie sei meine erste Herzogin. Sie sagte, oh, und fragte den Kameramann, haben Sie das? Haben Sie das? Ich wurde für einen Hörbuch-Grammy nominiert und hätte beinahe Elton John kennengelernt. Die Menschen sahen mich mit ganz anderen Augen an als früher. Ah, Sie haben doch dieses Buch geschrieben, sagten sie, hier entlang bitte, Mr. McCourt, oder, kann ich Ihnen irgend etwas Gutes tun, irgend etwas? Eine Frau in einem Café kniff die Augen zusammen und sagte, ich hab Sie im Fernsehen gesehen. Sie müssen ein wichtiger Mann sein. Wer sind Sie? Könnte ich ein Autogramm haben? Man hörte mir zu. Man fragte mich nach meiner Meinung über Irland, Bindehautentzündung, Trunksucht, Zähne, Bildung, Religion, Jugendangst, William Butler Yeats, Literatur im allgemeinen. Welche Bücher lesen Sie diesen Sommer? Welche Bücher haben Sie dieses Jahr gelesen? Katholizismus, Schriftstellerei, Hunger. Ich sprach vor Versammlungen von Zahnärzten, Rechtsanwälten, Augenärzten und, natürlich, Lehrern. Ich bereiste die Welt, als Ire, als Lehrer, als Autorität für Unglück und Elend jeder Art, ein Leuchtturm der Hoffnung für Senioren allerorten, die schon immer ihre Lebensgeschichte erzählen wollten.

Die Asche meiner Mutter wurde verfilmt. Egal, was man in Amerika schreibt, immer ist gleich vom Film die Rede. Man könnte das Telefonbuch von Manhattan schreiben, und trotzdem würde man gefragt werden, und wann kommt der Film?

Hätte ich *Die Asche meiner Mutter* nicht vollendet, ich hätte noch auf dem Sterbebett gebettelt, nur noch ein Jahr, lieber Gott, nur noch ein Jahr, weil dieses Buch das Eine ist, was ich in meinem Leben – was davon übrig ist – noch zustande bringen will. Ich hätte mir nie träumen lassen, daß es ein Bestseller werden würde. Ich hatte nur gehofft, es würde in den Buchhandlungen stehen und ich könnte heimlich beobachten, wie schöne Frauen die Seiten umwenden und ab und zu eine Träne vergießen. Sie würden das Buch natürlich kaufen, es nach Hause tragen, sich auf dem Diwan rekeln, meine Geschichte lesen und dabei Kräutertee oder einen guten Sherry trinken. Und sie würden es für alle ihre Freundinnen bestellen.

In *Ein rundherum tolles Land* schrieb ich über mein Leben in Amerika und darüber, wie ich Lehrer wurde. Als es erschienen war, ließ mich das Gefühl nicht los, daß das Unterrichten darin zu kurz gekommen war. In Amerika werden Ärzte, Anwälte, Generäle, Schauspieler, Fernsehleute und Politiker bewundert und reich belohnt. Lehrer mitnichten. Unterrichten ist die Küchenmagd unter den akademischen Berufen. Lehrer werden aufgefordert, den Dienstboteneingang zu benutzen oder hintenherum zu gehen. Man beglückwünscht sie, weil sie jede Menge Freizeit haben. Man spricht gönnerhaft von ihnen und tätschelt ihnen, im nachhinein, die silbernen Locken. O ja, ich hatte eine Englischlehrerin, Miss Smith, die mich wirklich begeistert hat. Ich werde sie nie vergessen, die gute alte Miss Smith. Sie sagte immer, wenn sie in den vierzig Jahren ihrer Lehrtätigkeit auch nur ein einziges Kind wirklich erreicht habe, dann hätte es sich für sie schon gelohnt. Dann könne sie glücklich sterben. Die begeisternde Englischlehrerin tritt sodann in die grauen Schatten zurück, fristet ihren Lebensabend mit einer mickrigen Pension und träumt von dem einen Kind, das sie vielleicht erreicht hat. Träum weiter, Lehrerin. Man wird dir keine Kränze flechten.

Man stellt es sich so vor: Man geht ins Klassenzimmer, bleibt einen Moment stehen, wartet, bis Ruhe eintritt, sieht zu, wie die Schüler ihre Hefte aufschlagen und ihre Kulis klicken lassen, sagt ihnen, wie man heißt, schreibt es an die Tafel und fängt mit dem Unterricht an.

Auf dem Pult hat man den Englisch-Lehrplan der Schule. Man unterrichtet Rechtschreibung, Wortschatz, Grammatik, Leseverständnis, Aufsatzschreiben, Literaturgeschichte.

Man kann es nicht erwarten, zur Literatur zu kommen. Da wird es lebhafte Diskussionen über Gedichte, Stücke, Essays, Romane, Kurzgeschichten geben. Hundertsiebzig Hände werden in die Höhe schnellen, und die Schüler werden rufen, ich, Mr. McCourt, ich, ich möchte etwas sagen.

Man hofft, sie werden etwas sagen wollen. Man will nicht, daß sie nur dasitzen und gaffen, während man sich abmüht, den Unterricht in Gang zu halten.

Man wird sich an der Fülle der englischen und amerikanischen Literatur laben. Wie herrlich wird das sein mit Carlyle und Arnold, Emerson und Thoreau. Und erst mit Shelley, Keats, Byron und dem guten alten Walt Whitman. Die Schüler werden gar nicht genug kriegen von all der Romantik und Rebellion, all der Auflehnung. Und man selber wird auch seine Freude daran haben, denn tief drinnen und in seinen Träumen ist man ein ungestümer Romantiker. Man sieht sich selbst auf den Barrikaden.

Rektoren und andere Respektspersonen draußen auf dem Flur werden Jubelrufe aus dem Klassenzimmer vernehmen.

Staunend werden sie durchs Türfenster spähen und die vielen erhobenen Hände sehen, den Eifer und die Erregung auf den Gesichtern dieser Jungen und Mädchen, dieser zukünftigen Klempner, Elektriker, Kosmetikerinnen, Schreiner, Mechaniker, Stenotypistinnen, Maschinisten.

Man wird dich, den Lehrer, für Preise und Auszeichnungen vorschlagen: Lehrer des Jahres, Lehrer des Jahrhunderts. Man wird dich nach Washington einladen. Eisenhower wird dir die Hand schütteln. Zeitungen werden dich, einen ganz normalen Lehrer, nach deiner Meinung über das Bildungswesen fragen. Eine kleine Sensation: Ein Lehrer, den man fragt, was er vom Bildungswesen hält. Wow. Du kommst ins Fernsehen.

Fernsehen.

Man stelle sich vor: ein Lehrer im Fernsehen.

Sie werden dich nach Hollywood einfliegen, wo du die Hauptrolle in Filmen über dein eigenes Leben bekommst. Einfachste Herkunft, unglückliche Kindheit, Probleme mit der Kirche (der du tapfer getrotzt hast), Bilder von dir, wie du einsam in einer Ecke sitzt und bei Kerzenschein liest: Chaucer, Shakespeare, Austen, Dickens. Wie du da mit deinen armen kranken Augen blinzelnd in der Ecke sitzt und tapfer liest, bis deine Mutter dir die Kerze wegnimmt und sagt, wenn du nicht aufhörst, werden dir die Augen noch mal ganz aus dem Kopf fallen. Du bettelst, sie soll dir die Kerze wiedergeben, du hast nur noch hundert Seiten von *Dombey und Sohn*, aber sie sagt, nein, ich habe keine Lust, dich in Limerick rumzuführen und mich von den Leuten fragen zu lassen, wieso du blind geworden bist, wo du doch vor einem Jahr noch Ball gespielt hast wie alle anderen.

Du sagst ja zu deiner Mutter, denn du kennst das Lied:

> *Wenn du noch eine Mutter hast,*
> *So danke Gott und sei zufrieden.*
> *Nicht vielen auf dem Erdenrund*
> *Ist dieses Glück beschieden.*

Außerdem könntest du nie einer Filmmutter widersprechen, die von einer der alten irischen Schauspielerinnen, Sarah Allgood oder Una O'Connor, gespielt wird, mit ihrer scharfen Zunge und ihrer Leidensmiene. Deine eigene Mutter konnte zwar auch so gekränkt dreinschauen, daß es einem durch und durch ging, aber auf der großen Leinwand in Schwarzweiß oder Farbe ist es noch viel wirkungsvoller.

Deinen Vater könnte Clark Gable spielen, nur daß der a) nicht mit dem nordirischen Akzent deines Vaters zurechtkommen würde und das b) ein arger Abstieg gegenüber *Vom Winde verweht* wäre, das, wie du dich erinnerst, in Irland verboten wurde, angeblich deshalb, weil Rhett Butler seine Angetraute Scarlett die Treppe hinauf und ins Bett trug, worüber die Filmzensoren in Dublin so entrüstet waren, daß sie kurzerhand den kompletten Film auf den Index setzten. Nein, du brauchst als Vater jemand anders, weil die irischen Zensoren genau aufpassen würden und du sehr enttäuscht wärst, wenn die Leute in Limerick, deiner Heimatstadt, und im übrigen Irland nicht die Möglichkeit bekämen, die Geschichte deiner unglücklichen Kindheit und deinen späteren Triumph als Lehrer und Filmstar zu sehen.

Aber das wäre noch nicht das Ende der Geschichte. Die eigentliche Geschichte wäre, wie du schließlich dem Sirenengesang Hollywoods widerstanden hast, wie du, nachdem man dich nächtelang großzügig bewirtet, dich gefeiert und in die Betten weiblicher Stars und Möchtegernstars gelockt hat, festgestellt hast, wie hohl ihr Leben ist, wie sie dir auf diversen Seidenkissen ihr Herz ausgeschüttet haben, wie du ihnen, von Gewissensbissen geplagt, zugehört hast, während sie dir erklärten, wie sehr sie dich bewundern, weil du wegen deines Engagements für deine Schüler ein Idol, eine Hollywood-Ikone geworden bist, wie aufrichtig sie, die hinreißenden weiblichen Stars und Möchtegernstars, es bereuen, daß sie auf Abwege geraten sind, sich für die Leere eines Lebens in Hollywood entschieden haben, obwohl sie doch auf all dies verzichten und sich täglich aus ganzem Herzen der wunderbaren Aufgabe widmen könnten, die zukünftigen Handwerker, Kaufleute und Bürokräfte Amerikas zu bilden. Wie schön müsse es doch sein, sagten sie, morgens aufzuwachen und fröhlich aus dem Bett zu springen, beflügelt von der Gewißheit, daß wieder ein Tag vor einem liegt, an dem man Gottes Werk an der amerikanischen Jugend verrichten kann, zufrieden mit dem kärglichen Lohn, den man erhält, da doch die wahre Belohnung in den dankbar glänzenden Augen der Schüler liegt, die einem Geschenke von ihren dankbaren und bewundernden Eltern bringen: Plätzchen, Brot, hausgemachte Nudeln und gelegentlich eine Flasche Wein aus dem kleinen Weinberg einer italienischen Familie, die Gaben der Mütter und Väter von hundertsiebzig Schülern an der McKee Vocational and Technical High School im Stadtteil Staten Island der Weltstadt New York.

TEIL I

Der lange Weg zur Pädagogik

1

Da kommen sie.
Und ich bin nicht bereit.
Wie könnte ich auch?
Ich muß das Lehren erst noch lernen.

Am ersten Tag meiner Lehrerlaufbahn wäre ich fast entlassen worden, weil ich das Pausenbrot eines Schülers aufaß. Am zweiten Tag wäre ich fast entlassen worden, weil ich von der Möglichkeit sprach, mit einem Schaf befreundet zu sein. Sonst war nichts Bemerkenswertes an meinen dreißig Jahren in den High-School-Klassenzimmern von New York City. Mir kamen oft Zweifel, ob ich überhaupt am richtigen Platz war. Und am Ende fragte ich mich, wie ich mich so lange halten konnte.

Wir schreiben März 1958. Ich sitze an meinem Pult in einem leeren Klassenzimmer der McKee High School, einer Berufs- und Technikerschule im Stadtteil Staten Island von New York City. Ich spiele mit den Gerätschaften meines neuen Metiers, als da sind: fünf gelbe Aktendeckel, einer für jede Klasse, ein Knäuel zerbröselnder Gummiringe, ein linierter Block aus der Kriegszeit mit Flecken von irgendwelchen für seine Herstellung benutzten Substanzen, ein zerrupfter Tafelschwamm, ein Stapel weiße Kärtchen, die ich Reihe um Reihe in die Schlitze dieses ramponierten roten Ordners stecken werde, damit sie mir helfen, die Namen von gut hundertsechzig Jungen und Mädchen aus fünf verschiedenen Klassen zu behalten, die Tag für Tag in Reih und Glied vor mir sitzen werden. Auf den Kärtchen vermerke ich ihre Anwesenheit und ihre Verspätungen und bringe kleine Zeichen an, wenn sie sich Missetaten zuschulden kommen lassen. Man hat mir gesagt, ich solle die Missetaten mit Rotstift eintragen, aber die Schule hat mir keinen zur Verfügung gestellt, also muß ich ihn jetzt mit einem Formular anfordern oder mir einen kaufen, denn der Rotstift für die Missetaten ist die mächtigste Waffe des Lehrers. Ich werde mir auch sonst noch allerlei kaufen müssen. In Eisenhowers Amerika herrscht Wohlstand, aber bis zu den Schulen sickert nichts davon durch, schon gar nicht bis zu neuen Lehrern, die Material für ihren Unterricht brauchen. Ein Aushang des für die Verwaltung zuständigen Konrektors erinnert alle Lehrer an die Finanznöte der Stadt und ermahnt sie zu sparsamem Materialverbrauch. An diesem Morgen muß ich Entscheidungen treffen. In einer Minute kommt das erste Klingeln. Sie werden hereinströmen, und was werden sie sagen, wenn sie mich am Pult sitzen sehen? He, seht mal. Der versteckt sich. Mit Lehrern kennen sie sich aus. Am Pult zu sitzen bedeutet, daß man Schiß hat oder faul ist. Man benutzt das Pult als Schranke. Am besten, man geht raus und stellt sich vor sie hin. Sieh dem Feind ins Auge. Sei ein Mann. Ein einziger Fehler am ersten Tag, und man braucht Monate, um sich davon zu erholen.

Es sind Halbwüchsige, die hereinkommen, Sechzehnjährige, mit elf Schuljahren auf dem Buckel, von der Vorschule bis heute. Lehrer kommen, Lehrer gehen, alle Sorten, alte, junge, strenge, nette. Die Jugendlichen beobachten, taxieren, urteilen. Sie kennen sich aus mit Körpersprache, Tonfall, dem Auftreten allgemein. Nicht daß sie auf der Toilette oder in der Kantine herumsitzen und über diese Dinge reden. Sie bekommen sie im Lauf von elf Jahren ganz von selbst mit und geben sie an die nachfolgenden Generationen weiter. Vorsicht bei Miss Boyd! Hausaufgaben, Mann, Hausaufgaben, und die korrigiert sie sogar. Die korrigiert sie! Sie ist nicht verheiratet, also hat sie sonst nichts zu tun. Am besten sind verheiratete Lehrer mit Kindern, die haben keine Zeit, über Klassenarbeiten und Büchern zu hocken. Wenn Miss Boyd regelmäßig flachgelegt würde, dann würde sie auch nicht so viel aufgeben. Aber die sitzt zu Hause rum mit ihrer Katze, hört klassische Musik und korrigiert Hausaufgaben, bloß um uns zu drangsalieren. Manche Lehrer sind da ganz anders. Die geben dir jede Menge auf und haken dann einfach alles ab, schauen es nicht mal an. Man könnte eine Seite aus der Bibel abpinnen, und sie würden trotzdem »Sehr schön« drunterschreiben. Aber Miss Boyd? Die hat dich von Anfang an am Wickel. Entschuldige mal, Charlie, hast du das selbst geschrieben? Dann mußt du zugeben, nein, hast du nicht, und dann steckst du in der Scheiße, Mann.

Es ist ein Fehler, zu früh zu kommen, da hat man zu viel Zeit, darüber nachzudenken, was einen erwartet. Welcher Teufel hat mich bloß geritten, daß ich mir eingebildet habe, ich könnte es mit amerikanischen Teenagern aufnehmen? Schiere Ahnungslosigkeit, was sonst. Es ist die Ära Eisenhower, und die Zeitungen berichten vom Elend der amerikanischen Jugendlichen. Sie sind die »Verlorenen Kinder der Verlorenen Kinder der Verlorenen Generation«. Kinofilme, Musicals, Bücher erzählen uns von ihrem Elend: *Denn sie wissen nicht, was sie tun, Die Saat der Gewalt, West Side Story, Der Fänger im Roggen.* Sie halten verzweifelte Reden. Das Leben ist sinnlos. Alle Erwachsenen sind falsche Fuffziger. Wozu überhaupt leben? Sie haben nichts, worauf sie sich freuen können, nicht einmal einen eigenen Krieg, in dem sie die Bewohner ferner Länder umbringen könnten, um dann im Konfettiregen über den Broadway zu paradieren und mit ihren Orden und ihrem Gehumpel vor den Mädchen anzugeben. Sinnlos, sich bei ihren Vätern zu beklagen, die gerade einen Krieg hinter sich haben, oder bei ihren Müttern, die jahrelang darauf gewartet haben, daß ihre Männer wieder nach Hause kommen. Die Väter sagen: Ach, halt doch die Klappe, und laß mich zufrieden. Ich hab 'ne Ladung Splitter in den Arsch gekriegt und keine Zeit, mir dein Genörgel und Gejammer anzuhören, wo du den Bauch voll und einen

Schrank voller Kleider hast. Herrgott noch mal, wie ich in deinem Alter war, hab ich auf dem Schrottplatz malocht, und dann hab ich am Hafen gearbeitet, damit du Würstchen auf die Schule gehen kannst. Also drück dir deine gottverdammten Pickel aus, und laß mich in Ruhe meine Zeitung lesen.

Das Elend der Teenager ist so grenzenlos, daß sie sich zu Banden zusammenrotten und gegen andere Banden kämpfen, keine Kabbeleien wie im Kino, mit unglücklicher Liebe und dramatischer Hintergrundmusik, sondern rabiate Schlägereien, bei denen sie stöhnen und einander verfluchen, bei denen Italiener, Schwarze, Iren, Puertoricaner mit Messern, Ketten und Baseballschlägern im Central Park und im Prospect Park aufeinander losgehen und das Gras mit ihrem Blut färben, das immer rot ist, egal, wo es herkommt. Wenn es dann einen Toten gibt, geht ein Aufschrei durch die Öffentlichkeit, sofort heißt es, die Schulen und die Lehrer müßten nur ihre Pflicht tun, dann würden so schreckliche Dinge nicht passieren. Es gibt Patrioten, die sagen, wenn diese Halbstarken die Zeit und die Energie haben, sich gegenseitig zu verprügeln, warum schicken wir sie dann nicht einfach nach Übersee? Da können sie sich dann mit den gottverdammten Kommunisten prügeln und das Problem ein für allemal aus der Welt schaffen.

Berufsschulen wurden von vielen als Müllkippen für Schüler betrachtet, bei denen es für die normale High School nicht gereicht hatte. Das war Snobismus. Es kümmerte die Öffentlichkeit nicht, daß es Tausende junger Leute gab, die gern Automechaniker, Kosmetikerinnen, Maschinisten, Elektriker, Klempner oder Schreiner werden wollten. Und die mit der Reformation, dem Krieg von 1812, mit Walt Whitman, der Kunstbetrachtung oder dem Liebesleben der Fruchtfliege nichts am Hut hatten.

Was soll's, Mann, wenn's sein muß, dann machen wir's halt. Hocken uns rein und hören uns den Scheiß an, der nichts mit unserem Leben zu tun hat. Wir arbeiten in unserer Werkstatt, wo wir was über die richtige Welt lernen, und geben uns Mühe, nett zu den Lehrern zu sein, damit wir hier nach vier Jahren rauskommen. Uff!

Da sind sie. Die Tür knallt gegen die Leiste unten an der Tafel und wirbelt eine Kreidewolke auf. Ein Mordsspektakel. Sie könnten doch einfach hereinkommen, guten Morgen sagen und sich hinsetzen. Aber nein. Sie müssen schubsen und drängeln. Einer sagt in gespielt drohendem Tonfall He, ein anderer kontert sofort mit He. Sie beleidigen einander, ignorieren das zweite Klingeln, lassen sich Zeit mit dem Hinsetzen. Alles klar, Baby. Guckt mal, da sitzt ein neuer Lehrer, und neue Lehrer haben keinen Schimmer von gar nichts. Was soll's? Klingel? Lehrer? Neuer Typ. Wer ist das? Wen juckt's? Sie unterhalten sich über mehrere Reihen hinweg, rekeln sich in Bänken, die zu klein für sie sind, strecken die Beine aus und lachen, wenn einer drüberstolpert. Sie schauen aus dem Fenster, auf die amerikanische Flagge oder auf die Bilder, die Miss Mudd, inzwischen pensioniert, an die Wände gehängt hat, Bilder von Emerson, Thoreau, Whitman, Emily Dickinson und – wie kommt der hierher? – Ernest Hemingway. Es ist das Titelbild aus der Illustrierten *Life*, man sieht es überall. Mit Taschenmessern ritzen sie ihre Initialen in die Tischplatten, Liebeserklärungen mit Herzen und Pfeilen neben den alten Schnitzereien ihrer Väter und Brüder. Manche Platten sind so ramponiert, daß man die eigenen Knie durch die Löcher sieht, wo früher Herzen und Namen waren. Pärchen sitzen nebeneinander, halten Händchen, flüstern und sehen sich tief in die Augen, während drei Jungen ganz hinten mit dem Rücken an den Spindtüren dubidu singen, Baß, Bariton und Oberstimme, Mann, mit den Fingern schnippen und allen zeigen, daß sie einfach nur verliebte Teenager sind.

Fünfmal täglich kommen sie hereingepoltert. Fünf Klassen, dreißig bis fünfunddreißig pro Klasse. Teenager? In Irland kannten wir die aus amerikanischen Filmen, verdrossen und pampig, immer in Autos, und wir fragten uns, warum sie so verdrossen und pampig waren. Sie hatten Essen, Kleider und Geld und waren trotzdem fies zu ihren Eltern. In Irland gab es keine Teenager, jedenfalls nicht in meiner Welt. Man war Kind. Man ging zur Schule, bis man vierzehn war. Wenn man fies zu seinen Eltern war, bekam man eine gelangt, daß man durchs ganze Zimmer flog. Man wuchs heran, wurde Arbeiter, heiratete, trank am Freitagabend sein Bier, bestieg hinterher seine Frau und sorgte so dafür, daß sie ständig schwanger war. Nach ein paar Jahren wanderte man nach England aus, um auf Baustellen zu schuften oder in die Streitkräfte Seiner Majestät einzutreten und für das Empire in den Krieg zu ziehen.

Die Sache mit dem Pausenbrot begann, als ein Junge namens Petey rief, will jemand ein Mortadella-Sandwich?

Soll das ein Witz sein? Deine Mutter muß einen schönen Haß auf dich haben, daß sie dir solche Sandwiches mitgibt.

Petey warf die braune Tüte mit dem Sandwich nach dem Kritiker, Andy, und die Klasse johlte. Haut euch, haut euch, riefen sie. Haut euch, haut euch. Die Tüte landete auf dem Boden, zwischen der Tafel und der ersten Reihe, in der Andy saß.

Ich kam hinter meinem Pult hervor und tat die erste Äußerung meiner Lehrerlaufbahn: He. Vier Jahre Studium an der New York University, und mir fiel nichts Besseres ein als He.

Ich sagte es noch einmal. He.

Sie beachteten mich nicht. Sie waren damit beschäftigt, die beiden Kampfhähne anzuspornen. Mit einer Keilerei konnten sie Zeit schinden und mich von etwaigen Unterrichtsplänen ablenken. Ich ging zu Petey und sagte meinen ersten Satz als Lehrer. Hör auf, mit Sandwiches um dich zu schmeißen. Petey und der ganzen Klasse verschlug es die Sprache. Dieser Lehrer, ein Neuer, hatte sie gerade um eine zünftige Keilerei gebracht. Neue Lehrer machen so was nicht, sie halten sich raus oder lassen den Rektor oder einen Konrektor holen, und jeder weiß, daß es Jahre dauert, bis einer von denen kommt. Bis dahin kann man die schönste Keilerei veranstalten. Außerdem, was soll man von einem Lehrer halten, der einem sagt, man soll aufhören, mit Sandwiches zu schmeißen, wenn man das Sandwich schon geschmissen hat?

Benny rief aus der letzten Reihe: He, Mister, der hat doch das Sangwits schon geschmissen. Wieso sagen Sie ihm jetzt, er soll nich mit dem Sangwits schmeißen? Das Sangwits liegt da am Boden.

Alle lachten. Es gibt nichts Dümmeres auf der Welt als einen Lehrer, der einem etwas verbietet, was man schon getan hat. Ein Junge hielt sich die Hand vor den Mund und sagte Blödmann, und es war klar, daß er mich damit meinte. Ich hätte ihn am liebsten aus seiner Bank gezerrt, aber das wäre das Ende meiner Lehrerlaufbahn gewesen. Außerdem war die Hand, die er sich vor den Mund hielt, riesig, und seine Bank war zu klein für seinen Körper.

Irgend jemand sagte: Mann, Benny, bist du 'n Anwalt oder so was?, und die Klasse lachte wieder. Ja, ja, sagten sie und warteten auf meine Reaktion. Was wird der neue Lehrer machen?

Die Pädogogikprofessoren an der New York University hatten uns nie gesagt, wie man fliegende Pausenbrote in den Griff kriegt. Sie hatten über Erziehungstheorie und -philosophie doziert, über Moral und Ethik, über die Notwendigkeit, das Kind als Ganzes zu sehen, als Gestalt, bitte schön, über die subjektiven Bedürfnisse des Kindes, aber nie über kritische Situationen im Schulalltag.

Sollte ich sagen, he, Petey, komm her und heb das Sandwich auf, sonst kannst du was erleben? Sollte ich es selbst aufheben und in den Papierkorb werfen, um meine Verachtung für Menschen auszudrücken, die mit Sandwiches um sich schmeißen, während anderswo auf der Welt Millionen verhungern?

Sie mußten begreifen, daß ich der Boß war, daß ich streng war, daß ich mir ihren Scheiß nicht gefallen ließ.

Das Sandwich, in Pergamentpapier, schaute halb aus der Tüte heraus, und meine Nase sagte mir, daß noch mehr darauf war als nur Mortadella. Ich hob es auf und wickelte es aus. Es war kein gewöhnliches Sandwich, nicht nur lieblos zwischen zwei Scheiben fades amerikanisches Weißbrot geklemmte Wurst. Das Brot war dick und dunkel, von einer italienischen Mamma in Brooklyn gebacken, so kräftig, daß man es mit mehreren Scheiben fetter Mortadella, Tomaten- und Gurkenscheiben, Zwiebeln und Paprika belegen konnte, das Ganze verfeinert mit ein paar Tropfen Olivenöl und einer himmlischen Remoulade.

Ich aß das Sandwich.

Das war meine erste Amtshandlung im Klassenzimmer. Mein vollgestopfter Mund faszinierte sie. Fassungslos glotzten sie zu mir hoch, vierunddreißig Jungen und Mädchen, Durchschnittsalter sechzehn. Ich sah die Bewunderung in ihren Augen, der erste Lehrer in ihrem Leben, der ein Sandwich vom Boden aufhob und es vor versammelter Mannschaft verdrückte. Sandwichman. In meiner Kindheit in Irland hatten wir einen Lehrer bewundert, der jeden Tag einen Apfel schälte und aß und Musterknaben mit dem langen Schalenstreifen belohnte. Meine Schüler hier schauten zu, wie mir das Öl vom Kinn auf meinen Zweidollar-Schlips von Klein-on-the-Square tropfte.

Petey sagte, he, Mister, das ist mein Sandwich, was Sie da essen.

Die anderen wiesen ihn zurecht. Halt die Klappe, siehst du nicht, daß der Lehrer ißt?

Ich leckte mir die Finger ab. Ich machte Mmm, knüllte das Papier zu einer Kugel zusammen und warf es in den Abfallkorb. Die Klasse applaudierte. Wow, sagten sie und Große Klasse und Maaaann, seht euch das an. Er mampft das Sandwich. Er trifft in den Korb. Wow.

Das also ist Unterrichten? Ja, wow. Ich kam mir vor wie ein Held. Ich hatte das Sandwich gegessen. Ich hatte in den Korb getroffen. Ich hatte das Gefühl, mit dieser Klasse alles machen zu können. Von jetzt an würden sie mir aus der Hand fressen. Schön und gut, nur wußte ich nicht, wie ich weitermachen sollte. Ich war hier, um zu unterrichten, und ich fragte mich, wie ich den Übergang vom Sandwich zu Rechtschreibung, Grammatik, dem Aufbau eines Absatzes oder irgend etwas anderem schaffen sollte, was zu meinem Unterrichtsfach Englisch gehörte.

Meine Schüler lächelten, bis das Gesicht des Direktors im Türfenster auftauchte, die buschigen Augenbrauen fragend bis halb in die Stirn hochgezogen. Er machte die Tür auf und gab mir einen Wink. Auf ein Wort, Mr. McCourt.

Petey flüsterte mir zu, he, Mister. Keine Sorge wegen dem Sandwich, hab's eh nicht gewollt.

Die Schüler sagten ja, ja, um mir zu zeigen, daß sie auf meiner Seite standen, falls ich Ärger mit dem Direktor bekam – meine erste Begegnung mit der Solidarität zwischen Lehrer und Schülern. Im Unterricht mochten die Schüler aufsässig herummaulen, aber kaum tauchte der Direktor oder irgendein anderer Außenstehender auf, herrschte schlagartig Einigkeit, eine geschlossene Front.

Draußen auf dem Flur sagte er, Mr. McCourt, Sie verstehen sicher, daß es sich für einen Lehrer nicht ziemt, um neun Uhr morgens im Klassenzimmer sein Mittagessen zu verspeisen, vor den Schülern und Schülerinnen. Ihre erste Unterrichtsstunde, und Sie halten es für richtig, sie damit zu beginnen, daß Sie ein Sandwich essen? Ist das korrektes Verhalten, junger Mann? Wir dulden das hier jedenfalls nicht, da kommen die Kinder nur auf dumme Gedanken. Das können Sie doch nachvollziehen, oder? Denken Sie nur daran, welche Probleme wir bekommen, wenn die Lehrer einfach alles stehen- und liegenlassen und ihr Mittagessen im Klassenzimmer verspeisen, noch dazu früh am Morgen, gleich nach dem Frühstück. Wir haben schon genug Ärger damit, daß manche Kinder in den ersten Stunden heimlich irgend etwas knabbern und damit Kakerlaken und diverse Nagetiere anlocken. Wir mußten schon Eichhörnchen aus diesen Räumen verscheuchen, von Ratten ganz zu schweigen. Wenn wir nicht auf der Hut sind, werden die Schüler und manche Lehrer, Ihre Kollegen, junger Mann, die Schule in eine einzige große Kantine verwandeln.

Ich hätte ihm gern die Wahrheit über das Sandwich gesagt und wie souverän ich die Situation gemeistert hatte, aber das wäre möglicherweise das Ende meiner Lehrerlaufbahn gewesen. Sir, hätte ich gern gesagt, das war nicht mein Mittagessen. Das war das Pausenbrot eines Jungen, der es nach einem anderen Jungen geworfen hat, und ich habe es aufgehoben, weil ich neu hier bin und diese Sache in meiner Klasse passiert ist, und in unseren Vorlesungen am College haben wir nichts über das Werfen und die Bergung von Pausenbroten gehört. Es stimmt, ich habe das Sandwich aufgegessen, aber ich habe es aus Verzweiflung getan oder um den Schülern eine Lektion über Verschwendung zu erteilen und ihnen zu zeigen, wer hier das Heft in der Hand hat, oder, mein Gott, ja, vielleicht auch deshalb, weil ich Hunger hatte, und ich verspreche, es nie wieder zu tun, schließlich möchte ich meine gute Stelle nicht verlieren, obwohl Sie zugeben müssen, daß es absolut still in der Klasse war. Wenn das der richtige Weg ist, die Aufmerksamkeit der Schüler in einer Berufsschule zu gewinnen, sollten Sie vielleicht einen ganzen Berg Mortadella-Sandwiches besorgen lassen, für die vier Klassen, vor die ich heute noch hintreten muß.

Ich sagte nichts.

Der Rektor sagte, er sei hier, um mir zu helfen, denn ich, ha ha, sähe so aus, als könnte ich Hilfe gebrauchen. Ich gebe zu, sagte er, daß Sie die ungeteilte Aufmerksamkeit der Klasse hatten. Okay, aber probieren Sie mal, ob Sie das nicht auch auf weniger dramatische Weise schaffen. Versuchen Sie's mit Unterrichten. Dafür sind Sie nämlich hier, junger Mann. Unterrichten. Jetzt müssen Sie die verlorene Zeit aufholen. Das ist alles. Keine Nahrungsaufnahme im Klassenzimmer. Gilt für Lehrer wie für Schüler.

Ich sagte, ja, Sir, und er schickte mich mit einem Wedeln der Hand in die Klasse zurück.

Was hat er gesagt? wollten die Schüler wissen.

Er hat gesagt, ich soll nicht um neun Uhr morgens im Klassenzimmer mein Mittagessen verzehren.

Haben Sie doch gar nicht.

Ich weiß, aber er hat mich mit dem Sandwich gesehen und gesagt, ich soll das nie wieder tun.

Mann, ist ja unfair.

Petey sagte, ich sag meiner Mutter, daß Ihnen ihr Sandwich geschmeckt hat. Ich sag ihr, daß Sie wegen ihrem Sandwich jede Menge Ärger gekriegt haben.

Schön, aber sag ihr nicht, daß du's weggeschmissen hast.

Ne, ne. Die würde mich umbringen. Sie ist aus Sizilien. Die gehen da immer gleich auf die Palme in Sizilien.

Richte ihr aus, es war das köstlichste Sandwich, das ich je gegessen habe, Petey.

Mach ich.

Mea culpa.

Anstatt zu unterrichten, hab ich Geschichten erzählt.

Nur damit sie ruhig sind und in ihren Bänken sitzen bleiben.

Sie dachten, ich unterrichte.

Ich dachte, ich unterrichte.

Ich lernte.

Und Sie haben sich als Lehrer bezeichnet?

Hab ich nicht. Ich war mehr als ein Lehrer. Und weniger. Im High-School-Klassenzimmer ist man Feldwebel, Rabbi, Schulter zum Ausweinen, Zuchtmeister, Sänger, Stubengelehrter, Büroangestellter, Schiedsrichter, Clown, Berater, Beauftragter für die Kleiderordnung, Schaffner, Fürsprecher, Philosoph, Kollaborateur, Stepptänzer, Politiker, Therapeut, Narr, Verkehrspolizist, Priester, Mutter-Vater-Bruder-Schwester-Onkel-Tante, Buchhalter, Kritiker, Psychologe, Rettungsanker.

In der Lehrerkantine warnten mich die alten Hasen: Junger Mann, erzählen Sie ihnen nichts über sich selbst. Das sind Kinder, verdammt noch mal. Sie sind der Lehrer. Sie haben ein Recht auf Privatsphäre. Sie kennen doch das Spiel, oder? Das sind kleine Teufel. Sie sind nicht, ich wiederhole, nicht Ihre natürlichen Freunde. Sie riechen es, wenn Sie eine richtige Unterrichtsstunde in Grammatik oder sonstwas halten wollen, und sie versuchen, Sie aus dem Konzept zu bringen. Behalten Sie sie im Auge. Diese Kinder sind schon seit elf, zwölf Jahren dabei, denen macht kein Lehrer mehr was vor. Die merken es, wenn Sie an Grammatik oder Rechtschreibung auch nur denken, sie heben ihre Pfötchen, schauen wißbegierig drein und fragen, welche Spiele Sie als Kind gespielt haben oder wer Ihr Favorit bei den gottverdammten World Series ist. Tja. Und Sie fallen drauf rein. Schon plaudern Sie drauflos, und die gehen heim und wissen nach wie vor nicht, wo bei einem Satz vorn und hinten ist, aber sie erzählen ihren Müttern und Vätern von Ihrem Leben. Nicht, daß sie das interessiert. Die kommen schon klar, aber was wird aus Ihnen? Nie wieder kriegen Sie die Splitter von Ihrem Leben zurück, die in den kleinen Köpfen stecken. Es ist Ihr Leben, Mann. Alles, was Sie haben. Erzählen Sie ihnen nichts.

Die guten Ratschläge waren vergeblich. Ich lernte aus meinen Fehlern, mußte Lehrgeld zahlen. Ich mußte selbst herausfinden, wie ich als Mann und als Lehrer sein wollte, und damit habe ich mich dreißig Jahre lang abgemüht, innerhalb und außerhalb der Klassenzimmer von New York. Meine Schüler wußten nicht, daß da ein Mann vor ihnen stand, der einen Kokon aus irischer Geschichte und Katholizismus abstreifen mußte und überall Reste dieses Kokons verstreute.

Mein Leben hat mir das Leben gerettet. An meinem zweiten Tag an der McKee stellt mir ein Schüler eine Frage, die mich in die Vergangenheit schickt und den Weg vorzeichnet, den ich die nächsten dreißig Jahre als Lehrer beschreiten werde. Nur ein kleiner Schubs, und ich bin mitten in der Vergangenheit, dem Stoff meines Lebens.

Joey Santos ruft: He, Mister ...

Du sollst nicht einfach loskrähen. Du sollst dich melden.

Jaja, sagt Joey, aber ...

Sie haben eine Art, jaja zu sagen, die einem klarmacht, daß man auf ihre Duldung angewiesen ist. Mit ihrem Jaja sagen sie einem, wir geben uns ja Mühe, Mann, wir sind ja gar nicht so, schließlich sind Sie neu hier.

Joey hebt die Hand. He, Mister ...

Nenn mich Mr. McCourt.

Ja. Okay. Also: Sind Sie Schotte oder so was?

Joey ist das Sprachrohr. Jede Klasse hat eines, neben dem Querulanten, dem Clown, dem Tugendbold, der Schönheitskönigin, dem Streber, dem Macho, dem Intellektuellen, dem Muttersöhnchen, dem Mystiker, der Memme, dem Liebhaber, dem Kritiker, dem Vollidioten, dem religiösen Fanatiker, der überall Sünden sieht, dem Grübler, der ganz hinten sitzt und auf seine Tischplatte starrt, der Frohnatur, dem Heiligen, der in allen Kreaturen das Gute sieht. Das Sprachrohr hat die Aufgabe, irgendwelche Fragen zu stellen, um den Lehrer von seinem langweiligen Unterricht abzulenken. Ich mag ja ein neuer Lehrer sein, aber auf Joeys Ablenkungsmanöver falle ich nicht rein. Das ist auf der ganzen Welt dasselbe. Das Spiel habe ich in Irland selbst gespielt. Ich war das Sprachrohr meiner Klasse an der Leamy's National School. Der Lehrer schrieb eine Algebra-Aufgabe oder eine irische Konjugation an die Tafel, und die anderen Jungen zischten mir zu, frag ihn was, McCourt. Bring ihn von dem blöden Zeug ab. Na los, mach schon.

Dann fragte ich, Sir, hatten die alten Iren damals auch schon Algebra?

Mr. O'Halloran mochte mich, braver Junge, ordentliche Schrift, immer höflich und gehorsam. Er legte die Kreide weg, und daran, wie er sich ans Katheder setzte und sich Zeit ließ, bevor er etwas sagte, konnte man sehen, wie froh er war, der Algebra und der irischen Syntax zu entrinnen. Jungs, sagte er, ihr könnt mit Fug und Recht stolz auf eure Vorfahren sein. Lange vor den Griechen, sogar vor den Ägyptern, verstanden sich eure Vorväter in diesem wunderschönen Land darauf, im tiefsten Winter die Strahlen der Sonne einzufangen und sie für ein paar goldene Augenblicke in die dunklen inneren Räume zu lenken. Sie kannten die Bahnen der Himmelskörper, und das hat sie weit hinausgehoben über Algebra und Differentialrechnung, Jungs, weit, weit darüber hinaus.

An warmen Frühlingstagen nickte er manchmal auf seinem Stuhl ein, und dann saßen wir mucksmäuschenstill und warteten, alle vierzig, bis er aufwachte, trauten uns nicht einmal hinauszugehen, wenn er den Schulschluß verschlief.

Nein. Ich bin kein Schotte. Ich bin Ire.

Joey sieht mich treuherzig an. Aha. Und was ist ein Ire?

Ein Ire ist jemand aus Irland.

Wie St. Patrick, stimmt's?

Na ja, nein, nicht direkt. Das führt dazu, daß ich ihnen die Geschichte von St. Patrick erzähle, was uns von dem lang-wei-li-gen Englischunterricht abhält, und das führt zu weiteren Fragen.

He, Mister. Reden da drüben in Irland alle Englisch?

Was haben Sie da für Sport gemacht?

Gibt's in Irland nur lauter Katholen?

Lassen Sie nicht zu, daß sie die Kontrolle im Klassenzimmer übernehmen. Treten Sie ihnen entgegen. Zeigen Sie ihnen, wer Herr im Hause ist. Bleiben Sie fest, sonst sind Sie verratzt. Lassen Sie sich nicht austricksen. Sagen Sie ihnen, schlagt eure Hefte auf. Rechtschreibung.

Och, Mister, och, Mann, nö, nicht schon wieder. Rechtschreibung. Rechtschreibung. Rechtschreibung. Muß das sein? Sie stöhnen, diese lang-wei-li-ge Buchstabiererei. Sie tun so, als schlügen sie mit der Stirn auf die Tischplatte, vergraben den Kopf in den verschränkten Armen. Sie betteln um den Toilettenpaß. Ich muß mal. Dringend. Mann, wir haben gedacht, Sie sind ein netter Mensch, wo Sie noch so jung sind. Warum müssen alle Englischlehrer immer denselben Quatsch machen? Dieselben Rechtschreibübungen, dieselben Wortschatzübungen, immer derselbe Scheiß, Entschuldigung. Können Sie uns nicht noch was über Irland erzählen?

Äh, Mister … Schon wieder Joey. Das Sprachrohr als Rettungsanker.

Noch mal, Joey, ich heiße McCourt. Mr. McCourt, Mr. McCourt.

Jaja. Also, Mister, sind Sie in Irland mit Mädchen ausgegangen?

Nein, verdammt noch mal. Mit Schafen. Wir sind mit Schafen ausgegangen. Was denkt ihr denn?

Die Klasse tobt. Sie lachen, schlagen sich auf die Schenkel, stoßen sich an, versetzen sich Rippenstöße, tun so, als würden sie aus der Bank fallen. Dieser Lehrer. Das gibt's ja nicht. Was der so daherredet. Geht mit Schafen aus. Leute, sperrt eure Schafe weg.

Darf ich jetzt bitten? Schlagt eure Hefte auf. Wir müssen mit der Rechtschreibung weiterkommen.

Lachkrämpfe. Stehen Schafe auch auf der Liste? O Mann.

Meine Klugscheißerantwort war ein Fehler. Es wird Ärger geben. Der Tugendbold, der Heilige und der Kritiker werden mich bestimmt verpetzen. Beim Rektor. Oder zu Hause: O Mom, o Dad, stellt euch vor, was unser Englischlehrer heute gesagt hat. Was ganz Schlimmes über Schafe.

Darauf bin ich nicht gefaßt, für so etwas bin ich nicht ausgebildet. Das ist kein Unterrichten. Das hat nichts mit englischer Literatur, mit Grammatik oder Stil zu tun. Wann werde ich die Kraft aufbringen, ins Klassenzimmer zu gehen, sofort ihre Aufmerksamkeit zu fesseln und mit dem Unterricht anzufangen?

Überall in dieser Schule gibt es stille, fleißige Klassen, in denen der Lehrer das Heft in der Hand hat. In der Kantine sagen mir ältere Kollegen, tja, das dauert mindestens fünf Jahre.

Am nächsten Tag läßt mich der Rektor kommen. Er sitzt hinter seinem Schreibtisch, spricht ins Telefon, raucht eine Zigarette, sagt immer wieder: Es tut mir leid. Es wird nicht wieder vorkommen. Ich werde mit dem Betreffenden reden. Er ist neu bei uns, wissen Sie.

Er legt auf. Schafe. Was ist das für eine Geschichte mit den Schafen?

Schafe?

Ich weiß nicht, was ich mit Ihnen machen soll. Jemand hat sich beschwert, daß Sie vor der Klasse »verdammt noch mal« sagen. Ich weiß ja, Sie sind frisch vom Schiff runter, kommen aus einem Agrarland und müssen sich erst noch eingewöhnen, aber etwas gesunden Menschenverstand sollte man doch voraussetzen können.

Nein, Sir, nicht frisch vom Schiff. Ich bin seit achteinhalb Jahren hier, meine zwei Jahre bei der Army eingeschlossen, die Jahre als Kleinkind in Brooklyn nicht mitgerechnet.

Also ich bitte Sie. Erst das Sandwich, jetzt die Schafe. Das Scheißtelefon läuft heiß. Eltern in Harnisch. Ich muß meinen Arsch retten. Sie sind erst zwei Tage bei uns und schon zwei Tage in der Bredouille. Wie machen Sie das? Offenbar neigen Sie dazu, Mist zu bauen. Warum in Dreiteufelsnamen mußten Sie den Kindern das mit den Schafen erzählen?

Tut mir leid. Die haben mir andauernd Fragen gestellt, und ich hab die Nerven verloren. Die wollten mich bloß von der Rechtschreibübung abhalten.

Und?

Na ja, das mit den Schafen sollte eine Art Witz sein.

Aha, so so, mhm. Sie stellen sich hin und reden der Sodomie das Wort. Dreizehn Erziehungsberechtigte fordern Ihre Entlassung. In Staten Island leben anständige Menschen.

Das war doch nur ein Scherz.

Nichts da, junger Mann. Gescherzt wird hier nicht. Alles zu seiner Zeit und am rechten Ort. Was Sie vor der Klasse sagen, wird ernst genommen. Sie sind der Lehrer. Sie sagen, Sie haben was mit Schafen gehabt, und die glauben Ihnen jedes Wort. Woher sollen sie die Paarungsgewohnheiten der Iren kennen?

Tut mir leid.

Diesmal will ich noch Gnade vor Recht ergehen lassen. Ich sage den Eltern, Sie sind ein irischer Einwanderer frisch vom Schiff.

Aber ich bin hier geboren.

Könnten Sie mal einen Moment den Mund halten, während ich versuche, Ihre Haut zu retten? Diesmal lasse ich es Ihnen noch durchgehen. Ich lege keine Notiz in Ihre Personalakte. Sie ahnen ja nicht, welche Konsequenzen so eine Notiz in Ihrer Personalakte hätte. Wenn Sie es hier zu irgendwas bringen wollen, Rektor, Konrektor, Vertrauenslehrer, würde Ihnen diese Notiz immer im Weg stehen. Sie wäre der Anfang vom Ende.

Sir, ich möchte nicht Rektor werden. Ich möchte nur unterrichten.

Ja, ja. Das sagen alle. Warten Sie's ab. Die Kinder sorgen dafür, daß Sie graue Haare kriegen, bevor Sie dreißig sind.

Ich war eindeutig nicht dafür geschaffen, einer dieser tatkräftigen Lehrer zu werden, die sich über alle Fragen, Forderungen und Beschwerden hinwegsetzen und ihren Unterricht wie geplant durchziehen. Das hätte mich an die Schule in Limerick erinnert, wo der Stoff alles und wir Schüler nichts waren. Ich träumte bereits von einer Schule, in der die Lehrer Mentoren und Vertraute sind und keine Aufseher. Ich hatte kein pädagogisches Konzept, abgesehen davon, daß ich den Bürokraten mißtraute, den Vorgesetzten, die den Klassenzimmern entflohen waren, nur um kehrtzumachen und fortan die Insassen dieser Klassenzimmer zu triezen, Schüler wie Lehrer gleichermaßen. Es war mir immer zuwider, ihre Formulare auszufüllen, ihre

Vorschriften zu beachten, ihre Prüfungen abzuhalten, ihre Schnüffelei hinzunehmen und mich nach ihren Lehrplänen zu richten.

Hätte jemals ein Rektor gesagt, die Klasse gehört Ihnen, Mr. McCourt, machen Sie mit ihr, was Sie wollen, dann hätte ich zu meinen Schülern gesagt, schiebt die Stühle weg. Legt euch auf den Boden. Schlaft.

Was?

Ich sagte, ihr sollt euch schlafen legen.

Warum?

Denkt drüber nach, während ihr da auf dem Boden liegt.

Sie hätten sich auf den Boden gelegt, und ein paar wären eingedöst. Leises Gekicher, wenn ein Junge näher an ein Mädchen herangerückt wäre. Die Schlafenden hätten anheimelnd geschnarcht. Ich hätte mich neben ihnen auf dem Boden ausgestreckt und gefragt, ob jemand ein Wiegenlied kennt. Bestimmt hätte eines der Mädchen angefangen zu singen, und die anderen wären eingefallen. Ein Junge hätte vielleicht gesagt, Mann, wenn jetzt der Rektor reinkommt. Ja. Das Wiegenlied geht weiter, ein Murmeln, das sich durch den Raum zieht. Mr. McCourt, wann stehen wir auf? Die anderen machen psst, und er verstummt. Es klingelt, und nach und nach erheben sie sich. Sie gehen hinaus, entspannt und verwundert. Bitte fragen Sie mich nicht, warum ich so eine Stunde abgehalten hätte. Bewegen muß sich der Geist.

2

Wenn Sie in den frühen McKee-Tagen in einer meiner Klassen gewesen wären, hätten Sie einen schmächtigen jungen Mann Ende Zwanzig vor sich gesehen, mit widerspenstigem schwarzem Haar, chronisch entzündeten roten Augen, schlechten Zähnen und einer Trauermiene, wie man sie von Einwanderern auf Fotos von Ellis Island oder von Taschendieben kennt, die gerade verhaftet werden.

Es gab Gründe für diese Trauermiene:

Ich wurde in New York geboren und kam nach Irland, als ich noch keine vier war. Ich hatte drei Brüder. Mein Vater, ein Alkoholiker, ein wilder Mann, ein großer Patriot, allzeit bereit, für Irland zu sterben, verließ uns, als ich noch keine elf war. Eine Schwester starb als Säugling, Zwillingsbrüder starben, zwei Brüder wurden geboren. Meine Mutter bettelte um Essen, Kleidung und Kohle, um Teewasser kochen zu können. Nachbarn rieten ihr, uns in ein Waisenhaus zu geben, mich und meine Brüder. Nein, nein, niemals. Diese Schande. Sie ließ sich nicht unterkriegen. Wir wuchsen heran. Meine Brüder und ich gingen mit vierzehn von der Schule ab, arbeiteten, träumten von Amerika und fuhren einer nach dem anderen über den Atlantik. Meine Mutter kam mit dem Jüngsten nach und hoffte auf ein glückliches Leben bis an ihr seliges Ende. So gehört es sich ja in Amerika, aber wenn sie nicht gestorben wäre, würde sie heute noch vergeblich hoffen.

In New York brachte ich mich mit Gelegenheitsjobs und schwerer körperlicher Arbeit durch, bis ich in die United States Army eingezogen wurde. Nach zwei Jahren in Deutschland konnte ich dank der GI-Bill aufs College gehen, um Lehrer zu werden. Am College gab es Kurse über Literatur und Schreiben. Professoren, die noch nie selbst an einer Schule unterrichtet hatten, klärten uns darüber auf, wie man an einer Schule unterrichtet.

Also, Mr. McCourt, wie war das, in, na, Sie wissen schon, in Irland aufzuwachsen?

Ich bin siebenundzwanzig Jahre alt, ein neuer Lehrer, und tauche in meine Vergangenheit ein, um diese amerikanischen Teenager zufriedenzustellen, um zu erreichen, daß sie ruhig sind und in ihren Bänken sitzen bleiben. Ich hätte nie gedacht, daß meine Vergangenheit mir einmal so nützlich sein würde. Warum interessierte sich irgend jemand für mein elendes Leben? Dann wird mir klar, daß mein Vater genau das getan hat, als er uns am Kamin Geschichten erzählte. Er erzählte uns von sogenannten Seanachies, Männern, die durchs Land zogen und die vielen hundert Geschichten erzählten, die sie im Kopf hatten. Die Menschen gaben ihnen einen Platz am Feuer, damit sie sich aufwärmen konnten, gaben ihnen zu trinken und zu essen, was sie gerade hatten, und hörten sich endlose Stunden lang Geschichten und Gesänge an, und sie gaben ihnen eine Decke oder einen Sack zum Zudecken, wenn sie sich in der Ecke auf Stroh betteten. Wenn dem Seanachie nach Liebe war, stand vielleicht eine ältliche Tochter zur Verfügung.

Ich hadere mit mir selbst: Du erzählst Geschichten, dabei solltest du unterrichten.

Ich unterrichte ja. Geschichtenerzählen ist auch Unterricht.

Geschichtenerzählen ist Zeitverschwendung.

Ich kann's nicht ändern. Ich verstehe mich nicht darauf, Vorträge zu halten.

Sie sind ein Schwindler. Sie betrügen unsere Kinder.

Die sehen das aber ganz anders.

Die armen Kinder wissen es nicht besser.

Ich bin ein Lehrer an einer amerikanischen Schule und erzähle Geschichten aus meiner Schulzeit in Irland. Das macht sie gefügiger für den unwahrscheinlichen Fall, daß ich einmal etwas Handfestes aus dem Lehrplan durchnehme.

Einmal scherzte mein Lehrer in Irland, ich sähe aus wie etwas, was die Katze hereingeschleppt hat. Die ganze Klasse lachte. Der Lehrer grinste mit seinen gelben Pferdezähnen, und in seiner Kehle rasselten Schleimklümpchen. Meine Klassenkameraden hielten das für Lachen, und als sie in sein Lachen einstimmten, haßte ich sie. Ich haßte auch den Lehrer, denn ich wußte, daß ich jetzt auf dem Schulhof tagelang nur der sein würde, den die Katze hereingeschleppt hat. Hätte der Lehrer dasselbe über einen anderen Schüler gesagt, hätte ich auch mitgelacht, denn ich war genauso ein Feigling und hatte eine Heidenangst vor dem Rohrstock.

Einen hatten wir in der Klasse, der nicht mitlachte: Billy Campbell. Wenn die Klasse lachte, starrte Billy immer vor sich hin, und der Lehrer starrte ihn an und wartete darauf, daß er sich anpassen würde. Wir warteten immer darauf, daß er Billy aus seiner Bank zerrte, aber das tat er nie. Ich glaube, der Lehrer bewunderte ihn wegen seiner Eigenständigkeit. Ich bewunderte ihn auch und hätte gern genausoviel Mut gehabt wie er. Aber den brachte ich nie auf.

Die Jungen in dieser irischen Schule hänselten mich wegen des amerikanischen Akzents, den ich aus New York mitgebracht hatte. Du kannst nicht weggehen und deinen Akzent zurücklassen, und wenn sie dich wegen deines Akzents aufziehen, weißt du nicht, was du tun oder denken oder fühlen sollst, bis sie anfangen, dich herumzuschubsen, und du merkst, daß sie nur darauf warten, daß du ausrastest. Dann hast du vierzig Gassenjungen aus Limerick gegen dich, kannst aber nicht weglaufen, denn dann wärst du für alle Zeiten als Memme oder Muttersöhnchen abgestempelt. Sie verspotten dich als Gangster oder Rothaut, und du prügelst dich und prügelst dich, bis du eins auf die Nase bekommst und das Blut dir übers ganze Hemd spritzt, und dann kriegst du furchtbaren Ärger mit deiner Mutter, die von ihrem

Stuhl am Kamin aufsteht und dir eine saftige Kopfnuß verpaßt, weil du dich überhaupt mit anderen prügelst. Es hat keinen Sinn, deiner Mutter zu erklären, daß das ganze Blut nur deswegen da ist, weil du deinen amerikanischen Akzent verteidigt hast, den du ohne sie gar nicht hättest. Nein, wird sie sagen, jetzt muß sie Wasser aufsetzen und dein blutiges Hemd auswaschen und zusehen, daß es am Feuer trocknet, damit du es morgen wieder in die Schule anziehen kannst. Sie sagt nichts über den amerikanischen Akzent, ohne den du diese Schwierigkeiten gar nicht hättest. Aber es ist alles halb so schlimm, denn Gott sei Dank verschwindet dieser Akzent in ein paar Monaten und wird durch einen Limerick-Akzent ersetzt, auf den jeder außer meinem Vater stolz wäre.

Es lag an meinem Vater, daß meine Schwierigkeiten nicht aufhörten. Man möchte meinen, mein perfekter Limerick-Akzent würde die Jungen davon abhalten, mich zu quälen, aber nein, sie fangen an, den nordirischen Akzent meines Vaters nachzuäffen, und sagen, typisch Protestant, und jetzt muß ich ihn verteidigen, und wieder komme ich mit blutigem Hemd nach Hause, und meine Mutter schreit, wenn sie das Hemd noch ein einziges Mal waschen muß, wird es ihr bestimmt in den Händen zerfallen. Am schlimmsten war es, wenn das Hemd bis zum nächsten Morgen nicht trocknete und ich es feucht anziehen und so in die Schule gehen mußte. Wenn ich dann heimkam, war meine Nase verstopft, und wieder zitterte ich am ganzen Körper vor Feuchtigkeit, doch diesmal, weil ich schwitzte. Meine Mutter war untröstlich und weinte, weil sie so herzlos gewesen war, mich in dem feuchten Hemd zur Schule zu schicken, das von den vielen Prügeleien immer röter und röter wurde. Sie packte mich ins Bett und begrub mich unter alten Mänteln und der Decke von ihrem eigenen Bett, bis das Zittern aufhörte, und im Halbschlaf hörte ich sie unten zu meinem Vater sagen, es sei ein trauriger Tag gewesen, als sie von Brooklyn wegzogen, nur um ihre Kinder auf den Schulhöfen von Limerick quälen zu lassen.

Nach zwei Tagen im Bett ging ich wieder in die Schule. Das Hemd war jetzt blaßrosa. Die Jungen sagten, Rosa sei eine Farbe für Memmen, und ob ich ein Mädchen sei.

Billy Campbell legte sich mit dem Größten unter ihnen an. Laß den Yank in Ruhe, sagte er.

Ach, sagte der große Junge. Und wenn nicht?

Dann kriegst du's mit mir zu tun, sagte Billy, und der große Junge trollte sich ans andere Ende des Schulhofs. Billy verstand mein Problem, weil sein Vater aus Dublin war und die anderen ihn manchmal sogar deswegen hänselten.

Ich erzählte meinen Schülern von Billy, weil er den Mut besaß, den ich bewunderte. Einer von ihnen meldete sich und meinte, es sei schon recht, daß ich Billy bewunderte, aber wegen meinem amerikanischen Akzent hätte ich mich doch mit einer ganzen Gruppe angelegt, und dazu könne ich mir doch gratulieren. Ich sagte nein, ich hätte nur getan, was ich tun mußte, weil mich in dieser irischen Schule alle gehänselt und herumgeschubst hätten, aber dieser Fünfzehnjährige blieb dabei, daß man auch mal auf sich selbst stolz sein dürfe, wenn auch nicht zu sehr, denn das wäre dann Angeberei. Okay, erwiderte ich, ich bin stolz darauf, daß ich mich gewehrt habe, aber ich war nicht so mutig wie Billy, der nicht für sich selbst, sondern für andere eintrat. Er war mir nichts schuldig und hat mich trotzdem verteidigt, und diese Art Mut hoffte ich irgendwann auch mal zu haben.

Meine Schüler fragen mich nach meiner Familie, und Bruchstücke aus der Vergangenheit gehen mir durch den Kopf. Ich merke, daß ich Entdeckungen über mich selbst mache, und ich erzähle diese Geschichte so, wie meine Mutter sie einer Nachbarin erzählt hat:

Ich hab den Kinderwagen geschoben, mit Malachy drin, der war damals noch ein kleines Kerlchen, keine zwei Jahre alt. Frank ist neben mir hergelaufen. Vor Todds Laden in der O'Connell Street hält ein langes schwarzes Auto an der Bordsteinkante, und eine reiche Frau steigt aus, mit Pelzen und Schmuck behängt. Was soll ich Ihnen sagen, schaut die doch in den Wagen und bietet mir an, mir Malachy auf der Stelle abzukaufen. Sie können sich vorstellen, was das für ein Schock für mich war, eine Frau, die Malachy kaufen will, mit seinen goldblonden Haaren, seinen rosigen Bäckchen, seinen allerliebsten perlweißen Zähnchen. Er war so allerliebst da in seinem Wagen, und ich hab gewußt, es wird mir das Herz brechen, wenn ich mich von ihm trennen muß. Außerdem, was hätte mein Mann gesagt, wenn ich heimgekommen wär und ihm gesagt hätte, ich hab das Kind verkauft? Also hab ich nein gesagt, aber die Frau hat so traurig dreingeschaut, daß sie mir richtig leid getan hat.

Als ich älter war und zum hundertsten Mal diese Geschichte von ihr hörte, sagte ich, sie hätte Malachy verkaufen sollen, dann hätten wir anderen mehr zu essen gehabt. Darauf sie: Tja, ich hab dich als Ersatz angeboten, aber dich wollte die Frau nicht.

Mädchen in der Klasse sagten, ah, nee, Mr. McCourt, das hätte Ihre Mutter Ihnen nicht antun dürfen. Niemand sollte seine Kinder wem andern verkaufen. So häßlich sind Sie auch wieder nicht.

Ein Junge sagte, na ja, ein Clark Gable ist er nicht gerade. War nur Spaß, Mr. McCourt.

Mea culpa.

Als ich sechs war, sagte der Lehrer in Irland zu mir, ich sei ein böser Junge. Du bist ein sehr böser Junge. Er sagte, alle in der Klasse sind sehr böse Jungen. Er wies uns extra darauf hin, daß er »sehr« gesagt hatte, ein Wort, das er nur bei ganz besonderen Gelegenheiten verwende. Wenn wir dieses Wort bei der Beantwortung einer Frage oder in einem Aufsatz benutzen sollten, würde er uns die Hammelbeine langziehen. Aber hier sei es wirklich angebracht. So böse seien wir. Einen solchen Haufen habe er noch nie gesehen, und er frage sich, was es für einen

Zweck habe, solche Flegel und Strohköpfe wie uns zu unterrichten. Wir hätten nur amerikanischen Schund aus dem Lyric Cinema im Kopf. Und genau diesen Kopf sollten wir neigen, uns an die Brust schlagen und sagen, *Mea culpa, mea culpa, mea maxima culpa*. Ich dachte, das bedeute Tut mir leid, bis er an die Tafel schrieb, »Mea culpa. Ich bin schuldig.« Er sagte, wir seien in der Erbsünde geboren, von der uns eigentlich das Taufwasser hätte reinigen müssen. Bei unseresgleichen sei aber all das gute Taufwasser eindeutig verschwendet gewesen. Ein einziger Blick in unsere tückischen kleinen Augen sei Beweis genug für unsere Bosheit.

Er war dafür da, uns auf die Erstbeichte und die Erstkommunion vorzubereiten, um unsere nichtswürdigen Seelen zu retten. Er unterwies uns in Gewissenserforschung. Wir sollten in uns hineinschauen, die Landschaft unserer Seele erkunden. Wir seien in der Erbsünde geboren, und dieser eklige, klebrige Makel habe das strahlende Weiß unserer Seele getrübt. Die Taufe habe diese Reinheit wiederhergestellt. Jetzt aber seien wir älter, und die Sünden träten hervor: Geschwüre, Wunden, Abszesse. Diese widerwärtigen, wimmelnden, zappelnden Maden sollten wir an Gottes strahlendes Licht zerren. Gewissenserforschung, Knaben, gefolgt vom *Mea culpa*. Ein starkes Abführmittel, Jungs. Reinigt besser als ein Löffel Rhizinusöl.

Tag für Tag übten wir uns in Gewissenserforschung und bekannten vor ihm und der Klasse unsere Sünden. Der Lehrer sagte nichts, saß an seinem Pult, nickte ein, spielte mit dem dünnen Stock, mit dem er uns im Zustand der Gnade hielt. Wir bekannten uns zu allen sieben Todsünden: Hochmut, Habsucht, Wollust, Zorn, Völlerei, Neid, Trägheit. Er zeigte mit dem Stock und sagte, Madigan, beichte uns, wie du die Todsünde Neid begangen hast. Unsere Lieblingstodsünde für die Beichte war die Völlerei, und wenn er mit dem Stock auf Paddy Clohessy zeigte und zu ihm sagte, Clohessy, die Völlerei, dann beschrieb Paddy ein Essen, von dem man nur träumen konnte: Schweinskopf mit Kartoffeln, Kohl und Mostrich, literweise Limonade zum Hinunterspülen, gefolgt von Eiskrem, Keksen und Tee mit reichlich Milch und Zucker, und wenn man wollte, konnte man eine Pause einlegen und dann noch mehr davon vertilgen, und die Mutter regte sich kein bißchen auf, daß man solchen Appetit hatte, denn es war genug für alle da, und dort, wo es herkam, gab es noch mehr davon.

Der Lehrer sagte, Clohessy, du bist ein Poet des Gaumens. Keiner wußte, was Gaumen bedeutet, bis wir zu dritt um die Ecke in die Andrew-Carnegie-Bibliothek gingen, um die Bibliothekarin zu fragen, ob wir das Wort in dem großen Wörterbuch neben ihrem Schreibtisch nachschlagen dürften. Sie fragte, wozu wollt ihr wissen, was Gaumen bedeutet?, und als wir sagten, das ist das, wo Paddy Clohessy ein Poet von ist, sagte sie, unser Lehrer sei wohl nicht ganz bei Trost. Paddy ließ nicht locker. Er fragte sie, was ein Gaumen ist, und als sie sagte, der Sitz der Geschmacksempfindung, sah er sehr zufrieden aus und machte Schnalzgeräusche mit der Zunge. Das tat er auch noch auf der Straße, bis Billy Campbell ihn bat, damit aufzuhören, weil er davon Hunger bekam.

Wir bekannten uns dazu, alle Zehn Gebote übertreten zu haben. Wenn man sagte, man habe Ehebruch begangen oder die Frau seines Nächsten begehrt, war dem Lehrer klar, daß man nicht wußte, wovon man redete. Er sagte nur, übernimm dich nicht, mein Sohn, und wandte sich dem nächsten reuigen Sünder zu.

Nach der Erstkommunion setzten wir die Gewissenserforschung für das nächste Sakrament fort, die Firmung. Der Priester sagte, Gewissenserforschung und Beichte würden uns vor der Hölle bewahren. Er hieß Hochwürden White, und wir fanden ihn interessant, weil einer der Jungen gesagt hatte, er habe überhaupt nie Priester werden wollen. Seine Mutter habe ihn dazu gezwungen. Wir glaubten dem Jungen nicht, aber er kannte angeblich eines der Hausmädchen des Priesters, und von der wollte er wissen, daß Hochwürden White sich immer beim Abendessen betrank und zu den anderen Priestern sagte, sein großer Traum sei es gewesen, später mal, wenn er groß wäre, den Bus zwischen Limerick und Galway zu fahren, aber seine Mutter habe es ihm nicht erlaubt. Es war seltsam, von einem Mann examiniert zu werden, der Priester geworden war, weil seine Mutter ihn dazu gezwungen hatte. Ich fragte mich, ob er auch an seinen Traum vom Busfahrer dachte, wenn er vor dem Altar stand und die Messe las. Seltsam war auch, sich einen Priester betrunken vorzustellen, denn schließlich weiß jeder, daß die das nicht dürfen. Wenn ich einen Bus vorbeifahren sah, stellte ich mir immer vor, wie er zufrieden lächelnd da oben saß und kein Priesterkragen ihm die Luft abschnürte.

Wird die Gewissenserforschung zur Gewohnheit, tut man sich schwer, wieder damit aufzuhören, vor allem als katholischer irischer Junge. Wenn man etwas Schlechtes tut, schaut man in seine Seele, und da schwären die Sünden vor sich hin. Alles ist entweder eine Sünde oder keine Sünde, und diese Vorstellung kriegt man womöglich nie mehr aus dem Kopf. Wird man dann erwachsen und entfernt sich allmählich von der Kirche, ist *Mea culpa* ein leises Flüstern in der Vergangenheit. Es ist noch da, aber man ist älter und fürchtet sich nicht mehr so leicht.

Befindet man sich im Zustand der Gnade, hat die Seele eine blendend weiße Oberfläche, aber die Sünden bilden Abszesse, die eitern und stinken. Man versucht, sich mit *Mea culpa* zu retten, den einzigen lateinischen Worten, die einem selbst oder Gott irgend etwas bedeuten.

Könnte ich in mein siebenundzwanzigstes Jahr zurück, mein erstes Jahr als Lehrer, dann würde ich mich als erstes zu einem Steak, einer gebackenen Kartoffel und einem Glas Stout einladen. Und ich würde mir eine Standpauke halten. Um Himmels willen, Junge, reiß dich am Riemen. Nimm deine jämmerlichen knochigen Schultern zurück. Nuschel nicht so. Sprich laut und deutlich. Mach dich nicht ständig selbst runter, das erledigen schon die anderen. Du willst Lehrer werden, und das ist kein leichtes Leben. Ich weiß es. Ich hab's gemacht. Als Polizist wärst du besser dran. Da hättest du wenigstens eine Waffe oder einen Knüppel, um dich wehren zu können. Ein Lehrer hat nichts außer seinem Mund. Wenn dir der Beruf nicht ans Herz wächst, schmorst du bald in der Hölle.

Irgend jemand hätte zu mir sagen müssen, he, Mac, dein Leben, Mac, dreißig Jahre lang, Mac, nichts als Schule, Schule, Schule, Kinder, Kinder, Kinder, Aufgaben, Aufgaben, Aufgaben, Lesen und Korrigieren, Lesen und Korrigieren, Berge von Schülerarbeiten, die sich auftürmen, in der Schule, zu Hause, tage-, nächtelang nur lesen, Geschichten, Gedichte, Tagebücher, Abschiedsbriefe, Abhandlungen, Entschuldigungen, Theaterstücke, Essays, sogar Romane, die Arbeiten von Tausenden – Tausenden – New Yorker Teenagern im Lauf der Jahre, ein paar hundert arbeitenden Männern und Frauen, und du wirst nie die Zeit haben, Graham Greene oder Dashiell Hammett zu lesen, F. Scott Fitzgerald oder den guten alten P. G. Wodehouse, oder deinen Hausgott, Mr. Jonathan Swift. Du wirst blind werden, weil du Joey und Sandra, Tony und Michelle lesen mußt, kleine Seelenqualen und Leidenschaften und Verzückungen. Bergeweise Kinderkram, Mac. Wenn man deinen Kopf aufmachen würde, fände man tausend Teenager, die in deinem Gehirn herumturnen. Jedes Jahr im Juni machen sie ihren Abschluß, wachsen heran, arbeiten und ziehen weiter. Sie werden allesamt Kinder kriegen, Mac, die eines Tages zu dir kommen werden, um Englisch zu lernen, und du hast wieder ein Schuljahr voller Joeys und Sandras, Tonys und Michelles vor dir, und mit der Zeit wirst du dich nur noch eins fragen: Soll das wirklich schon alles sein? Soll das für zwanzig, dreißig Jahre meine Welt sein? Denk dran, wenn das deine Welt ist, bist du einer von ihnen, ein Teenager. Du lebst in zwei Welten. Du bist tagein, tagaus mit ihnen zusammen, und du wirst gar nicht merken, Mac, was das für dich bedeutet. Teenager auf ewig. Der Juni kommt, und dann heißt es, tschüs, Herr Lehrer, war nett, Sie kennenzulernen, im September kommt meine Schwester in Ihre Klasse. Aber da ist noch etwas anderes, Mac. In jedem Klassenzimmer passiert ständig irgendwas. Sie halten dich auf Trab. Sie halten dich frisch. Du wirst nie alt werden, aber es besteht die Gefahr, daß du für immer das Gemüt eines Halbwüchsigen behältst. Das ist ein echtes Problem, Mac. Du gewöhnst dich daran, mit diesen Kindern auf ihrem Niveau zu reden. Wenn du dann am Tresen stehst und dir ein Bier genehmigst, hast du vergessen, wie du mit deinen Freunden reden müßtest, und sie werfen dir komische Blicke zu. Sie sehen dich an, als wärst du von einem anderen Planeten, und sie haben recht. Tag für Tag im Klassenzimmer, das bedeutet, daß du in einer anderen Welt bist, Mac.

Also, Mister, wie sind Sie überhaupt nach Amerika gekommen?

Ich erzähle ihnen, wie ich mit neunzehn Jahren in Amerika angekommen bin, daß nichts an mir, in mir, in meinem Kopf oder in meinem Koffer darauf hindeutete, daß ich in ein paar Jahren täglich vor fünf Klassen von New Yorker Teenagern stehen würde.

Lehrer? Ich hätte mir nie träumen lassen, daß ich es einmal so weit bringen würde im Leben.

Bis auf das Buch in meinem Koffer war alles, was ich anhatte oder vom Schiff trug, aus zweiter Hand. Auch in meinem Kopf war alles aus zweiter Hand: der Katholizismus, die traurige Geschichte Irlands, eine einzige Litanei von Leiden und Martyrien, mir eingehämmert von Priestern, Lehrern und Eltern, die es nicht besser wußten.

Der braune Anzug, den ich trug, stammte aus Nosey Parkers Pfandleihe in der Parnell Street in Limerick. Meine Mutter hatte darum gefeilscht. Nosey wollte vier Pfund für den Anzug haben, und sie fragte, wollen Sie mich aufs Kreuz legen, Mr. Parker?

Nee, ich leg Sie doch nich aufs Kreuz, sagte er. Den Anzug da hat ein Vetter vom Earl of Dunraven getragen, und alles, was mal vom Adel getragen wurde, hat einen höheren Wert.

Meine Mutter sagte, von ihr aus hätte ihn auch der Earl höchstpersönlich tragen können, wenn man bedenkt, was er und seine Sippe jemals für Irland getan hätten, mit ihren Schlössern und Dienern und ohne je einen Gedanken an die Not des Volkes zu verschwenden. Sie zahle ihm drei Pfund und keinen Penny mehr.

Eine Pfandleihe sei kein Ort für Patriotismus, blaffte Nosey, und sie blaffte zurück, wenn Patriotismus etwas wäre, was man ins Regal stellen könnte, würde er ihn auf Hochglanz polieren und für teuer Geld an die Armen verkaufen. Heilige Mutter Gottes, sagte er. Sie waren doch früher nicht so, Missis. Was ist denn in Sie gefahren?

Nichts sei in sie gefahren, sagte sie, aber das hier sei wie Custers letztes Gefecht, ihre letzte Chance. Das sei ihr Sohn Frank, auf dem Weg nach Amerika, und den könne sie so, wie er aussehe, nicht auf die Reise schicken, mit den schäbigen Resten einstiger Pracht, dem Hemd von diesem, den Hosen von jenem. Und dann zeigte sie, wie raffiniert sie war. Sie habe nur noch sehr wenig Geld übrig, aber wenn Mr. Parker sich einen Ruck geben und noch ein Paar Schuhe, zwei Hemden, zwei Paar Sokken und den wunderhübschen grünen Schlips mit den goldenen Harfen drauflegen könnte, würde sie ihm das nie vergessen. Es würde nicht lang dauern, bis Frank Dollars aus Amerika schikke, und wenn sie dann Töpfe, Pfannen und einen Wecker brauche, werde sie sofort an Nosey denken. Tatsächlich sehe sie in seinem Laden jetzt schon ein halbes Dutzend Artikel, ohne die sie nicht mehr würde leben können, wenn erst einmal die Dollars hereinströmten.

Nosey war kein Einfaltspinsel. Er stand schon lange genug hinter seinem Tresen, um die Finten seiner Kunden zu kennen. Er wußte auch, daß meine Mutter eine ehrliche Haut war und es verabscheute, Schulden zu machen. Er sagte, er lege großen Wert darauf, sie als Kundin zu behalten, und er wolle natürlich auch nicht, daß der junge Mann zerlumpt in Amerika lande. Was würden die Yanks da sagen? Für ein Pfund mehr, na ja, meinetwegen ziehen Sie noch einen Shilling ab, könne sie die zusätzlichen Artikel haben.

Meine Mutter sagte, er sei ja doch ein anständiger Mensch, er werde ein Bett im Himmel bekommen und sie werde ihm das nicht vergessen, und es war eigenartig zu sehen, wieviel Respekt sie voreinander hatten. Die armen Leute von Limerick hatten für Pfandleiher nichts übrig, aber wo wären sie ohne sie geblieben?

Nosey führte keine Koffer. Seine Kundschaft mache nur selten Weltreisen, und darüber lachte er herzlich mit meiner Mutter. Er sagte, ahoi, ihr Weltreisenden. Meine Mutter warf mir einen Blick zu, als wollte sie sagen, schau ihn dir genau an, es kommt nicht alle Tage vor, daß man ihn lachen sieht.

Feathery Burke, in Irishtown, hatte Koffer im Angebot. Er verkaufte alles, was alt, gebraucht, ausgestopft und nutzlos war oder nur noch fürs Feuer taugte. Ah, ja, er habe genau das Richtige für diesen jungen Mann, der nach Amerika reise und seiner armen alten Mutter Geld schicken werde, Gott segne ihn.

Alt bin ich ja noch nicht, sagte meine Mutter, also sparen Sie sich Ihr Gesülze. Was soll der Koffer kosten?

Yerra, Missis, den lasse ich Ihnen für zwei Pfund, ich will ja nicht zwischen dem Jungen und seinem Glück in Amerika stehen.

Meine Mutter sagte, bevor sie zwei Pfund für diesen ramponierten Pappkarton zahle, der nur noch mit Spucke und einem Stoßgebet zusammenhalte, werde sie meine Sachen in Packpapier wickeln und mit Bindfaden verschnüren und mich so auf die Reise nach New York schicken.

Feathery erschrak. Frauen aus den finstersten Gassen von Limerick hatten nicht derart aufzutrumpfen. Sie hatten Höhergestellten Achtung zu erweisen und sich nicht über ihren Stand zu erheben, und auch ich war überrascht, meine Mutter so streitlustig zu sehen.

Sie setzte sich durch. Sie sagte Feathery, seine Forderung sei pure Wegelagerei, da sei es uns ja unter den Engländern noch besser ergangen, und wenn er nicht mit dem Preis runtergehe, werde sie sich an den rechtschaffenen Nosey Parker wenden müssen. Feathery lenkte ein.

Allmächtiger, Missis. Bloß gut, daß ich keine Kinder habe – wenn ich es jeden Tag mit Ihresgleichen zu tun hätte, müßten sie in der Ecke stehen und wimmern vor Hunger.

Sie sagte, mir kommen gleich die Tränen vor Mitleid mit Ihnen und den Kindern, die Sie nicht haben.

Sie faltete die Kleider zusammen, legte sie in den Koffer und sagte mir, das bringe sie schon mal nach Hause, damit ich loslaufen und mir das Buch kaufen könne. Sie entfernte sich von mir, die Parnell Street entlang, und paffte eine Zigarette. An diesem Tag schritt sie energisch aus, als würden die Kleider, der Koffer und mein Abschied irgendwelche Türen öffnen.

Ich ging in O'Mahonys Buchhandlung, um mir das erste Buch meines Lebens zu kaufen, das Buch, das ich in meinem Koffer nach Amerika mitnahm.

Es waren *Die Werke William Shakespeares in einem Band*, erschienen bei der Shakespeare Head Press, Odhams Press Ltd. and Basil Blackwell, MCMXLVII. Hier ist das Buch – der Einband eingerissen und nur dank Klebeband noch nicht vollends vom Buchblock gelöst. Ein abgegriffenes, vollgekritzeltes Buch. Passagen sind darin unterstrichen, die mir irgendwann einmal wichtig waren, aber wenn ich sie heute lese, weiß ich kaum noch, warum. Am Rand stehen Kommentare, beifällige Anmerkungen, Huldigungen an die Genialität Shakespeares und Ausrufezeichen, die meine Begeisterung oder Verwirrung ausdrücken. Auf das Vorsatzblatt habe ich geschrieben, »O schmölze doch dies allzu feste Fleisch, usw.« Das zeigt, was für ein schwermütiger junger Mann ich war.

Als ich dreizehn oder vierzehn war, hörte ich immer Shakespearestücke im Radio, bei Mrs. Purcell, unserer blinden Nachbarin. Sie sagte mir, Shakespeare sei ein Ire gewesen, der sich seiner Herkunft schämte. An dem Abend, als wir *Julius Cäsar* hörten, brannte eine Sicherung durch, und ich war so gespannt darauf, was aus Brutus und Marcus Antonius geworden war, daß ich in O'Mahonys Buchhandlung ging, um die Geschichte zu Ende zu lesen. Ein Verkäufer fragte mich hochnäsig, ob ich die Absicht hätte, das Buch zu kaufen, und ich erwiderte, ich würde es mir überlegen, müsse aber vorher noch herauskriegen, was am Schluß aus allen geworden sei, vor allem aus dem einen, der mir besonders gefiel, Brutus. Der Mann sagte, vergiß Brutus, nahm mir das Buch weg und sagte, das hier sei keine Bibliothek, und ich solle doch so freundlich sein und den Laden verlassen. Rot vor Scham stolperte ich hinaus und fragte mich, warum die Menschen nicht aufhören, andere Menschen zu drangsalieren. Das frage ich mich noch heute.

Das Buch kostete neunzehn Shilling, einen halben Wochenlohn. Ich wollte, ich könnte behaupten, ich hätte es aus ernstem Interesse für Shakespeare gekauft. Es war aber ganz anders. Ich mußte es haben, weil ich einen Film gesehen hatte, in dem ein amerikanischer Soldat in England mit Shakespeare-Zitaten um sich warf und die Mädchen sich alle unsterblich in ihn verliebten. Außerdem braucht man nur durchblicken zu lassen, daß man Shakespeare liest, und sofort betrachten einen die Leute mit Respekt. Ich dachte mir, wenn ich lange Passagen auswendig lernte, würde ich die Mädchen von New York beeindrucken. Ich kannte bereits »Freunde, Römer, Landsleute«, aber als ich das einmal zu einem Mädchen in Limerick sagte, sah sie mich an, als wäre mir eben ein Horn auf der Stirn gewachsen.

Auf der O'Connell Street hätte ich am liebsten mein Päckchen ausgewickelt und mich der Welt mit Shakespeare unterm Arm gezeigt, aber ich traute mich nicht. Ich kam an dem kleinen Theater vorbei, in dem ich einmal die *Hamlet*-Aufführung einer Wanderbühne gesehen hatte, und erinnerte mich, wie leid ich mir getan hatte, weil ich genauso gelitten hatte wie Hamlet. Nach dem Ende der Vorstellung kam er höchstpersönlich noch einmal auf die Bühne und ließ das Publikum wissen, wie dankbar er und die ganze Truppe für unseren Besuch seien, wie müde er sei, er und die Truppe, und wie sehr sie unsere Unterstützung in Form von etwas Kleingeld zu schätzen wüßten, das wir in die Schmalzdose an der Tür legen könnten. Ich war so gerührt von dem Stück, weil es so viel von mir und meinem düsteren Leben enthielt, daß ich Sixpence in die Schmalzdose warf und am liebsten noch einen Zettel dazugelegt hätte, um Hamlet mitzuteilen, wer ich war und daß mein Leid echt war und nicht nur gespielt.

Am nächsten Tag stellte ich in Hanrattys Hotel ein Telegramm zu, und da war die ganze *Hamlet*-Truppe. Sie tranken und sangen in der Bar, während der Hoteldiener hin und her lief und ihr Gepäck auf einen Transporter lud. Hamlet selbst saß allein am Ende des Tresens und trank seinen Whiskey, und ich weiß nicht, woher ich den Mut nahm, aber ich sagte ihm guten Tag. Immerhin waren wir beide von unseren Müttern betrogen worden und litten schrecklich. Von meinem Leid würde die Welt nie erfahren, und ich beneidete ihn darum, daß er Abend für Abend seinen Qualen Ausdruck verleihen konnte. Hallo, sagte ich, und er starrte mich aus zwei schwarzen Augen unter schwarzen Brauen in einem weißen Gesicht an. Er hatte all die Worte Shakespeares im Kopf, aber jetzt ließ er sie auch dort, und ich wurde rot wie eine Tomate und stolperte über meine eigenen Füße.

Beschämt radelte ich die O'Connell Street entlang. Dann fielen mir die Sixpence ein, die ich in die Schmalzdose geworfen hatte, Geld für den Whiskey und das Gesinge in der Bar im Hanratty, und ich hatte gute Lust, zurückzufahren, die ganze Truppe und Hamlet persönlich zur Rede zu stellen und ihnen zu sagen, was ich von ihnen hielt, von ihren verlogenen Geschichten über die Müdigkeit und davon, daß sie das Geld armer Leute vertranken.

Pfeif auf die Sixpence. Wenn ich noch einmal auftauche, werfen sie mir bestimmt Shakespeares Worte an den Kopf, und Hamlet starrt mich wieder mit seinen kalten schwarzen Augen an. Mir werden die Worte fehlen, und ich werde mich lächerlich machen, wenn ich versuche, mit meinen rotgeränderten Augen zurückzustarren.

Meine Schüler sagten, es sei dumm, soviel Geld für ein Buch von Shakespeare auszugeben, nichts für ungut, und wenn ich unbedingt Leute beeindrucken wolle, könne ich doch in die Bibliothek gehen und die Zitate alle abschreiben. Außerdem müsse man schon ziemlich dämlich sein, um sich von einem Kerl beeindrucken zu lassen, bloß weil der diesen alten Schriftsteller zitiert, den sowieso kein Mensch lesen kann. Manchmal laufen ja im Fernsehen Stücke von diesem Shakespeare, und man versteht nur Bahnhof, also was soll's? Das Geld für das Buch hätte ich mal besser für etwas Schickes wie Schuhe oder eine schöne Jacke ausgeben sollen, oder, na ja, ich hätte ein Mädchen ins Kino ausführen können.

Manche Mädchen sagten, sie fänden es richtig süß, daß ich mit Shakespeare Eindruck schinden wollte, aber bei ihnen würde es ehrlich gesagt nicht funktionieren. Warum muß dieser Shakespeare auch in so einer altmodischen Sprache schreiben, die niemand versteht?

Ich war um eine Antwort verlegen. Sie hakten nach: Warum? Ich fühlte mich in die Enge getrieben, aber ich konnte ihnen nur sagen, ich wisse es auch nicht. Wenn sie mir ein bißchen Zeit ließen, würde ich versuchen, es herauszufinden. Sie warfen einander vielsagende Blicke zu. Der Lehrer weiß es nicht? Wie ist das möglich? Ist der überhaupt echt? Mann. Wie ist der Lehrer geworden?

He, Mister, wissen Sie noch mehr Geschichten?

Nein, nein, nein.

Sie sagen andauernd nein, nein, nein.

Schluß jetzt. Keine Geschichten mehr. Das hier ist eine Englischstunde. Es gibt schon Beschwerden von Eltern.

Och, Mann. Mr. McCourt, waren Sie in der Army? Haben Sie in Korea gekämpft?

Ich habe mir nie groß was auf mein Leben eingebildet, aber ich verabreichte ihnen weiterhin das eine oder andere Häppchen – die Trinkerei meines Vaters, die Tage in den Slums von Limerick, als ich von Amerika träumte, der Katholizismus, die tristen Tage in New York, und ich war überrascht, daß diese New Yorker Teenager immer noch mehr hören wollten.

3

Ich erzählte ihnen, daß ich dank der GI-Bill nach meinen zwei Jahren bei der Army vier Jahre an der New York University verdösen konnte. Ich arbeitete nachts, um mein Stipendium von Vater Staat aufzubessern. Ich hätte auch nur halbtags studieren können, war aber versessen darauf, meinen Abschluß zu machen und die Welt und die Frauen mit meinem akademischen Grad und meinem College-Wissen zu beeindrucken. Ich war Weltmeister im Erfinden von Ausreden für zu spät abgelieferte Arbeiten und versäumte Prüfungen. Ich nuschelte geduldigen Professoren etwas von den Mißgeschicken meines Lebens vor, raunte von Unglück und Not. Der irische Akzent kam mir zustatten. Ich lebte zwischen Hoffnung und Verzweiflung.

Die Universitätsbibliothekarinnen versetzten mir Rippenstöße, wenn ich hinter einem Bücherstapel schnarchte. Eine klärte mich auf, es sei strengstens verboten, ein Nickerchen zu machen. Sie wies mich freundlich darauf hin, daß draußen im Washington Square Park jede Menge Bänke stünden, auf denen ich mich ausstrecken könne, bis die Polizei komme. Ich bedankte mich und versicherte ihr, ich hätte Bibliothekarinnen schon immer bewundert, nicht nur, weil sie die Dewey-Dezimalklassifikation beherrschen, sondern auch für ihre Hilfsbereitschaft auf anderen Gebieten des Alltagslebens.

Der Pädagogikprofessor an der New York University warnte uns vor den Fallstricken unserer zukünftigen Lehrtätigkeit. Er sagte, erste Eindrücke seien entscheidend. Er sagte, davon, wie Sie Ihrer ersten Klasse entgegentreten und sie begrüßen, kann der Verlauf Ihrer ganzen Karriere abhängen. Ihrer ganzen Karriere. Die Schüler beobachten Sie. Sie beobachten die Schüler.

Sie haben es mit amerikanischen Teenagern zu tun, einer gefährlichen Spezies, und die werden kein Erbarmen mit Ihnen haben. Sie taxieren Sie und beschließen dann, wie sie mit Ihnen umspringen werden. Sie sitzen am längeren Hebel, meinen Sie? Vergessen Sie's. Die sind wie wärmegesteuerte Flugkörper. Ein Urinstinkt treibt sie dazu, Sie zur Strecke zu bringen. Es ist die Funktion der Jungen, die Alten aus dem Weg zu räumen, um Platz auf dem Planeten zu schaffen. Das wissen Sie doch, nicht wahr? Die Griechen haben es gewußt. Lesen Sie die Griechen.

Der Professor sagte, bevor Ihre Schüler den Raum betreten, müssen Sie sich bereits entschieden haben, wo Sie sein werden – »Pose und Position« – und wer Sie sein werden – »Identität und Image«. Ich hätte mir nicht träumen lassen, daß Unterrichten so kompliziert sein kann. Er sagte, Sie können schlechterdings nicht unterrichten, wenn Sie nicht wissen, wo Sie sich physisch positionieren sollen. Das Klassenzimmer kann Schlachtfeld oder Spielplatz sein. Sie müssen wissen, wer Sie sind. Denken Sie an Pope: »Erkenne dich nun selbst, laß ab, Gott auszuspüren: / Des Menschen Wissenschaft ist, Menschen zu studieren.« Am ersten Tag Ihrer Lehrtätigkeit sollten Sie an der Tür Ihres Klassenzimmers stehen und den Schülern zeigen, wie sehr Sie sich freuen, sie zu sehen. Stehen, sage ich. Jeder Dramatiker wird Ihnen sagen: Wenn sich der Schauspieler setzt, setzt sich das Stück. Der allerbeste Schachzug besteht darin, daß Sie Ihre Präsenz geltend machen, und zwar draußen auf dem Flur. Draußen, sage ich. Das ist Ihr Revier, und wenn Sie da draußen sind, werden Sie als starker Lehrer wahrgenommen, furchtlos, bereit, sich der Meute zu stellen. Denn das ist eine Klasse: eine Meute. Und Sie sind zwar ein Lehrer, aber auch ein Krieger. Das machen sich die Leute nicht klar. Ihr Revier ist wie Ihre Aura, es begleitet Sie überallhin, auf den Fluren, im Treppenhaus und gewißlich auch im Klassenzimmer. Dulden Sie kein Eindringen in Ihr Revier. Niemals. Und denken Sie daran: Lehrer, die hinter ihrem Pult sitzen oder auch stehen, sind im tiefsten Innern unsicher und sollten den Beruf wechseln.

Es gefiel mir, wie er »gewißlich« sagte, ein Wort, das mir bis dahin nur in viktorianischen Romanen begegnet war. Ich nahm mir vor, es auch zu verwenden, wenn ich erst einmal Lehrer war. Es klang so bedeutsam, daß es jeden dazu bringen würde, sich gerade hinzusetzen und aufzumerken.

Ich fand es phantastisch, daß man sich einfach da vorne auf das Podium mit dem Pult stellen und eine Stunde lang reden konnte, während die ganze Klasse sich Notizen machte, und wenn man auch nur ein bißchen gut aussah oder interessant war, würden die Mädchen sich darum reißen, nach dem Unterricht mit einem zu reden, im Büro oder anderswo. So stellte ich es mir damals vor.

Der Professor sagte, er habe eine informelle Studie über Teenagerverhalten an High Schools durchgeführt, und wenn wir als Lehrer sensible Beobachter seien, würden wir unmittelbar vor dem Klingeln bestimmte Phänomene wahrnehmen. Wir würden merken, daß bei den Jugendlichen Körpertemperatur und Blutdruck steigen und genügend Adrenalin ausgeschüttet wird, um ein Schlachtschiff damit anzutreiben. Er lächelte, und man sah ihm an, wie zufrieden er mit seinen Ideen war. Wir lächelten zurück, weil Professoren die Macht haben. Er sagte, Lehrer müßten darauf achten, wie die Schüler sich präsentieren. Er sagte, sehr viel – ich wiederhole, sehr viel – hängt davon ab, wie sie einen Raum betreten. Beobachten Sie sie beim Hereinkommen. Sie schlendern, sie stolzieren, sie schlurfen, sie rempeln, sie scherzen, sie spielen sich auf. Sie selbst finden vielleicht nichts Besonderes daran, einen Raum zu betreten, aber für einen Teenager kann es alles bedeuten. Beim Betreten eines Raums wechselt man aus einer Umgebung in eine andere, und für einen Teenager kann das traumatisch sein. Drachen könnten dort lauern, Greuel des Alltags, von Akne bis Zecke.

Ich verstand kaum, wovon der Professor redete, aber ich war

sehr beeindruckt. Ich hätte nie gedacht, daß es beim Betreten eines Raums so viel zu beachten gab. Unterrichten stellte ich mir ganz einfach vor: Man erzählt den Schülern, was man weiß, und irgendwann hält man Prüfungen ab und verteilt Noten. Jetzt wurde mir klar, wie kompliziert das Leben eines Lehrers sein konnte, und ich bewunderte den Professor, weil er alles darüber wußte.

Der Student neben mir flüsterte mir zu, der Typ hat sie nicht alle. Der hat sein Leben lang noch an keiner High School unterrichtet. Der Student hieß Seymour. Er trug eine Kippa, also war es kein Wunder, daß er ab und zu eine kluge Bemerkung machte, aber vielleicht wollte er sich auch nur vor der Rothaarigen aufspielen, die vor ihm saß. Wenn sie sich umdrehte, um über Seymours Bemerkungen zu lächeln, sah man, daß sie schön war. Ich hätte mich gern selbst vor ihr aufgespielt, aber ich wußte nie, was ich sagen sollte, während Seymour zu allem eine eigene Meinung hatte. Das rothaarige Mädchen sagte zu Seymour, wenn er das so genau wisse, solle er es doch laut sagen.

Um Himmels willen, nein, sagte Seymour. Der schmeißt mich glatt raus.

Sie lächelte ihn an, und als sie mich anlächelte, war mir, als würde ich entschweben. Sie sagte, sie heiße June, und dann hob sie die Hand.

Ja?

Herr Professor, wie oft haben Sie schon an einer High School unterrichtet?

Ach, ich habe im Lauf der Jahre Unterrichtsbesuche in Dutzenden von High-School-Klassen absolviert.

Aber haben Sie auch schon selbst an einer High School unterrichtet?

Wie heißen Sie, Miss?

June Somers.

Wie gesagt, ich habe Dutzende von Lehramtsanwärtern beobachtet und begleitet.

Mein Vater ist Lehrer an einer High School, Herr Professor, und er sagt, man hat keine Ahnung, was es heißt, an einer High School zu unterrichten, solange man es nicht selbst gemacht hat.

Er sagte, er wisse nicht, worauf sie hinauswolle. Sie solle nicht weiter seine Vorlesung stören, und wenn sie Wert darauf lege, die Diskussion fortzusetzen, könne sie sich von seiner Sekretärin einen Termin für eine Unterredung in seinem Büro geben lassen.

Sie stand auf und hängte sich ihre Tasche über die Schulter. Nein, sie wird sich keinen Termin geben lassen, und sie sieht auch nicht ein, warum er nicht einfach ihre Frage nach seiner Unterrichtserfahrung beantworten kann.

Das reicht, Miss Somers.

Sie drehte sich um und schaute Seymour an, warf mir einen Blick zu und ging zur Tür. Dem Professor blieb der Mund offen, und die Kreide fiel ihm aus der Hand. Bis er sie aufgehoben hatte, war sie draußen.

Was würde er jetzt gegen Miss June Somers unternehmen?

Nichts. Er sagte, die Stunde ist fast vorbei, dann bis nächste Woche, nahm seine Tasche und ging hinaus. Seymour sagte, June Somers habe sich da gewaltig was eingebrockt. Gewaltig. Er sagte, eins kann ich dir sagen. Leg dich nie mit einem Professor an. Da ziehst du immer den kürzeren. Immer.

Die Woche drauf sagte er, hast du das gesehen? Jesus.

Ich fand, jemand, der eine Kippa trug, durfte nicht einfach so Jesus sagen. Wie hätte es ihm gefallen, wenn Jahwe ein Fluch wäre und ich ihm den um die Ohren hauen würde? Aber ich sagte nichts, aus Angst, er könnte mich auslachen.

Er sagte, die gehen miteinander. Ich hab sie in einem Café in der Macdougal Street gesehen, die reinsten Turteltäubchen. Sie haben Kaffee getrunken, Händchen gehalten und sich tief in die Augen geschaut. Herrgott noch mal. Wahrscheinlich hat sie einen Plausch mit ihm in seinem Büro gehalten, und alles weitere ergab sich von allein.

Ich hatte einen trockenen Mund. Ich dachte, eines Tages würde ich June zufällig auf der Straße begegnen und meine Sprache wiederfinden, und wir würden zusammen ins Kino gehen. Ich würde einen ausländischen Film mit Untertiteln aussuchen, um ihr zu zeigen, wie intellektuell ich bin, und sie würde mich bewundern und sich im Dunkeln von mir küssen lassen, so daß wir ein Dutzend Untertitel verpassen und den Handlungsfaden verlieren würden. Das würde aber nichts ausmachen, denn wir hätten genug miteinander zu reden, in einem kuscheligen italienischen Restaurant, in dem die Kerzen flackern und ihr Haar schimmert, und wer weiß, wohin das noch führen würde, denn weiter gingen meine Träume nicht. Für wen hielt ich mich überhaupt? Wie konnte ich mir einbilden, sie würde mich auch nur eine Sekunde lang ansehen?

Ich klapperte die Coffeeshops in der Macdougal Street ab, in der Hoffnung, sie würde mich sehen und lächeln, und ich würde zurücklächeln und so nonchalant meinen Kaffee trinken, daß sie beeindruckt sein und noch einmal hersehen würde. Ich würde es so einrichten, daß sie den Umschlag meines Buches sah, irgendwas von Nietzsche oder Schopenhauer, und sie würde sich fragen, warum sie ihre Zeit mit dem Professor vertrödelte, wo sie doch auch mit diesem sensiblen Iren zusammensein konnte, der tief in der deutschen Philosophie versunken war. Sie würde sich entschuldigen und auf dem Weg zur Damentoilette einen Zettel mit ihrer Telefonnummer auf meinen Tisch fallen lassen.

Genau das tat sie dann auch an dem Tag, als ich sie im Café Figaro sah. Als sie vom Tisch aufstand, schaute ihr der Professor mit solchem Besitzerstolz nach, daß ich ihn am liebsten von seinem Stuhl gestoßen hätte. Dann sah er zu mir her, und es war klar, daß er mich nicht einmal als einen seiner Studenten wiedererkannte.

Er verlangte die Rechnung, und während die Kellnerin ihm den Blick verstellte, konnte June den Zettel auf meinen Tisch fallen lassen. Ich wartete, bis die beiden gegangen waren. »Frank, ruf mich morgen an.« Die Telefonnummer hatte sie mit Lippenstift geschrieben.

Mein Gott. Sie nahm mich wahr, mich, einen Hafenarbeiter, der Lehrer werden wollte, und der Professor war, gütiger Himmel, ein Professor. Aber sie wußte meinen Namen. Mir war ganz schwindlig vor Glück. Da stand mein Name auf einer Papierserviette, geschrieben mit Lippenstift, der ihre Lippen berührt hatte, und ich wußte, ich würde dieses Stück Papier für immer behalten. Mich damit begraben lassen.

Ich rief sie an, und sie fragte mich, wo wir gemütlich einen trinken könnten.

Im Chumley's.

Okay.

Was sollte ich tun? Wie sollte ich sitzen? Was sollte ich sagen? Ich war auf einen Drink verabredet, mit dem schönsten Mädchen von Manhattan, das wahrscheinlich jeden Abend mit diesem Professor schlief. Das war mein Martyrium, der Gedanke, daß sie mit ihm zusammen war. Die Männer im Chumley's schauten mich an und waren neidisch, und ich wußte, was sie dachten. Wer ist das jämmerliche Subjekt da mit diesem schönen Kind, dieser Wahnsinnsfrau, dieser heißen Braut? Gut, vielleicht war ich ja ihr Bruder oder ihr Vetter. Nein, sogar das war unwahrscheinlich. Ich sah nicht gut genug aus, um auch nur ihr Vetter dritten oder vierten Grades sein zu können.

Sie bestellte sich einen Drink. Norm ist nicht da, sagte sie. Zwei Tage in der Woche hat er Kurse in Vermont. Das Großmaul Seymour hat dir sicher schon alles berichtet.

Nein.

Warum bist du dann hier?

Du … du hast mich eingeladen.

Was denkst du von dir selbst?

Wie bitte?

Eine einfache Frage. Was denkst du von dir selbst?

Ich weiß nicht. Ich …

Sie schaute mißbilligend. Du rufst an, wenn man dir sagt, du sollst anrufen. Du trabst an, wenn man dir sagst, du sollst antraben, und du weißt nicht, was du von dir selbst denkst. Sag um Himmels willen irgendwas Gutes über dich. Mach schon.

Mir schoß das Blut in den Kopf. Ich mußte etwas sagen, sonst würde sie womöglich aufstehen und gehen.

Ein Rampenchef am Hafen hat mal gesagt, ich wär ein zäher kleiner Mick.

Na ja. Nimm diese Antwort, und leg noch zehn Cent drauf, dann kannst du zwei Stationen U-Bahn fahren. Du bist eine verlorene Seele. Das sieht man gleich. Norm mag verlorene Seelen.

Die Worte sprangen mir förmlich aus dem Mund: Ist mir piepegal, was Norm mag.

O Gott. Jetzt wird sie aufstehen und weggehen. Nein. Sie mußte so lachen, daß sie sich fast an ihrem Wein verschluckte. Von da an war alles anders. Sie lächelte mir zu und lächelte und lächelte. Ich wäre vor Glück fast aus der Haut gefahren.

Sie streckte den Arm über den Tisch und legte ihre Hand auf meine, und mein Herz tobte wie ein wild gewordener Affe in einem Käfig. Komm, gehen wir, sagte sie.

Wir gingen zu ihrem Apartment in der Barrow Street. Drinnen drehte sie sich um und küßte mich. Sie ließ den Kopf kreisen, so daß ihre Zunge im Uhrzeigersinn in meinem Mund herumwanderte, und ich dachte, Herr, ich bin nicht würdig. Warum hast du mir das nicht gezeigt, bevor ich sechsundzwanzig wurde?

Sie sagte, ich sei ein gesunder Bauer mit einem offensichtlichen Hunger nach Zuneigung. Es ärgerte mich, daß sie mich einen Bauern nannte – mein Gott, immerhin hatte ich ein paar Bücher gelesen, jede Zeile von E. Laurie Long, P. G. Wodehouse, Mark Twain, E. Philips Oppenheim, Edgar Wallace und dem guten alten Dickens –, und was wir hier taten, ging eindeutig über den Ausdruck von Zuneigung hinaus, fand ich. Aber ich sagte nichts, weil ich mit derlei Aktivitäten keine Erfahrung hatte. Sie fragte mich, ob ich gern Seeteufel äße, und ich antwortete, das könne ich nicht sagen, denn ich hätte von diesem Fisch noch nie gehört. Sie sagte, alles hänge davon ab, wie man ihn zubereite. Ihr Geheimnis seien Schalotten. Das sei nicht jedermanns Sache, sagte sie, aber bei ihr funktioniere es. Es sei ein feiner Weißfisch, den man am besten mit einem guten Weißwein zubereite. Keinem normalen Kochwein, sondern einem guten. Norm habe auch mal Fisch gemacht, aber er habe alles verdorben, weil er irgendeine Pisse aus Kalifornien genommen habe, die den Fisch in eine Schuhsohle verwandelt habe. Der Ärmste kenne sich mit seiner Literatur und seinen Vorlesungen aus, aber von Wein oder Fisch verstehe er nicht die Bohne.

Es ist seltsam, mit einer Frau zusammenzusein, die dein Gesicht in beide Hände nimmt und dir sagt, du sollst mehr Zutrauen zu dir selbst haben. Sie sagte, mein Vater war aus Liverpool und hat sich zu Tode gesoffen, weil er Angst vor der Welt hatte. Er hat gesagt, er wäre am liebsten katholisch, dann könnte er in ein Kloster eintreten und müßte nie wieder Menschen sehen. Meine Mutter wollte ihn dazu bringen, etwas Gutes über sich selbst zu sagen. Das hat er nicht fertiggebracht, also hat er getrunken, bis er gestorben ist. Trinkst du eigentlich?

Nicht viel.

Paß bloß auf. Du bist Ire.

Dein Vater war kein Ire.

Nein, aber er hätte einer sein können. In Liverpool ist jeder Ire. Aber jetzt laß uns den Seeteufel machen.

Sie gab mir einen Kimono. Ist schon okay. Du kannst dich im Schlafzimmer umziehen. Wenn er gut genug für einen Samurai ist, ist er auch gut genug für einen zähen kleinen Mick, der gar nicht so zäh ist.

Sie selbst zog einen silbernen Morgenmantel an, der ein Eigenleben führte. Bald lag er eng an, bald bauschte er sich so weit, daß sie sich darin frei bewegen konnte. Mir war Ersteres lieber, es bewirkte, daß es auch unter meinem Kimono recht lebendig zuging.

Sie fragte mich, ob ich Weißwein möge, und ich sagte ja, weil mir nach und nach klar wurde, daß ein Ja die beste Antwort auf jede Frage war, zumindest bei June. Ich sagte ja zu dem Seeteufel und dem Spargel und den beiden flackernden Kerzen auf dem Tisch. Ich sagte ja dazu, wie sie das Weinglas hob und es auf meines zubewegte, bis es ping machte. Ich sagte ihr, es sei das köstlichste Essen, das ich je im Leben bekommen hätte. Ich wollte auch noch sagen, daß ich mich wie im Himmel fühlte, aber das hätte vielleicht aufgesetzt geklungen, und sie hätte mir womöglich einen komischen Blick zugeworfen, der den ganzen Abend und mein Leben danach ruiniert hätte.

Norm wurde nicht mehr erwähnt in den sechs Nächten, die auf die Nacht des Seeteufels folgten, nur daß zwölf frische Rosen in einer Vase in ihrem Schlafzimmer standen, mit einem Kärtchen, auf dem Liebe Grüße von Norm stand. Ich trank mir Mut an, um sie zu fragen, wie zum Henker kannst du in Anwesenheit von Norms frischen Rosen hier mit mir im Bett liegen?, aber ich fragte dann doch nicht. Rosen konnte ich mir nicht leisten, also kaufte ich ihr Nelken, die sie in einen großen Glaskrug neben die Rosen stellte. Nicht daß sie den Rosen Konkurrenz gemacht hätten. Neben Norms Rosen sahen meine Nelken so mickrig aus, daß ich ihr von meinen letzten paar Dollars doch noch ein Dutzend Rosen kaufte. Sie schnupperte daran und sagte, oh, sind die schön. Darauf wußte ich nichts zu sagen, denn ich hatte sie ja nicht gezüchtet, sondern nur gekauft. Norms Rosen in dem Glaskrug waren schon ein bißchen welk, und voller Genugtuung stellte ich mir vor, daß meine Rosen seine ersetzen würden, aber was June dann tat, kränkte mich zutiefst.

Von meinem Stuhl in der Küche aus sah ich, was sie im Schlafzimmer machte: Sie nahm meine Rosen eine nach der anderen und steckte sie behutsam zwischen Norms Rosen, mitten hinein und drumherum, trat zurück, um die Wirkung zu begutachten, stützte mit meinen frischen Rosen die Rosen von Norm, die schon schlaff wurden, streichelte die Rosen, seine und meine, und lächelte, als seien die einen Rosen so gut wie die anderen.

Bestimmt wußte sie, daß ich sie beobachtete. Sie drehte sich um und lächelte mir zu, der ich leidend und fast heulend in der Küche saß. Schön sind die, wiederholte sie. Es war klar, daß sie die vierundzwanzig Rosen meinte, nicht nur mein Dutzend, und am liebsten hätte ich sie angebrüllt und wäre hinausgestürmt wie ein richtiger Mann.

Ich ließ es bleiben. Sie machte gefüllte Schweinekoteletts mit Apfelmus und Kartoffelbrei, und es schmeckte wie Pappe. Wir gingen ins Bett, aber ich dachte ständig nur an meine Rosen und wie sie vermengt waren mit denen von diesem Scheißkerl in Vermont. Sie meinte, ich sei wohl nicht im Vollbesitz meiner Kräfte, und ich hätte ihr am liebsten gesagt, ich wünschte, ich wäre tot. Ist schon okay, sagte sie. Das ist die Gewöhnung. Man muß es frisch halten.

War das ihre Art, es frisch zu halten? Indem sie mit uns beiden jonglierte und Blumen von zwei Männern in dieselbe Vase stellte?

Gegen Ende dieses Frühjahrssemesters traf ich Seymour auf dem Washington Square. Na, wie läuft's? fragte er und lachte anzüglich. Wie geht's der hinreißenden June?

Ich stotterte und trat von einem Fuß auf den anderen. Er sagte, mach dir nichts draus. Mit mir hat sie's genauso gemacht, aber mich hat sie nur zwei Wochen gehabt. Ich bin ihr auf die Schliche gekommen und hab ihr gesagt, sie kann mich mal.

Was für Schliche?

Sie tut das alles Norm zuliebe. Sie nimmt mich mit, sie nimmt dich mit und weiß der Himmel wen noch, und erzählt alles brühwarm ihrem Norm.

Aber der fährt doch nach Vermont.

Vermont, meine Fresse! Kaum bist du raus aus ihrer Wohnung, kommt er zu ihr und läßt sich alles haarklein berichten.

Woher weißt du das?

Er hat's mir gesagt. Er mag mich. Er erzählt ihr von mir, sie erzählt ihm von dir, und sie wissen, daß ich dir von ihnen erzähle, und dabei haben sie einen Mordsspaß. Sie reden über dich und darüber, daß du von nichts auch nur den blassesten Schimmer hast.

Ich ließ ihn stehen, und er rief mir nach, jederzeit, Mann, jederzeit.

Ich kam mit Ach und Krach durch das Lehramtsexamen. Ich kam überall mit Ach und Krach durch. Um die Prüfung zu bestehen, brauchte man mindestens fünfundsechzig Punkte; ich schaffte neunundsechzig. Die entscheidenden Punkte verdankte ich wahrscheinlich dem Wohlwollen eines Englisch-Fachbereichsleiters von der Eastern District High School in Brooklyn, der meine Lehrprobe bewertete, und dem glücklichen Umstand, daß ich mich ein bißchen in der Antikriegslyrik aus dem Ersten Weltkrieg auskannte. Ein alkoholischer Professor an der NYU sagte mir einmal in aller Freundschaft, ich sei ein Student auf Sparflamme. Ich war beleidigt, bis ich dann darüber nachdachte und zugeben mußte, daß er recht hatte. Ich lebte in jeder Hinsicht auf Sparflamme, aber eines Tages würde ich mich zusammenreißen, mich auf den Hosenboden setzen, mir einen Ruck geben, mich ins Zeug legen, etwas aus mir machen – alles auf die gute alte amerikanische Art.

Wir saßen auf Stühlen in den Korridoren der Brooklyn Technical High School, warteten auf die mündliche Prüfung, füllten Formulare aus, unterschrieben Loyalitätserklärungen an die Vereinigten Staaten, in denen wir versicherten, daß wir weder jetzt noch jemals Mitglied der Kommunistischen Partei waren.

Ich sah sie schon, lange bevor sie sich neben mich setzte. Sie trug ein grünes Kopftuch und eine Sonnenbrille, und als sie das Kopftuch abnahm, leuchtete ihre rote Haarpracht auf. Ich starb fast vor Sehnsucht nach ihr, gönnte ihr aber nicht die Genugtuung, sie anzusehen.

Hi, Frank.

Wäre ich eine Figur aus einem Roman oder einem Film, dann wäre ich aufgestanden und gegangen. Stolz. Sie sagte noch einmal hi. Sie sagte, du siehst müde aus.

Ich blaffte sie an, um ihr zu zeigen, daß ich keinen Grund sah, höflich zu ihr zu sein, nach dem, was sie mir angetan hatte. Ich bin überhaupt nicht müde, sagte ich. Aber dann berührte sie mein Gesicht mit den Fingern.

Der Roman- oder Filmheld hätte den Kopf weggedreht, um ihr zu zeigen, daß er nicht vergessen hat, sich nicht von einem zweimaligen Gruß und ein paar Fingerspitzen erweichen läßt. Sie lächelte und berührte erneut meine Wange.

Alle auf dem Flur schauten zu uns her, bestimmt fragten sie sich, was sie mit mir zu schaffen hatte. Sie war einfach umwerfend, und ich war nicht gerade ein Hauptgewinn. Sie sahen ihre Hand auf meiner.

Wie geht's dir denn so?

Gut, krächzte ich. Ich schaute die Hand an und stellte mir vor, wie sie über Norms Körper wanderte.

Sie fragte, bist du aufgeregt wegen der Prüfung?

Ich blaffte sie wieder an. Nein, überhaupt nicht.

Du wirst ein guter Lehrer.

Ist mir egal.

Das ist dir egal? Warum tust du dir das dann an?

Ich weiß nicht, was ich sonst machen soll.

Oh. Sie sagte, sie werde das Examen machen, um ein Jahr lang zu unterrichten und dann ein Buch darüber zu schreiben. Das sei Norms Vorschlag. Norm, der große Experte. Er sagt, das Bildungswesen in Amerika sei ein einziger Skandal, und ein Enthüllungsbuch von einem Insider des Schulsystems würde ein Bestseller werden. Arbeite ein, zwei Jahre als Lehrerin, schildere den schrecklichen Zustand des Schulwesens, und du landest einen Knüller.

Ich wurde aufgerufen. Sie sagte, wie wär's nachher mit einem Kaffee?

Hätte ich nur einen Funken Stolz oder Selbstachtung besessen, ich hätte nein gesagt und wäre gegangen, aber ich sagte okay und ging klopfenden Herzens in die Prüfung.

Ich sagte guten Morgen zu den drei Prüfern, aber die haben Anweisung, die Lehramtskandidaten nicht anzusehen. Der Mann in der Mitte sagte, Sie haben zwei Minuten, um das Gedicht zu lesen, das vor Ihnen liegt. Anschließend werden wir Sie bitten, es zu analysieren und uns zu sagen, wie Sie es einer High-School-Klasse nahebringen würden.

Der Gedichttitel beschrieb genau, wie ich mich bei dieser Prüfung fühlte: »Ich wollte ich könnte vergessen daß ich ich bin.«

Der Kahlkopf rechts fragte mich, ob ich wisse, um welche Gedichtform es sich handle.

Ja, sicher, ja. Es ist eine Sonate.

Wie bitte?

Oh, pardon. Ein Sonett. Vierzehn Zeilen.

Und das Reimschema?

Äh ... äh ... abbaabbacdcdc.

Sie warfen sich Blicke zu, und ich wußte nicht, ob ich richtig lag oder nicht.

Und der Verfasser?

Äh, ich glaube, es ist von Shakespeare. Nein, nein, von Wordsworth.

Weder noch, junger Mann. Es ist von Santayana.

Der Kahlkopf stierte mich an, als hätte ich ihn persönlich beleidigt. Santayana, sagte er, Santayana, und ich schämte mich beinahe meiner Ignoranz.

Sie blickten streng, und ich hätte am liebsten erklärt, Fragen über Santayana seien unfair, weil er in keinem Lehrbuch und keiner Anthologie stehe, die ich in meinen vier verdösten Jahren an der New York University in der Hand gehabt hatte. Sie fragten mich nicht danach, aber ich sagte ihnen freiwillig das einzige, was ich von Santayana wußte: Wenn wir nicht aus der Geschichte lernen, werden wir zwangsläufig immer wieder dieselben Fehler machen. Sie schienen nicht beeindruckt, nicht einmal dann, als ich ihnen sagte, ich wüßte sogar Santayanas Vornamen, George.

Nun gut, sagte der Mittlere. Wie würden Sie dieses Gedicht Ihren Schülern nahebringen?

Ich plapperte drauflos. Na ja … ich glaube … ich glaube … es handelt teilweise von Selbstmord und von Santayanas Überdruß, und ich würde über James Dean sprechen, weil Teenager ihn bewundern, und daß er sich wahrscheinlich unbewußt umbringen wollte mit seinem Sportwagen, und ich würde Hamlets Selbstmord-Monolog erwähnen, »Sein oder Nichtsein«, und sie dann über ihre eigenen Gefühle in bezug auf Selbstmord reden lassen, falls sie schon mal welche hatten.

Der Rechte sagte, was würden Sie zur Verstärkung tun?

Ich weiß nicht, Sir. Was meinen Sie mit Verstärkung?

Er zog die Augenbrauen hoch und sah die anderen an, als müsse er an sich halten, um nicht die Geduld zu verlieren. Er sagte, Verstärkung ist Aktivität, Bereicherung, Nachbereitung, irgendeine Aufgabe, durch die das Gelernte sich zusätzlich ins Gedächtnis des Schülers einprägt. Man kann nicht in einem Vakuum unterrichten. Ein guter Lehrer setzt den Stoff in Beziehung zum wirklichen Leben. Das verstehen Sie doch, oder?

Oh. Ich war verzweifelt. Ich stammelte, ich würde ihnen aufgeben, einen Abschiedsbrief von hundertfünfzig Wörtern zu schreiben. Damit könnte ich sie ermuntern, über das Leben als solches nachzudenken, denn Samuel Johnson sagt: Nichts schärft den Geist so wundervoll wie der Gedanke, am Morgen gehängt zu werden.

Der Mittlere fuhr aus der Haut. Was?

Der Rechte schüttelte den Kopf. Wir sind nicht hier, um über Samuel Johnson zu diskutieren.

Der Linke zischte. Abschiedsbrief? Das würden Sie schön bleiben lassen. Haben Sie gehört? Sie haben es mit empfindsamen Gemütern zu tun. Mann Gottes! Sie können gehen.

Ich bedankte mich, aber was sollte das noch nützen? Ich war erledigt, soviel stand fest. Es war klar, daß die mich nicht leiden konnten, weil ich nichts über Santayana und Verstärkung wußte, und die Idee mit dem Abschiedsbrief hatte mir bestimmt den Rest gegeben. Die waren Fachbereichsleiter an High Schools oder hatten andere bedeutende Positionen, und sie waren mir unsympathisch, wie alle, die Macht über mich hatten, Bosse, Bischöfe, Professoren, Steuerprüfer, überhaupt Höhergestellte jeder Art. Trotzdem fragte ich mich, warum Leute wie diese Prüfer so unhöflich sind, daß man sich ganz klein und häßlich vorkommt. Ich an ihrer Stelle hätte versucht, den Prüflingen über ihre Nervosität hinwegzuhelfen. Wenn junge Leute Lehrer werden wollen, sollten sie ermutigt werden und nicht eingeschüchtert von Prüfern, die Santayana für den Mittelpunkt des Universums halten.

So dachte ich damals, aber da wußte ich auch noch nicht, wie es auf der Welt zugeht. Ich wußte nicht, daß die da oben sich vor denen hier unten schützen müssen. Ich wußte nicht, daß ältere Menschen sich gegen jüngere schützen müssen, die sie vom Antlitz der Erde schubsen wollen.

Als ich herauskam, war sie schon auf dem Flur, band sich das Kopftuch unter dem Kinn zu und sagte, na, das war ja wohl ein Klacks.

Von wegen. Die haben mich über Santayana ausgefragt.

Im Ernst? Norm verehrt Santayana.

Hatte diese Frau denn kein bißchen Taktgefühl? Mußte sie mir mit Norm und diesem verdammten Santayana vollends den Tag verderben?

Norm interessiert mich einen Dreck. Und Santayana genauso. Oh, oh. Auf einmal so beredt? Macht unser Ire ein Toberchen?

Ich hätte ein paarmal tief durchatmen sollen, um mich zu beruhigen. Statt dessen ließ ich sie stehen und ging sogar weiter, als sie mir nachrief, Frank, Frank, wir könnten Ernst machen.

Ich ging über die Brooklyn Bridge und sagte es immer wieder vor mich hin, wir könnten Ernst machen, den ganzen Weg bis zu McSorley's in der East Seventh Street. Was meinte sie damit?

Ich trank ein Bier nach dem anderen, aß Leberwurst und Zwiebelcracker, pißte gewaltig in McSorley's massive Urinale, rief June von einem Münztelefon aus an, hängte ein, als Norm sich meldete, tat mir selbst leid, wollte Norm noch einmal anrufen, um ihn zu einem Showdown auf dem Bürgersteig herauszufordern, nahm den Hörer ab, hängte wieder ein, ging nach Hause, heulte ins Kissen, verachtete mich selbst und beschimpfte mich als Idioten, bis ich vom Suff benebelt einschlief.

Am nächsten Tag, verkatert und wehleidig, fuhr ich nach Brooklyn in die Eastern District High School zu meiner Lehrprobe, der letzten Hürde vor der Zulassung zum Lehramt. Ich sollte eine Stunde vorher dort sein, stieg aber in die falsche U-Bahn und kam eine halbe Stunde zu spät. Der Leiter der Englischen Abteilung sagte, ich könne auch ein andermal wiederkommen, aber ich wollte es hinter mich bringen, zumal ich ohnehin auf der Verliererstraße war.

Der Fachbereichsleiter gab mir ein paar Blätter mit dem Thema meiner Lehrprobe: Kriegsgedichte. Ich kannte die Gedichte auswendig, Siegfried Sassoons »Does it Matter?« und Wilfred Owens »Hymne für die verdammte Jugend«.

Wenn man in New York unterrichtet, muß man eine vorgegebene Abfolge einhalten. Als erstes muß man sein Ziel definieren. Dann muß man die Klasse motivieren, denn wie jeder weiß, wollen diese Kinder überhaupt nichts lernen.

Ich motivierte die Klasse, indem ich ihr vom Mann meiner Tante erzählte, der im Ersten Weltkrieg in einen Gasangriff geriet und nach der Heimkehr keine andere Arbeit mehr fand, als im Gaswerk von Limerick Kohle, Koks und Schlacken zu schaufeln. Die Klasse lacht, und der Fachbereichsleiter lächelt leicht, ein gutes Zeichen.

Es genügt nicht, das Gedicht zu besprechen. Man muß die Schüler auch »aus der Reserve locken«, sie in den Stoff einbeziehen. Sie erregen. Das Wort stammt von der Schulbehörde. Man muß packende Fragen stellen, um die Schüler zur Mitarbeit zu bewegen. Ein guter Lehrer sollte so viele packende Fragen stellen, daß sich die Klasse eine dreiviertel Stunde lang vor Begeisterung überschlägt.

Ein paar Schüler reden über den Krieg und ihre Familienmitglieder, die den Zweiten Weltkrieg und den Koreakrieg überlebt haben. Sie finden es ungerecht, daß manche ohne Gesicht und ohne Beine zurückgekommen sind. Einen Arm zu verlieren sei nicht so schlimm, weil man ja noch einen hat, aber beide Arme, das sei schon wirklich bitter, denn dann muß man sich füttern lassen. Etwas ganz anderes sei es, sein Gesicht zu verlieren. Man hat ja nur eins, und wenn das weg ist, dann gute Nacht, Baby. Eine Schülerin mit einer bezaubernden Figur und einer rosa Spitzenbluse sagte, der Mann ihrer Schwester sei bei Pjönjang verwundet worden und habe überhaupt keine Arme mehr, nicht einmal Stummel, an denen man Armprothesen befestigen könnte. Ihre Schwester müsse ihn also füttern und rasieren und alles, aber er denke die ganze Zeit nur an Sex. Sex, Sex, Sex, sonst interessiere ihn überhaupt nichts, und ihre Schwester sei fix und fertig.

Der Fachbereichsleiter im Hintergrund sagt in warnendem Ton, Helen, doch sie sagt zur ganzen Klasse gewandt, aber es stimmt. Wie würde euch das gefallen, jemanden zu haben, den ihr baden und füttern und mit dem ihr jeden Tag dreimal schlafen müßt? Ein paar von den Jungen feixen, werden aber sofort ernst, als Helen sagt, es tut mir leid. Das mit meiner Schwester und Roger macht mich so traurig, weil sie sagt, sie hält das nicht mehr aus. Sie würde ihn verlassen, aber dann muß er ins Veteranenheim. Er hat gesagt, wenn es so weit kommt, dann bringt er sich um. Sie dreht sich um und wendet sich an den Fachbereichsleiter. Ich entschuldige mich für das, was ich über den Sex gesagt habe, aber es ist nun mal passiert, und ich wollte nicht respektlos sein.

Ich bewunderte Helen so sehr für ihre Reife, ihren Mut und ihre wunderschönen Brüste, daß ich kaum mit meiner Lehrprobe weitermachen konnte. Ich dachte, es würde mir nichts ausmachen, amputiert zu sein, wenn sie den ganzen Tag um mich wäre, mich waschen und abtrocknen und mir meine tägliche Massage verabreichen würde. Natürlich darf man als Lehrer nicht so denken, aber was soll man machen, wenn man siebenundzwanzig ist und jemand wie Helen vor einem sitzt und Themen wie Sex anschneidet und dabei so aussieht wie sie?

Ein Junge will die Sache nicht auf sich beruhen lassen. Er sagt, Helens Schwester sollte sich keine Sorgen machen, daß ihr Schwager Selbstmord begehen könnte, denn das wäre unmöglich, wenn man keine Arme mehr hat. Ohne Arme kann man sich nicht umbringen.

Zwei Jungen sagen, das dürfte es nicht geben, daß man sich dem Leben ohne Gesicht oder ohne Beine stellen muß, wenn man erst zweiundzwanzig ist. Ja, sicher, Beinprothesen könne man sich immer machen lassen, aber eine Gesichtsprothese würde man nie bekommen, und wer würde dann noch mit einem gehen? Das wäre das Ende, und man würde nie Kinder haben oder so. Die eigene Mutter würde einen nicht mehr gern ansehen, und man müßte seine ganze Nahrung durch einen Strohhalm nuckeln. Es sei sehr traurig zu wissen, daß man nie mehr in den Badezimmerspiegel schauen würde, aus Angst vor dem, was man da zu sehen oder nicht zu sehen bekäme, wo doch das Gesicht weg ist. Stellt euch vor, wie sich die arme Mutter gefühlt haben muß, als sie seinen Rasierapparat und seine Rasier-seife weggeschmissen hat, weil sie wußte, daß er sie nie mehr brauchen würde. Nie wieder. Sie konnte ja nicht gut in sein Zimmer gehen und zu ihm sagen, mein Sohn, du wirst ja jetzt dein Rasierzeug nicht mehr brauchen, und weil sich hier immer mehr Kram ansammelt, schmeiß ich es jetzt weg. Könnt ihr euch vorstellen, wie der sich fühlt, wenn er da ohne Gesicht sitzt und seine Mutter ihm mehr oder weniger zu verstehen gibt, daß für ihn alles vorbei ist? So was würde man nur jemand an-tun, den man nicht leiden kann, und man kann sich kaum vor-stellen, daß eine Mutter den eigenen Sohn nicht leiden kann, auch wenn er kein Gesicht mehr hat. Egal, was einem zustößt, die eigene Mutter sollte einen immer mögen und hinter einem stehen. Wo wären wir, wenn das nicht so wäre, und was hätte das Leben dann überhaupt noch für einen Sinn?

Ein paar Jungen in der Klasse wünschen sich ihren eigenen Krieg, damit sie rüberfahren und es denen heimzahlen können. Ein anderer sagt, ach, Blödsinn, es denen heimzahlen, das geht doch überhaupt nicht, und die anderen buhen ihn aus und brül-len ihn nieder. Er heißt Richard, und sie sagen, die ganze Schu-le weiß, was er für ein Kommunist ist. Der Fachbereichsleiter macht sich Notizen, wahrscheinlich darüber, daß ich die Kon-trolle über die Klasse verloren habe, weil ich es zulasse, daß mehrere gleichzeitig reden. Verzweiflung packt mich. Ich hebe die Stimme: Hat einer von euch schon einmal einen Film über deutsche Soldaten mit dem Titel *Im Westen nichts Neues* ge-sehen? Nein, haben sie nicht, warum sollten sie Geld dafür aus-geben, sich Filme über Deutsche anzuschauen, nach dem, was die uns angetan haben? Die Scheiß-Krauts.

Wie viele von euch sind Italiener? Die halbe Klasse.

Heißt das, ihr habt auch noch nie einen italienischen Film ge-sehen, weil die Italiener im Krieg gegen Amerika gekämpft ha-ben?

Nein, das hat nichts mit dem Krieg zu tun. Sie haben nur einfach keine Lust, sich diese Filme mit den blöden Untertiteln anzusehen, die so schnell wechseln, daß man nicht mitkommt, und wenn in dem Film Schnee ist und die Untertitel weiß sind, wie zum Teufel soll man da noch irgendwas lesen können? In diesen italienischen Filmen kommt oft Schnee vor und Hunde, die an eine Mauer pinkeln, und überhaupt sind sie deprimierend, weil die Leute dauernd auf der Straße stehen und darauf warten, daß was passiert.

Die Schulbehörde schreibt vor, daß eine Unterrichtsstunde mit einer Zusammenfassung enden muß, die zu einer Hausaufgabe oder einer Verstärkung oder irgendeinem anderen greifbaren Ergebnis führt, aber das habe ich vergessen, und als es klingelt, läuft gerade ein Streitgespräch zwischen zwei Jungen, von denen der eine John Wayne verteidigt und der andere sagt, das war ein Schwindler, der war nie im Krieg. Ich versuche, alles doch noch irgendwie souverän zusammenzufassen, aber die Diskussion verläppert sich. Ich bedanke mich bei den Schülern, aber keiner hört mir zu, und der Fachbereichsleiter kratzt sich an der Stirn und macht sich Notizen.

Auf dem Weg zur U-Bahn machte ich mir Vorwürfe. Wozu das Ganze? Lehrer, meine Fresse. Ich hätte in der Army bleiben sollen, bei den Hunden. Ich wäre besser dran auf den Kais und in den Lagerhäusern, dort könnte ich hieven, wuchten, fluchen, dicke Sandwiches essen, Bier trinken und den Hafennutten nachstellen. Zumindest wäre ich da unter meinesgleichen, unter Menschen meiner Klasse, und würde mich nicht über meinen Stand erheben, meiner Seel. Ich hätte auf die Priester und andere ehrbare Leute in Irland hören sollen, die uns ermahnt haben, hütet euch vor der Eitelkeit, findet euch ab mit eurem Los, es steht ein Bett im Himmel für die Sanftmütigen, die Demut im Herzen tragen.

Mr. McCourt, Mr. McCourt, warten Sie.

Der mir das nachrief, war der Fachbereichsleiter, ein paar Häuser hinter mir. Warten Sie. Ich ging ihm entgegen. Er hatte ein freundliches Gesicht. Ich dachte, er wollte mich trösten: Zu dumm, junger Mann.

Er war außer Atem. Schauen Sie, ich dürfte eigentlich gar nicht mit Ihnen reden, aber ich wollte Ihnen nur sagen, daß Sie Ihre Examensergebnisse in ein paar Wochen bekommen werden. Sie haben das Zeug zu einem guten Lehrer. Himmel noch mal, Sie haben Sassoon und Owen tatsächlich gekannt. Wissen Sie, jeder zweite, der hier hereinspaziert, kann Emerson nicht von Mickey Spillane unterscheiden. Also, wenn Sie Ihre Ergebnisse haben und eine Anstellung suchen, rufen Sie mich einfach an, ja?

Oh, ja, sicher, ja, mach ich. Danke.

Ich tanzte die Straße entlang, schwebte auf einer Wolke. Vögel zwitscherten auf dem Bahnsteig der Hochbahn. Die Leute sahen mich lächelnd und respektvoll an. Sie sahen mir an, daß ich eine Anstellung als Lehrer in Aussicht hatte. Ich war also doch kein solcher Idiot. O Herr. O Gott. Was würde meine Familie sagen? Ein Lehrer. Die Nachricht wird sich in Limerick herumsprechen. Hast du das von Frankie McCourt gehört? Mann, der ist Lehrer geworden drüben in Amerika. Was war er, wie er hier weg ist? Nichts, das war er. Ein armer Teufel, der aussah wie etwas, was die Katze hereingeschleppt hat. Ich würde June anrufen. Ihr sagen, daß ich bereits ein Angebot hatte. Eine Stelle an einer High School. Nicht so weit oben wie Norman der Professor, aber immerhin ... Ich steckte ein Zehncentstück in das Münztelefon. Es fiel durch. Ich hängte wieder ein. Sie anzurufen hätte bedeutet, daß ich sie anrufen mußte, und ich mußte nicht müssen. Ich konnte auch ohne sie leben, samt ihrer Badewanne und dem Seeteufel und dem Weißwein. Der Zug fuhr rumpelnd ein. Am liebsten hätte ich allen, den sitzenden wie den stehenden Leuten gesagt, ich habe eine Lehrerstelle angeboten bekommen. Dann hätten sie lächelnd von ihren Zeitungen aufgeschaut. Nein, kein Anruf bei June. Soll sie bei ihrem Norm bleiben, der den Seeteufel ruiniert und nichts von

Wein versteht, der nichtswürdige Norm, der June nicht so nehmen kann, wie sie ist. Nein, ich würde zu Port Warehouses gehen und arbeiten, bis ich meine Zulassung bekam. Meine Lehrerlaubnis. Und mit der würde ich von der Spitze des Empire State Building herabwedeln.

Als ich wegen der Lehrerstelle in der Schule anrief, hieß es, tut uns leid. Der freundliche Fachbereichsleiter sei verstorben, leider seien keine Positionen frei, und man wünsche mir viel Glück bei der Suche. Alle sagten, wenn ich erst einmal meine Zulassung hätte, würde ich ohne weiteres eine Stelle finden. Schließlich reißt sich keiner um so einen lausigen Job. Lange Arbeitszeit, schlechte Bezahlung, und wer wird's dir danken, daß du dich um die Bälger Amerikas kümmerst? Kein Wunder, daß das Land nach Lehrern lechzte.

In einer Schule nach der anderen bekam ich zu hören, tut uns leid, Ihr Akzent wäre ein Problem. Wissen Sie, Kinder ahmen gern nach, und ehe wir's uns versehen, würden die hier alle mit irischem Akzent reden. Was würden die Eltern sagen, wenn die Kinder heimkommen und reden wie, na ja, wie Barry Fitzgerald? Sie haben doch sicher Verständnis für unseren Standpunkt? Konrektoren fragten sich, wie ich es mit meinem Zungenschlag überhaupt geschafft hatte, eine Zulassung zu bekommen. Stellen die bei der Schulbehörde überhaupt keine Ansprüche mehr?

Ich war am Boden zerstört. Kein Platz für mich im großartigen amerikanischen Traum. Ich kehrte auf die Kais zurück, dort fühlte ich mich wohler.

4

He, Mr. McCourt, haben Sie auch schon mal richtig gearbeitet, nicht als Lehrer, mein ich, sondern, Sie wissen schon, richtige Arbeit?

Soll das ein Witz sein? Ist Unterrichten vielleicht keine Arbeit? Schau dich mal hier um, und dann frag dich, ob du dich jeden Tag hier vor euch hinstellen möchtest. Vor euch. Unterrichten ist schwerer als die Arbeit am Kai oder im Lagerhaus. Wie viele von euch haben Verwandte, die im Hafen arbeiten?

Die halbe Klasse, überwiegend Italiener, ein paar Iren.

Bevor ich an diese Schule kam, sagte ich, hab ich an den Kais von Manhattan, Hoboken und Brooklyn gearbeitet. Ein Schüler sagte, sein Vater kenne mich aus Hoboken.

Ich sagte, nach dem College habe ich das Lehramtsexamen abgelegt, aber ich dachte, daß ich für ein Leben als Lehrer nicht geschaffen bin. Ich wußte nichts von amerikanischen Teenagern. Hatte keine Ahnung, was ich euch erzählen sollte. Die Arbeit im Hafen war leichter. Trucks fahren rückwärts an die Rampe. Wir schwingen unsere Ladehaken. Ziehen, heben, schleifen, schieben. Auf Paletten stapeln. Der Gabelstapler gleitet heran, hebt die Last hoch, schaltet in den Rückwärtsgang, stapelt die Ladung im Lagerhaus und kommt wieder an die Rampe. Man hat körperlich gearbeitet, und das Gehirn hatte einen Tag frei. Man arbeitete von acht bis Mittag, aß in der Mittagspause ein ellenlanges Sandwich und trank ein Bier dazu, schwitzte es von eins bis fünf wieder aus und fuhr dann heim. Nach dem Abendessen Kino und ein paar Bierchen in einer Kneipe an der Third Avenue.

Wenn man einmal den Dreh raushatte, funktionierte man

wie ein Roboter. Man hielt mit dem kräftigsten Mann auf der Plattform mit, und Größe spielte keine Rolle. Man ging in die Knie, um den Rücken zu schonen. Wenn man es einmal vergaß, blafften einen die anderen an, Mann Gottes, hast du 'n Rückgrat aus Gummi oder was? Man lernte, den Haken bei verschiedenen Lasten unterschiedlich zu handhaben: Schachteln, Säcke, Kisten, Möbel, riesige, eingefettete Maschinenteile. Ein Sack Bohnen oder Pfefferschoten hat seinen eigenen Willen. Er kann auf die verschiedensten Arten seine Form verändern, und dem muß man sich anpassen. Man schätzte Größe, Form und Gewicht einer Last und wußte sofort, wie man sie heben und herumwuchten muß. Man lernte, mit Truckern und ihren Gehilfen umzugehen. Selbständige Trucker waren gut zu haben. Sie arbeiteten auf eigene Rechnung, gaben selbst das Tempo vor. Firmentrucker stachelten einen ständig an, schneller, Mann, jetzt hol das Zeug schon runter, mach schon, ich hab nicht den ganzen Tag Zeit. Die Gehilfen der Trucker waren immer muffig, egal, für wen sie arbeiteten. Sie versuchten einen mit allerlei Spielchen aus dem Takt zu bringen, vor allem wenn sie dachten, man sei frisch vom Schiff. Wenn man dicht am Rand eines Piers oder einer Rampe arbeitete, ließen sie unversehens den Sack oder die Kiste auf ihrer Seite los, so daß es einem leicht den Arm auskugeln konnte, und man lernte, sich von Rändern und Kanten jeder Art fernzuhalten. Dann lachten sie und sagten mit nachgemachtem irischem Akzent, meiner Seel, Paddy, oder Einen wunderhübschen guten Morgen. Über so was beklagte man sich nie bei einem Boß. Der hätte nur gesagt, was 'n los mit dir, Junge? Verstehst wohl kein Spaß? Eine Beschwerde machte alles bloß noch schlimmer. Ein Trucker oder ein Gehilfe konnten Wind davon bekommen und einen aus Versehen von der Rampe oder womöglich vom Pier stoßen. Ein Neuer aus der Grafschaft Mayo, ein Riesenkerl, regte sich mordsmäßig auf, als ihm jemand einen Rattenschwanz in sein Sandwich praktizierte, und als er drohte, den Witzbold umzubringen, der ihm das angetan hatte, stieß ihn jemand versehentlich in den Hudson, und alle lachten, bevor sie ihm ein Tau hinunterwarfen und ihn von braunem Schaum triefend herauszogen. Als er lachen gelernt hatte, ließen sie ihn in Ruhe. Man kann nicht an den Kais arbeiten und ständig ein Gesicht ziehen. Nach einer Weile hören die Streiche auf, und es spricht sich herum, daß man was verträgt. Eddie Lynch, der Rampenchef, nannte mich einen zähen kleinen Mick, und das bedeutete mir mehr als der Tag, als ich in der Army zum Corporal befördert wurde, denn ich wußte ja, daß ich gar nicht so zäh war, sondern nur verzweifelt.

Ich sagte meinen Schülern, ich sei im Hinblick auf den Lehrerberuf so unsicher gewesen, daß ich daran dachte, mein Leben lang in den Lagerhäusern am Hafen zu arbeiten, großer Fisch, kleiner Teich. Meine Bosse wären so beeindruckt von meinem College-Abschluß gewesen, daß sie mich als Kontrolleur eingestellt und mich zum Büroangestellten befördert hätten, wo ich bestimmt vorangekommen wäre. Ich hätte Chef aller Kontrolleure werden können. Ich wußte, wie es in den Lagerhausbüros und überhaupt in Büros zuging. Die Angestellten schoben gähnend Papiere von hier nach da und schauten durchs Fenster zu, wie wir uns auf der Rampe abschufteten.

Kein Wort erzählte ich meinen Schülern von Helena, der Telefonistin, von der man im hintersten Winkel des Lagerhauses nicht nur Doughnuts bekommen konnte. Ich war durchaus nicht abgeneigt, bis Eddie mir sagte, wenn du die auch nur streifst, landest du mit einem triefenden Pimmel im St. Vincent's Hospital.

Was mir fehlte, wenn ich nicht an den Kais arbeitete, war, daß jeder seine Meinung sagte und sich einen Dreck darum scherte, ob er aneckte oder nicht. Ganz anders als die College-Professoren mit ihrem Einerseits ja, andererseits nein, so daß man nicht wußte, wie man dran war. Dabei war es wichtig zu wissen, was die Professoren dachten, schließlich mußte man es in der Prüfung parat haben. In den Lagerhäusern beleidigte jeder jeden, und alle nahmen es als Flachserei, bis einer zu weit ging und die Ladehaken ins Spiel kamen. Das merkte man sofort. Wenn plötzlich nicht mehr gelacht und nur noch verkniffen gelächelt wurde, wußte man, daß irgendein Großmaul die Grenze überschritten hatte, und dann hieß es Haken oder Faust.

Die Arbeit kam zum Stillstand, wenn auf den Piers und Laderampen eine Schlägerei ausbrach. Eddie sagte mir, den Männern gehe das ewige Heben und Schleppen und Stapeln auf die Nerven, immer dasselbe, jahrein, jahraus, und das sei der Grund, warum sie einander beleidigten und herumschubsten bis an den Rand einer ernsten Prügelei. Sie müßten irgend etwas tun, um Abwechslung in die Routine und die langen schweigsamen Stunden zu bringen. Ich erwiderte, mir mache es nichts aus, den ganzen Tag zu arbeiten, ohne ein Wort zu reden, und er sagte, ja, du bist da anders. Aber du bist auch erst anderthalb Jahre hier. Mach das mal fünfzehn Jahre, dann kannst du die Klappe auch nicht mehr halten. Ein paar von den Jungs haben in der Normandie und im Pazifik gekämpft, und was sind sie jetzt? Packesel. Esel mit Tapferkeitsmedaillen. Arme Esel in einer Sackgasse. Sie betrinken sich drüben in der Hudson Street und prahlen mit ihren Medaillen, obwohl das die anderen einen Scheiß interessiert. Sie sagen dir, sie arbeiten für die Kinder, die Kinder, die Kinder. Ein besseres Leben für die Kinder. Mein Gott! Bin ich froh, daß ich nie geheiratet habe.

Wäre Eddie nicht gewesen, dann wären die Schlägereien weniger glimpflich verlaufen. Er hatte seine Augen und Ohren überall und roch Ärger eine Meile gegen den Wind. Wenn zwei Männer aneinandergerieten, schob Eddie seinen gewaltigen Bauch dazwischen und sagte, sie sollten gefälligst von seiner Rampe verschwinden und sich auf der Straße prügeln. Was sie aber nie taten, weil sie insgeheim dankbar waren für einen Vorwand, sich die Faust und vor allem den Haken zu ersparen. Mit einer Faust kommt man immer irgendwie klar, aber bei einem Haken weiß man nie, aus welcher Richtung er einen erwischt.

Sie knurrten sich zwar noch an und zeigten sich den Finger, aber die Luft war raus, der Moment vorbei, der Kampfgeist erloschen. Wir anderen waren schon wieder bei der Arbeit, und wozu sich schlagen, wenn keiner mehr sieht, was für ein Killer man ist?

Helena kam immer aus dem Büro, um sich die Keilerei anzusehen, und wenn es vorbei war, flüsterte sie dem Sieger etwas ins Ohr und lud ihn ein, sich an einem dunklen Plätzchen im Lagerhaus ein paar schöne Minuten mit ihr zu machen.

Manche von diesen Scheißkerlen, behauptete Eddie, täuschten eine Rauferei nur vor, damit Helena hinterher nett zu ihnen sei, und wenn er mich jemals nach einer Schlägerei mit ihr erwischen sollte, würde er meinen Arsch in den Fluß schmeißen. Er sagte das, weil ich einmal eine Schlägerei oder Beinahe-Schlägerei mit dem Fahrer Fat Dominic hatte, der als gefährlich galt, weil er Gerüchten zufolge Verbindungen zur Mafia hatte. Eddie hielt das für Blödsinn. Wenn einer wirklich solche Verbindungen hätte, würde er nicht als Fahrer arbeiten, wo er sich mit der schweren Ladung das Kreuz brechen kann. Trotzdem glaubten wir alle, daß Dominic Leute kannte, die Verbindungen hatten oder haben mußten, also konnte es sicher nicht schaden, mit ihm zusammenzuarbeiten. Aber wie kann man mit einem zusammenarbeiten, wenn er einen auf die unflätigste Art beleidigt: Was'n los mit dir, Paddy? Kannst nich reden? Hat sich deine Mama vielleicht von 'ner Schneiderpuppe bespringen lassen?

Jeder weiß, daß du es an den Kais oder auf der Rampe oder sonstwo nicht hinnehmen darfst, wenn einer deine Mutter beleidigt. Kinder wissen das von dem Moment an, da sie sprechen können. Vielleicht kann man seine Mutter gar nicht leiden, aber das spielt keine Rolle. Zu einem selbst kann jeder sagen, was er will, aber die Mutter beleidigen, das geht zu weit, und wenn man sich das gefallen läßt, ist man für die anderen gestorben. Wenn man jemanden braucht, der einem mit einer Ladung auf der Rampe oder auf dem Kai hilft, kehren einem alle den Rükken zu. Man ist Luft für die anderen. Mit so einem Menschen teilt keiner auch nur ein Leberwurstbrot in der Mittagspause. Läuft man an den Kais und zwischen den Lagerhäusern herum und sieht einen Mann, der allein dasitzt und ißt, dann weiß man, daß er bis zum Hals in der Scheiße steckt. Das ist einer, der es geduldet hat, daß seine Mutter beleidigt wurde, oder der irgendwann einmal Streikbrecher war. Einem Streikbrecher kann man nach einem Jahr verzeihen, aber niemals einem Mann, der es zugelassen hat, daß jemand seine Mutter beleidigt.

Ich revanchierte mich bei Dominic mit einem Army-Spruch. He, Dominic, du Fettsack, wann hast du eigentlich das letzte Mal deinen Schwanz gesehen und woher weißt du, daß du überhaupt einen hast?

Er fuhr herum und stieß mich mit der Faust von der Rampe, und als ich auf der Straße landete, sah ich rot, sprang wieder auf die Rampe und krallte mit meinem Haken nach ihm. Er setzte dieses Lächeln auf, das besagte, du armseliger kleiner Scheißer, dich mach ich platt, und als ich nach ihm schlug, stieß er mit der flachen Hand mein Gesicht weg, und ich fiel wieder auf die Straße. Ein Schlag mit der flachen Hand ist das Schmählichste, was einem in einer Rauferei passieren kann. Ein Faustschlag ist eine saubere, ehrliche Sache. Damit arbeiten die Boxer. Aber die flache Hand im Gesicht bedeutet, daß man der letzte Abschaum ist, und lieber fängt man sich zwei blaue Augen ein, als daß man zum Abschaum wird. Die Veilchen verschwinden wieder, aber das andere bleibt einem für immer.

Dann setzte er noch einen drauf. Als ich den Rand der Rampe packte, um mich wieder hochzuziehen, trat er auf meine Hand und spuckte mir auf den Kopf. Das brachte mich dermaßen in Rage, daß ich meinen Haken schwang, ihn hinten am Bein erwischte und zog, bis er brüllte, du kleiner Scheißer, wenn ich Blut an meinem Bein seh, bist du tot.

Es kam kein Blut. Der Haken war am dicken Leder seiner Arbeitsstiefel abgerutscht, aber ich holte immer wieder aus, um endlich Fleisch zu erwischen, bis Eddie die Treppe heruntergerannt kam und mich wegzog. Her mit dem Haken. Du bist mir vielleicht ein verrückter Mick. Mach dir Dominic zum Feind, und du bist nur noch ein Scheißhaufen auf der Straße.

Er befahl mir: Geh rein, zieh dich um, geh durch eine Hintertür raus, fahr heim, laß dich hier nicht mehr blicken.

Bin ich entlassen?

Nein, verdammt, nein. Wir können nicht jeden entlassen, der hier eine Keilerei anfängt, aber das kostet dich einen halben Tageslohn. Den müssen wir Dominic zustecken.

Aber warum soll ich Geld an Dominic verlieren? Er hat angefangen.

Dominic bringt uns Umsatz, und du gibst hier nur ein Gastspiel. Wenn du längst deinen College-Abschluß hast, kommt er immer noch mit seinen Fuhren. Du hast Glück, daß du noch am Leben bist, Kleiner, also nimm deine Murmeln, und fahr heim. Denk mal drüber nach.

Im Weggehen schaute ich zurück, ob Helena zu sehen war, und da stand sie tatsächlich, mit ihrem kleinen aufreizenden Lächeln, aber Eddie war auch da, und ich wußte, es war aussichtslos, nie könnte ich unter Eddies strengem Blick mit ihr im Dunkeln verschwinden.

Irgendwann, wenn ich für den Gabelstapler eingeteilt war, würde ich mich an Fat Dominic rächen. Ich würde aufs Pedal treten, den Fettkloß gegen die Mauer quetschen und mich an seinem Gebrüll ergötzen. Das war mein Traum.

Aber dazu kam es nie, und zwar deshalb, weil sich alles zwischen ihm und mir an dem Tag änderte, als er seinen Lastzug an die Rampe rangierte und aus der Kabine Eddie zurief, he, Eddie, wen hast du denn heute zum Entladen?

Durkin.

Nee. Gib mir nicht Durkin. Gib mir das irische Großmaul mit dem Haken.

Dominic, bist du verrückt? Laß gut sein.

Nee. Gib mir das Großmaul.

Eddie fragte mich, ob ich damit klarkommen würde. Wenn ich nicht wollte, würde er mich nicht zwingen. Er sagte, Dominic ist nicht der Boß hier. Ich sagte, ich würde mit jedem Fettsack klarkommen, und Eddie sagte, hör auf damit. Mann Gottes, paß auf, was du sagst. Noch mal holen wir dich nicht raus. Also, an die Arbeit, und hüte deine Zunge.

Dominic stand auf der Rampe. Er lächelte nicht. Er sagte, das sei ein lohnender Job, Kisten mit irischem Whiskey, da könne schon mal eine Kiste runterfallen. Ein oder zwei Flaschen würden vielleicht zu Bruch gehen, aber die übrigen könnten wir behalten und bestimmt würden wir Verwendung dafür haben. Ein rasches Lächeln blitzte auf, aber ich war zu verlegen, um zurückzulächeln. Wie konnte dieser Mensch lächeln, nachdem er mich mit der flachen Hand statt mit der Faust traktiert hatte?

Mann, bist du vielleicht ein mürrischer Mick, sagte er.

Ich hätte ihn gern Spaghettifresser genannt, aber ich hatte keine Lust auf seine flache Hand.

Er redete ganz fröhlich drauflos, als wäre nie etwas zwischen uns gewesen. Das war mir rätselhaft, denn immer wenn ich einen Streit oder eine Rauferei mit einem hatte, wollte ich lange Zeit nichts mehr mit ihm zu tun haben. Wir luden die Paletten mit den Whiskeykisten ab, und er erzählte mir in normalem Tonfall, seine Frau sei Irin gewesen, aber an Tb gestorben.

Kannst du dir das vorstellen? An der Scheiß-Tb. Eine lausige Köchin, meine erste Frau, wie alle Irinnen. Nichts für ungut, Junge. Schau mich nicht so an. Aber singen konnte die! Auch so Opernsachen. Jetzt bin ich mit einer Italienerin verheiratet. Stockunmusikalisch, aber Junge, Junge, kochen kann die!

Er sah mich bedeutungsvoll an. Sie kocht zu gut. Deswegen bin ich so ein Fettsack, der seine Knie nicht mehr sieht.

Ich mußte lächeln, und er rief Eddie zu, he, Arschloch, du schuldest mir einen Zehner. Ich hab den kleinen Mick zum Lächeln gebracht.

Wir luden fertig ab und stapelten die Paletten drinnen, und dann wurde es Zeit, eine Kiste aus Versehen runterfallen zu lassen, damit es Bruch gab und wir mit Truckern und Lagerarbeitern im Begasungsraum sitzen und dafür sorgen konnten, daß nichts von der Kiste vergeudet wurde.

Eddie war ein Mann, wie man ihn gern als Vater hätte. Er erklärte mir immer alles mögliche, wenn wir zwischen zwei Ladungen auf der Rampe saßen. Ich war dann immer ganz baff, daß ich das nicht schon wußte. Schließlich war ich der College-Student, aber er wußte mehr als ich, und ich hatte mehr Respekt vor ihm als vor jedem Professor.

Sein eigenes Leben war eine Sackgasse. Er kümmerte sich um seinen Vater, der mit einer schweren psychischen Störung aus dem Zweiten Weltkrieg heimgekommen war. Eddie hätte ihn in einem Veteranenheim unterbringen können, aber das sind Drecklöcher, meinte er. Wenn Eddie auf Arbeit war, kam eine Frau, fütterte seinen Vater und machte ihn sauber. Nach Feierabend fuhr Eddie ihn im Rollstuhl in den Park und dann wieder heim zu den Fernsehnachrichten, und das war Eddies Leben. Er beklagte sich nicht. Er sagte nur, er habe immer davon geträumt, einmal Kinder zu haben, aber das sei nicht drin gewesen. Sein Vater sei geistig nicht mehr da, aber körperlich völlig gesund. Er würde noch ewig leben, und Eddie würde die Wohnung nie für sich allein haben.

Er rauchte Kette auf der Rampe und aß riesige Frikadellen-Sandwiches, die er mit reichlich Schokomilch hinunterspülte. Der Raucherhusten überkam ihn eines Tages, als er Fat Dominic zuschrie, er solle seinen verdammten Lastzug gerade ausrichten und an die Rampe zurücksetzen, du fährst wie eine Hoboken-Hure, und der Husten verhedderte sich mit dem Lachen, und Eddie bekam keine Luft mehr und brach auf der Rampe zusammen, die Zigarette noch im Mund, und Fat Dominic in der Fahrerkabine seines Lastzugs schrie und fluchte, bis er sah, daß Eddie weiß wie ein Laken wurde und röchelnd nach Luft schnappte. Bis Fat Dominic sich aus der Kabine und auf die Rampe gewuchtet hatte, war Eddie schon tot, und statt sich über ihn zu beugen und mit ihm zu reden, wie sie in den Filmen mit den Toten reden, wich Fat Dominic zurück, watschelte die Stufen zu seinem Truck hinunter, heulte dabei wie ein riesiger dicker Wal und fuhr davon, ohne daran zu denken, daß er eine Ladung abzuliefern hatte.

Ich blieb bei Eddie, bis die Ambulanz ihn wegbrachte. Helena kam aus dem Büro, sagte, ich sähe schrecklich aus, und bemitleidete mich, als wäre Eddie mein Vater gewesen. Ich sagte ihr, ich schämte mich, weil ich in dem Moment, in dem Eddie außer Sicht war, daran gedacht hatte, mich um seine Stelle zu bewerben. Ich sagte, das könnte ich doch machen, oder? Ich hätte einen College-Abschluß. Sie meinte, der Chef würde mir den Posten auf der Stelle geben. Er wäre stolz darauf, sagen zu können, daß Port Warehouses den einzigen akademisch gebildeten Kontrolleur und Rampenchef im ganzen Hafen hätte. Sie sagte, setz dich schon mal an Eddies Schreibtisch, um dich daran zu gewöhnen, und schreib dem Boß einen Zettel, daß du an dem Job interessiert bist.

Eddies Klemmbrett lag auf dem Tisch, mit dem Lieferschein von Fat Dominic. Ein Rotstift war mit Bindfaden an der Klemme befestigt. Eine hohe Tasse halb voll mit schwarzem Kaffee stand auf dem Schreibtisch. Seitlich auf der Tasse stand EDDIE. Ich dachte, so eine Tasse müßte ich mir auch zulegen, mit dem Aufdruck FRANK. Helena wußte sicher, wo es die zu kaufen gab. Es war ein tröstlicher Gedanke, daß sie da sein würde, um mir zu helfen. Sie fragte, worauf wartest du noch? Schreib schon. Ich schaute noch einmal auf Eddies Kaffeetasse. Ich schaute auf die Rampe hinaus, wo er zusammengebrochen und gestorben war, und brachte es nicht über mich, die Notiz zu schreiben. Helena meinte, das sei die Chance meines Lebens. Ich würde hundert Dollar die Woche verdienen, Himmel noch mal, statt der mickrigen siebenundsiebzig, die ich jetzt bekam.

Nein, ich konnte nie und nimmer Eddies Platz auf der Rampe einnehmen, ich hatte weder vom Bauch noch vom Herzen her sein Format. Helena sagte, okay, okay, du hast ja recht. Was nützt eine College-Ausbildung, wenn man bloß auf der Rampe stehen und Säcke mit Pfefferschoten abhaken muß? Das schafft jeder Schulabbrecher, womit ich Eddie nicht beleidigen will. Du willst der neue Eddie sein? Dein Leben lang Ladungen mit Fat Dominic abgleichen? Du mußt einfach Lehrer werden, Süßer. Dann bist du wer.

Lag es an der Kaffeetasse und dem kleinen Schubs von Helena, daß ich dem Hafen ade sagte, oder war es mein Gewissen, das mir sagte, stell dich, hör auf mit dem Versteckspiel und unterrichte, Mann?

Wenn ich Geschichten von den Kais erzählte, sahen mich die Schüler mit anderen Augen an. Einer sagte, es sei schon komisch, daß man da oben einen Lehrer sitzen hat, der mal wie jeder normale Mensch gearbeitet hat und nicht direkt vom College kommt und bloß über Bücher und so Zeug redet. Er hätte früher gedacht, die Arbeit im Hafen könnte ihm auch gefallen, wegen dem vielen Geld, das man mit Überstunden macht, und kleinen Geschäften hier und da mit zu Bruch gegangenen Sachen, aber sein Vater habe gesagt, er versohlt ihm den Arsch, ha, ha, und in einer italienischen Familie ist es nicht üblich, seinem Vater zu widersprechen. Wenn dieser Ire es schafft, Lehrer zu werden, habe sein Vater gesagt, dann schaffst du das auch, Ronnie, dann schaffst du das auch. Also vergiß die Kais. Schon möglich, daß du gut verdienen würdest, aber was nützt dir das, wenn du einen krummen Rücken davon kriegst?

5

Lange nach dem Ende meiner Lehrerlaufbahn kritzle ich Zahlen auf Papierfetzen, und das Ergebnis beeindruckt mich. In New York habe ich an fünf verschiedenen High Schools und an einem College unterrichtet: McKee Vocational and Technical High School in Staten Island, High School of Fashion Industries in Manhattan, Seward Park High School in Manhattan, Stuyvesant High School in Manhattan, Abendkurse an der Washington Irbing High School in Manhattan, New York Community College in Brooklyn. Ich habe tagsüber, abends und in Sommerschulen unterrichtet. Meine Rechnerei ergibt, daß ungefähr zwölftausend Jungen und Mädchen, Männer und Frauen vor mir gesessen und zugehört haben, wie ich dozierte, skandierte, zuredete, faselte, sang, deklamierte, rezitierte, predigte und verstummte. Ich denke an die zwölftausend und frage mich, was ich für sie getan habe. Dann denke ich daran, was sie für mich getan haben.

Meine Rechnerei ergibt, daß ich mindestens dreiunddreißigtausend Stunden gehalten habe.

Dreiunddreißigtausend Unterrichtsstunden in dreißig Jahren: Tag und Nacht und auch im Sommer.

An der Universität kann man immer von demselben vergilbten alten Skript ablesen. An einer öffentlichen High School würde man damit nie durchkommen. Amerikanische Teenager sind Experten für Lehrertricks, und wenn man versucht, sie zu linken, machen sie einen fertig.

Aha, ja, Mister, und was haben Sie sonst noch in Irland erlebt?

Darüber kann ich jetzt nicht reden. Wir müssen die Wortschatzübung im Lehrbuch durcharbeiten. Schlagt Seite zweiundsiebzig auf.

Ach, Mann, anderen Klassen erzählen Sie auch Geschichten. Können Sie uns nicht wenigstens eine klitzekleine Kleinigkeit erzählen?

Okay, eine Kleinigkeit. Als Junge in Limerick hätte ich mir nicht träumen lassen, daß ich einmal Lehrer in New York werden würde. Wir waren arm.

Ach ja. Wir haben gehört, daß Sie nicht mal einen Kühlschrank hatten.

Richtig, und wir hatten kein Toilettenpapier.

Was? Kein Toilettenpapier? Toilettenpapier hat doch jeder. Sogar in China, wo alle verhungern, haben sie Toilettenpapier. Sogar in Afrika.

Sie denken, ich übertreibe, und das mögen sie nicht. Auch für Elendsgeschichten gibt es irgendwo eine Grenze.

Wollen Sie uns weismachen, Sie sind aufgestanden und haben einfach Ihre Hosen hochgezogen, ohne sich abzuwischen?

Nancy Castigliano meldet sich. Entschuldigen Sie, Mr. McCourt. Es ist fast Mittag, und ich will nichts mehr von Leuten hören, die kein Toilettenpapier haben.

Okay, Nancy, weiter im Text.

Wenn du Tag für Tag vor Dutzenden von Teenagern stehst, kommst du zwangsläufig immer wieder auf den Boden der Tatsachen zurück. Um acht Uhr morgens ist es ihnen egal, wie du dich fühlst. Du denkst an den Tag, der vor dir liegt: fünf Klassen, bis zu hundertfünfundsiebzig amerikanische Jugendliche; launisch, hungrig, verliebt, ängstlich, geil, energiegeladen, provokant. Es gibt kein Entrinnen. Da sind sie, und hier stehst du mit deinem Kopfweh, deinen Verdauungsbeschwerden, den Echos der Streitereien mit deiner Frau, deiner Geliebten, deinem Vermieter, deinem unausstehlichen Sohn, der Elvis sein möchte und nichts von dem zu schätzen weiß, was du für ihn tust. Letzte Nacht hast du nicht schlafen können. Du hast immer noch die Tasche mit den Arbeiten von hundertfünfundsiebzig Schülern, ihren sogenannten Aufsätzen, achtlos hingeschmiertem Zeug. Ach, Mister, haben Sie meine Arbeit korrigiert? Nicht, daß es sie interessiert. Sie haben nicht vor, den Rest ihres Lebens mit Aufsatzschreiben zu verbringen. So was muß man nur in dieser langweiligen Stunde machen. Sie sehen dich an. Du kannst dich nicht verstecken. Sie warten. Was kommt heute dran, Mister? Der Absatz? Aha. He, Leute, heute lernen wir alles über den Absatz, die Gliederung, das Thema und so weiter. Ich kann's gar nicht erwarten, es heute abend meiner Mom zu erzählen. Sie fragt immer, wie war's heute in der Schule. Absätze, Mom. Der Lehrer hat's mit Absätzen. Dann sagt Mom, schön, schön, und wendet sich wieder ihrer Seifenoper zu.

Sie kommen aus Autowerkstätten, aus dem wirklichen Leben, wo sie alles vom Volkswagen bis zum Cadillac zerlegen und wieder zusammenbauen, und dieser Lehrer hier labert ewig vom Aufbau eines Absatzes. Mann Gottes. In der Autowerkstatt braucht man keine Absätze.

Wenn man blafft oder schnauzt, hat man verspielt. Das kriegen sie andauernd von ihren Eltern und den Schulen im allgemeinen, das Blaffen und Schnauzen. Wenn sie mit passivem Widerstand zurückschlagen, ist man geliefert. Ihre Gesichter verändern sich, sie schalten um auf einen ganz bestimmten leeren Blick. Man sagt ihnen, sie sollen ihre Hefte aufschlagen. Sie glotzen. Sie lassen sich Zeit. Immer mit der Ruhe, sie werden ihre Hefte schon aufschlagen. Ja, Sir, wir schlagen unsere Hefte auf, aber schön langsam und vorsichtig, damit auch nichts rausfällt. Man sagt ihnen, sie sollen abschreiben, was auf der Tafel steht. Sie glotzen. Aha, so, mhm, sagt einer zum anderen. Er meint, wir sollen abschreiben, was auf der Tafel steht. Seht euch das an. Der Mensch hat was an die Tafel geschrieben, und wir sollen es abschreiben. Sie schütteln in Zeitlupe den Kopf. Man fragt sie, irgendwelche Fragen?, und im ganzen Raum sieht man nur Unschuldsmienen. Man steht da und wartet. Sie wissen, es ist ein dreiviertelstündiger Showdown, man selbst gegen sie, vierunddreißig New Yorker Teenager, die zukünftigen Mechaniker und Handwerker Amerikas.

Du bist auch nur ein Lehrer, Mann, also was machst du? Die ganze Klasse niederstarren? Die ganze Klasse durchfallen lassen? Wach auf, Kleiner. Die haben dich an den Eiern, und du hast es dir selbst zuzuschreiben, Mann. Du hättest bloß nicht so mit ihnen reden dürfen. Deine Laune, deine Kopfschmerzen, deine Sorgen sind ihnen völlig egal. Sie haben ihre eigenen Probleme, und eines davon bist du.

Sieh dich vor, Lehrer. Mach dich nicht zum Problem. Die kriegen dich klein.

Regen verändert die Stimmung an der Schule, er dämpft alles. Die ersten kommen schweigend herein. Einer oder zwei sagen guten Morgen. Sie schütteln die Tropfen von ihren Jacken. Sie sind in einem Traumzustand. Sie setzen sich hin und warten. Keiner redet. Keiner will austreten gehen. Keine Beschwerden, keine Provokationen, keine Widerreden. Regen ist Magie. Regen ist das Höchste. Stell dich drauf ein, Lehrer. Laß dir Zeit. Sprich leiser. Englischunterricht? Denk nicht mal dran. Vergiß die Präsenzkontrolle. Das ist die Stimmung in einem Haus nach einer Beerdigung. Keine schrillen Schlagzeilen heute, keine grausamen Nachrichten aus Vietnam. Auf dem Flur vor dem Klassenzimmer Schritte, das Lachen eines Lehrers. Der Regen prasselt an die Fensterscheiben. Setz dich an deinen Tisch, und laß die Stunde vorüberziehen. Ein Mädchen hebt die Hand. Sie sagt, äh, Mr. McCourt, waren Sie schon mal verliebt? Du bist neu, aber du weißt schon, daß sie, wenn sie solche Fragen stellen, an sich selber denken. Du sagst ja.

Hat sie Schluß gemacht, oder haben Sie sie verlassen?

Beides.

Ach ja? Sie meinen, Sie waren schon mehr als einmal verliebt?

Ja.

Wow.

Ein Junge hebt die Hand. Warum können Lehrer uns nicht wie Menschen behandeln?

Du weißt es nicht. Tja, Mann, wenn du es nicht weißt, dann sag ihnen, ich weiß es nicht. Erzähl ihnen von der Schule in Irland. Die Schule hat dir Angst und Schrecken eingejagt. Du hast sie gehaßt und davon geträumt, endlich vierzehn zu sein und arbeiten zu gehen. Du hast noch nie so an deine eigene Schulzeit gedacht, noch nie darüber geredet. Du wünschst dir, der Regen würde nie wieder aufhören. Die Schüler sitzen auf ihren Plätzen. Keiner mußte ihnen sagen, daß sie ihre Jacken aufhängen sollen. Sie sehen dich an, als hätten sie dich eben erst entdeckt.

Es sollte jeden Tag regnen.

Es gibt aber auch Frühlingstage, an denen die warme Kleidung abgelegt wird, und dann wird jede Klasse zu einem Bilderbogen von Brüsten und Bizepsen. Linde Lüfte wehen durchs Fenster herein, liebkosen die Wangen von Lehrern und Schülern, lassen von Tisch zu Tisch, von Bank zu Bank lächelnde Gesichter aufleuchten, bis der ganze Raum strahlt. Gurrende Tauben und tschilpende Spatzen sagen uns, seid frohgemut, der Sommer zieht ins Land. Schamlos und ohne Rücksicht auf die pulsierende Jugend im Klassenzimmer kopulieren die Tauben auf dem Fenstersims, und das ist verführerischer als die beste Lektion vom großartigsten Lehrer der Welt.

An solchen Tagen ist mir, als könnte ich auch dem Widerborstigsten und dem Klügsten etwas beibringen. Als könnte ich die Traurigsten der Traurigen umarmen und hätscheln.

An solchen Tagen erklingt leise eine Melodie von lauen Lüften, Brüsten, Bizepsen, lächelnden Lippen und Sommerseligkeit.

Sollten meine Schüler jemals so schreiben, würde ich sie auf die Hilfsschule schicken.

Zweimal jährlich hatten wir an der McKee einen Elternsprech-tag einschließlich Elternabend. Dann kamen die Eltern in die Schule, um zu sehen, wie sich ihre Kinder so machten. Die Leh-rer saßen in den Klassenzimmern und sprachen mit den Eltern oder hörten sich ihre Beschwerden an. Die Mütter waren weit-aus in der Überzahl, denn das war Frauensache. Wenn die Mut-ter erfuhr, daß ihr Sohn oder ihre Tochter sich schlecht betrug oder in den Leistungen nachließ, dann war es Sache des Vaters, Maßnahmen zu ergreifen. Natürlich ergriff der Vater nur Maß-nahmen beim Sohn. Für die Tochter war die Mutter zuständig. Es hätte sich nicht geschickt, daß der Vater seine Tochter durch die Küche ohrfeigt oder ihr einen Monat Hausarrest aufbrummt. Gewisse Probleme fielen in die Zuständigkeit der Mutter. Sie mußte auch entscheiden, wie weit der Vater eingeweiht wurde. Wenn der Sohn schlecht lernte und sie einen Mann hatte, dem leicht die Hand ausrutschte, konnte sie die Sache beschönigen, damit ihr Sohn nicht mit blutender Nase auf dem Fußboden landete.

Manchmal kamen auch ganze Familien zu einem Lehrer, dann war der Raum voll mit Vätern und Müttern und kleinen Kindern, die zwischen den Bänken herumtobten. Die Frauen unterhielten sich freundlich, aber die Männer saßen still in Bänken, die viel zu klein für sie waren.

Niemand gab mir jemals einen Rat, wie ich am Elternsprech-tag mit den Eltern umzugehen hätte. Beim ersten Mal an der McKee ließ ich Norma, eine Klassenordnerin, Nummern aus-geben, damit die Eltern wußten, wann sie an der Reihe waren.

Als erstes mußte ich mich mit dem Problem meines Akzents befassen, vor allem bei den Frauen. Sobald ich den Mund auf-machte, sagten sie, o Gott, was für ein goldiger Akzent. Dann erzählten sie mir, daß ihre Großeltern aus der alten Heimat ge-kommen seien, daß sie nichts besaßen, als sie hier ankamen, aber jetzt hätten sie eine eigene Tankstelle draußen in New Dorp. Sie wollten wissen, wie lange ich schon im Lande und wie ich zum Lehrberuf gekommen sei. Sie sagten, sie fänden es wunderbar, daß ich Lehrer sei, weil die meisten unserer Leute Polizisten und Priester wären, und im Flüsterton sagten sie, es gebe zu viele Juden an der Schule. Sie würden ihre Kinder ja auf katholische Schulen schicken, aber berufsbildende und technische Fächer seien nicht gerade die Stärke der katholischen Schulen. Immer nur Geschichte und Gebete, was ja für das Leben danach in Ordnung sei, aber ihre Kinder müßten im Diesseits zurechtkommen, mit Verlaub. Schließlich erkundigten sie sich, wie er sich denn so mache, ihr kleiner Harry.

Vorsicht war geboten, wenn der Vater dabei war. Äußerte ich mich negativ über Harry, konnte der Vater heimgehen und ihn versohlen, und dann würde es sich unter meinen anderen Schülern herumsprechen, daß man mir nicht trauen könne. Ich begriff allmählich, daß Lehrer und Schüler gegenüber den Eltern, der Schulverwaltung und der Welt im allgemeinen zusammenhalten mußten.

Ich sagte nur Gutes über meine Schüler. Sie waren aufmerksam, pünktlich, rücksichtsvoll und lernbegierig, jeder von ihnen hatte beste Zukunftsaussichten, und die Eltern konnten stolz auf ihn sein. Vater und Mutter sahen sich an, lächelten und sagten, na bitte, oder sie runzelten die Stirn und fragten, sprechen Sie wirklich von unserem Kind? Unserem Harry?

O ja, Harry.

Beträgt er sich ordentlich im Unterricht? Ist er höflich?

O ja. Er beteiligt sich an jeder Diskussion.

Nanu. So kennen wir unseren Harry gar nicht. Er muß in der Schule ganz anders sein, zu Hause ist er nämlich unausstehlich. Da kriegen wir kein Wort aus ihm raus. Und er tut grundsätzlich nicht, was man ihm sagt. Andauernd sitzt er nur da und hört sich diesen verdammten Rock 'n' Roll an, Tag und Nacht, Tag und Nacht.

Der Vater nahm kein Blatt vor den Mund. Das ist das Schlimmste, was diesem Land je passiert ist, dieser Elvis, der da ständig im Fernsehen mit dem Arsch wackelt, pardon. Schreckliche Vorstellung, heutzutage eine Tochter zu haben, die sich diesen Mist ansieht. Ich hätte gute Lust, den Plattenspieler auf den Müll zu schmeißen. Und den Fernseher gleich hinterher, aber ich brauch nun mal ein bißchen Entspannung nach einem Tag auf den Kais, wenn Sie wissen, was ich meine.

Andere Eltern wurden ungehalten und fragten höflich, aber sarkastisch, ob ich wohl eine Möglichkeit sähe, diese Diskussion über Elvis Presley zu beenden und auch mal mit ihnen über ihre Söhne und Töchter zu sprechen. Harrys Eltern hielten dagegen, sie seien jetzt an der Reihe. Soviel sie wüßten, sei das ein freies Land, und sie wollten bitte schön nicht mitten im Gespräch mit diesem netten Lehrer aus der alten Heimat gestört werden.

Aber die anderen Eltern sagten, ja, ja, Lehrer. Beeilen Sie sich. Wir haben nicht den ganzen Abend Zeit. Auch wir gehören zur arbeitenden Bevölkerung.

Ich wußte nicht, was ich tun sollte. Ich dachte, wenn ich mich bei Harrys Eltern bedanke, werden sie den Wink verstehen und sich verabschieden, aber der energische Vater sagte, he, wir waren noch nicht fertig.

Norma, die Klassenordnerin, erkannte mein Dilemma und übernahm. Sie teilte den versammelten Eltern mit, wenn sie ein längeres Gespräch mit mir wünschten, könnten sie sich für einen von mehreren Nachmittagen einen Termin geben lassen.

Ich hatte Norma nichts dergleichen gesagt. Ich hatte keine Lust, mein ganzes Leben im Klassenzimmer zu verbringen, noch dazu mit verärgerten Eltern, aber sie sprach ungerührt weiter, ließ ein Blatt Papier herumgehen und bat die Verärgerten, ihre Namen und Telefonnummern aufzuschreiben, bitte in Druckbuchstaben, nicht in Schreibschrift. Mr. McCourt werde sich mit ihnen in Verbindung setzen.

Der Aufruhr legte sich, und alle machten Norma Komplimente wegen ihrer Tüchtigkeit und sagten ihr, sie sollte auch

Lehrerin werden. Sie erwiderte, sie denke gar nicht daran, Lehrerin zu werden. Ihr großer Traum sei es, in einem Reisebüro zu arbeiten und umsonst überallhin reisen zu können. Eine Mutter fragte, aber wollen Sie denn nicht seßhaft werden und Kinder bekommen? Sie wären eine wunderbare Mutter.

Norma gab die falsche Antwort, und schon schlug die Stimmung wieder um. Nein, sagte sie, ich will keine Kinder. Mit Kindern hat man nur Ärger. Man muß ihnen die Windeln wechseln und sich dann erkundigen, wie sie sich in der Schule machen, und man ist nie sein eigener Herr.

Solche Reden hätte sie nicht führen dürfen, und man spürte fast körperlich die Feindseligkeit, die ihr entgegenschlug. Vor ein paar Minuten hatten die Eltern sie zu ihrer Tüchtigkeit beglückwünscht, und jetzt fühlten sie sich durch ihre Äußerungen über Elternschaft und Kinderkriegen beleidigt. Ein Vater zerriß das Blatt Papier für die Namen und Telefonnummern, das sie hatte herumgehen lassen, und warf die Fetzen nach vorne, wo ich saß. He, sagte er, kann das mal jemand in den Papierkorb werfen? Er nahm seinen Mantel und sagte zu seiner Frau, komm, wir gehen. Das ist ja ein Irrenhaus hier. Seine Frau keifte mich an, haben Sie diese Kinder denn überhaupt nicht im Griff? Wenn die da meine Tochter wär, tät ich ihr die Fresse polieren. Die hat kein Recht, die Mütter Amerikas so in den Dreck zu ziehen.

Mein Gesicht glühte. Am liebsten hätte ich die Eltern im Raum und die Mütter Amerikas um Entschuldigung gebeten. Am liebsten hätte ich zu Norma gesagt, geh raus. Du hast mir meinen ersten Elternsprechtag vermasselt. Sie stand ruhig an der Tür und verabschiedete die Eltern, die hinausgingen, scheinbar unbeeindruckt von den finsteren Mienen. Was sollte ich tun? Wo war das Buch von einem Pädagogikprofessor, in dem ich mir Rat holen konnte? Fünfzehn Mütter und Väter saßen noch immer im Raum und warteten darauf, etwas über ihre Söhne und Töchter zu erfahren. Was sollte ich ihnen sagen?

Norma meldete sich noch einmal zu Wort, und mir rutschte das Herz in die Hose. Meine Damen und Herren, es war dumm von mir, so etwas zu sagen, und es tut mir sehr leid. Mr. Mc-Court kann nichts dafür. Er ist ein guter Lehrer. Er ist neu bei uns, wissen Sie, erst seit ein paar Monaten an dieser Schule, also sozusagen noch Lehrer in Ausbildung. Ich hätte den Mund halten sollen; ich habe ihn in Schwierigkeiten gebracht, und das tut mir sehr leid.

Dann fing sie an zu weinen, und mehrere Mütter eilten herbei, um sie zu trösten, während ich an meinem Tisch saß. Es war Normas Aufgabe, die Eltern der Reihe nach aufzurufen, aber sie wurde schier erdrückt von den tröstenden Müttern, und ich wußte nicht, ob ich selbständig handeln und fragen sollte, wer ist der Nächste? Die Eltern schienen sich für Normas Kummer mehr zu interessieren als für die Zukunft ihrer eigenen Kinder, und als die Klingel das Ende der Elterngespräche verkündete, gingen sie lächelnd hinaus und sagten, der Besuch bei mir sei sehr nett gewesen, und alles Gute für Ihre weitere Laufbahn als Lehrer.

Vielleicht hatte Paulies Mutter recht. An meinem zweiten Elternsprechtag warf sie mir an den Kopf, ich sei ein Betrüger. Sie sei stolz auf ihren Paulie, den angehenden Klempner. Er sei ein guter Junge und wolle einmal sein eigenes Geschäft aufmachen, ein nettes Mädchen heiraten, Kinder großziehen und ein achtbares Leben führen.

Ich hätte entrüstet sein und sie fragen sollen, wen sie ihrer Meinung nach eigentlich vor sich hatte, aber irgendwo in meinem Hinterkopf hielt sich hartnäckig der Verdacht, ich ginge vielleicht doch unter falschen Voraussetzungen meinem Beruf nach.

Ich frage meinen Jungen, was er in der Schule gelernt hat, und er erzählt mir Geschichten von Irland und Ihrer Auswanderung nach New York. Geschichten, Geschichten, Geschichten. Wissen Sie, was Sie sind? Ein Betrüger, ein gottverdammter

Betrüger sind Sie. Und ich sage das mit den besten Absichten. Ich will Ihnen helfen.

Ich wollte ein guter Lehrer sein. Ich wünschte mir die Anerkennung, die ich bekäme, wenn ich meine Schüler, vollgestopft mit Orthographie und Wortschatz und allem, was zu einem besseren Leben führen würde, nach Hause schickte, aber, *mea culpa*, ich wußte nicht, wie ich es anstellen sollte.

Die Mutter sagte, sie sei Irin, verheiratet mit einem Italiener, und ich sei für sie ein offenes Buch. Sie habe von Anfang an meine Machenschaften durchschaut. Als ich erwiderte, ich sei ganz ihrer Meinung, sagte sie, aha, Sie stimmen mir zu? Sie wissen also, daß Sie ein Betrüger sind?

Ich versuche nur, über die Runden zu kommen. Die Kinder stellen mir Fragen über mein Leben, und ich antworte ihnen, denn wenn ich versuche, ihnen Englisch beizubringen, hören sie mir nicht zu. Sie schauen aus dem Fenster. Sie dösen. Sie knabbern an Sandwiches. Sie bitten um den Paß.

Sie könnten ihnen beibringen, was sie lernen sollen, die Rechtschreibung und die großen Wörter. Mein Sohn Paulie muß in die Welt hinaus, und was soll er machen, wenn er nicht richtig schreiben und die großen Wörter benutzen kann, hm?

Ich sagte Paulies Mutter, ich hoffte, irgendwann einmal ein meisterlicher Lehrer zu sein und selbstbewußt vor der Klasse zu stehen. Einstweilen könne ich mich nur redlich bemühen. Irgendwie rührte sie das zu Tränen. Sie kramte in ihrer Handtasche nach einem Taschentuch, und das dauerte so lange, daß ich ihr meines anbot. Sie schüttelte den Kopf. Sie fragte, wer macht Ihnen denn die Wäsche? Dieses Taschentuch. Herrgott, damit würde ich mir nicht mal den Arsch abwischen. Sind Sie Junggeselle oder was?

Ja, bin ich.

Das seh ich an dem Zustand von dem Taschentuch. Das ist das traurigste vergraute Taschentuch, das ich je gesehen hab. Das ist Junggesellengrau. Ihre Schuhe genauso. Ich hab noch nie so traurige Schuhe gesehen. Keine Frau würde zulassen, daß Sie sich Schuhe wie die da kaufen. Man sieht sofort, daß Sie nicht verheiratet sind.

Sie wischte sich mit dem Handrücken die Tränen ab. Glauben Sie, mein Paulie weiß, wie man Taschentuch schreibt?

Nein, glaub ich nicht. Es steht nicht auf der Liste.

Na, sehen Sie? Ihr habt keine Ahnung. Ihr habt Taschentuch nicht auf eurer Liste, dabei muß er sich sein Leben lang die Nase schneuzen. Wissen Sie, was Sie auf der Liste haben? Ususfruktus, du meine Güte, U-s-u-s-f-r-u-k-t-u-s. Wer hat sich denn das ausgedacht? Ist das eins von diesen Wörtern, mit denen ihr auf euren überkandidelten Cocktailpartys in Manhattan rumschmeißt? Was in Dreiteufelsnamen soll Paulie mit so einem Wort anfangen? Und noch eins, m-i-s-o-g-y-n. Ich hab sechs Leute gefragt, was das bedeuten soll. Ich hab sogar hier auf dem Flur einen Konrektor gefragt. Er hat so getan, als ob er's wüßte, aber genausogut hätt er einen Furz lassen können. Klempner. Mein Sohn wird mal Klempner, und dann kriegt er massig Kohle für seine Hausbesuche, genau wie ein Arzt, und deshalb seh ich nicht ein, warum er sich den Kopf mit Zwanzigdollarwörtern wie Ususfruktus und dem anderen da vollstopfen soll. Sie vielleicht?

Ich sagte, man müsse aufpassen, womit man sich den Kopf vollstopft. Meiner sei so angefüllt mit Zeug aus Irland und dem Vatikan, daß ich kaum zu einem eigenen Gedanken fähig sei.

Sie sagte, es sei ihr egal, was ich im Kopf hätte. Das sei verdammt noch mal meine eigene Angelegenheit, und ich sollte es gefälligst für mich behalten. Jeden Tag kommt mein Paulie nach Hause und erzählt uns diese Geschichten, aber die müssen wir uns nicht anhören. Wir haben unsere eigenen Sorgen. Sie sagte, man sehe sofort, daß ich frisch vom Schiff runter sei, ahnungslos wie ein kleiner Spatz, der aus dem Nest gefallen ist.

Nein, ich bin nicht frisch vom Schiff runter. Ich war in der Army. Wie könnte ich da ahnungslos sein? Ich hab die verschiedensten Jobs gehabt. Ich hab im Hafen gearbeitet. Und ich hab ein abgeschlossenes Studium an der New York University hinter mir.

Sehen Sie? sagte sie. Genau das mein ich. Ich stelle Ihnen eine simple Frage, und Sie erzählen mir Ihre Lebensgeschichte. Da müssen Sie aufpassen, Mr. McCurd. Diese Kinder müssen nicht die Lebensgeschichte von jedem Lehrer an der Schule kennen. Ich bin bei den Nonnen gewesen. Die haben einen nicht mal gegrüßt. Wenn man die nach ihrem Leben gefragt hat, haben sie einem gesagt, man soll sich um seinen eigenen Kram kümmern, haben einem das Ohr verdreht und eins über die Knöchel gezogen. Halten Sie sich an die Rechtschreibliste und an die Wörter, Mr. McCurd, und die Eltern dieser Schule werden Ihnen ewig dankbar sein. Vergessen Sie das Geschichtenerzählen. Wenn uns nach Geschichten ist, schauen wir zu Hause ins Fernsehprogramm oder lesen *Reader's Digest*.

Ich bemühte mich. Ich dachte, es würde mir gefallen, ein strenger, unnachsichtiger Englischlehrer zu sein, ernst und gelehrt, der einen gelegentlichen Lacher duldet, aber nicht mehr. Die alten Hasen in der Kantine sagten mir, man muß sich diese kleinen Rabauken vom Leibe halten, junger Freund. Reichen Sie ihnen auch nur einen Finger, und Sie sehen ihn nie wieder.

Organisation ist alles. Ich wollte noch einmal ganz von vorn anfangen. Einen Plan für jede Klasse aufstellen, nach dem jede Minute bis zum Schuljahresende genutzt wurde. Ich war der Kapitän, und ich würde den Kurs bestimmen. Die Schüler würden meine Entschlossenheit spüren. Sie würden merken, wohin die Reise ging und was von ihnen erwartet wurde, sonst ...

Sonst ... Tja, Mister, das sagen alle Lehrer. Sonst ... Wir dachten, Sie würden es anders machen, wo Sie doch aus Irland sind und so.

Höchste Zeit, das Kommando zu übernehmen. Schluß jetzt, sagte ich. Vergeßt die Sache mit Irland. Keine Geschichten mehr. Keine Spielchen mehr. Der Englischlehrer wird jetzt

Englisch unterrichten und sich nicht von kleinen Teenagertricks aus dem Konzept bringen lassen.

Holt eure Hefte heraus. Ja, genau, eure Hefte.

Ich schrieb an die Tafel, »John ging in den Laden.«

Ein Stöhnen lief durch den Raum. Was verlangt der von uns? Englischlehrer, einer wie der andere. Da ist er wieder. Der doofe alte John mit seinem Laden. Grammatik! Du glaubst es nicht.

Also schön. Was ist das Subjekt dieses Satzes, der Satzgegenstand? Kann mir jemand sagen, was der Satzgegenstand ist? Ja, Mario?

Es geht um diesen Typ, der in den Laden geht. Das kapiert doch jeder.

Ja, ja, das ist der Inhalt des Satzes, aber was ist der Satzgegenstand? Welches Wort? Ja, Donna.

Ich finde, Mario hat recht. Es geht darum, daß …

Nein, Donna. Der Satzgegenstand hier ist ein einziges Wort. Wieso?

Was soll diese Frage? Du machst doch auch Spanisch? Macht ihr in Spanisch keine Grammatik? Erklärt euch Miss Grober nicht die Satzteile?

Ja, schon, aber die nervt uns nicht ständig mit John, der in den Laden geht.

Ich bekomme einen heißen Kopf und würde sie am liebsten anbrüllen, ihr habt ja wirklich von nichts eine Ahnung! Habt ihr noch nie eine Grammatikstunde gehabt? Herrgott noch mal, sogar ich hatte Grammatikstunden, noch dazu auf irisch. Warum tu ich mir das an, an diesem sonnigen Morgen, während draußen die Vögel zwitschern? Warum muß ich in diese mürrischen, beleidigten Gesichter schauen? Da sitzt ihr mit euren vollen Bäuchen. Ihr seid gut angezogen und habt's warm. Ihr bekommt eine kostenlose High-School-Bildung und seid kein bißchen dankbar dafür. Ein wenig Mitarbeit, ein wenig Beteiligung, mehr verlange ich doch gar nicht. Die einzelnen Satzteile unterscheiden. Mein Gott, ist das zuviel verlangt?

Es gibt Tage, an denen würde ich am liebsten hier rausspazieren, die Tür hinter mir zuknallen, dem Rektor sagen, er kann sich meinen Job sonstwohin stecken, zur Fähre hinuntergehen, nach Manhattan übersetzen, durch die Straßen laufen, mir im White Horse ein Bier und einen Hamburger bestellen, am Washington Square sitzen, tollen NYU-Studentinnen nachschauen, die McKee High School für immer vergessen. Für immer. Eins ist klar: Ich kann nicht mal die simpelsten Sachen unterrichten, ohne auf Einwände der Schüler zu stoßen. Auf ihren Widerstand. Ein einfacher Satz: Subjekt, Prädikat und eventuell, falls wir irgendwann noch so weit kommen, auch das Objekt, direkt und indirekt. Ich weiß nicht, was ich noch mit ihnen machen soll. Es mit den üblichen Drohungen probieren. Paßt auf, oder ihr kommt nicht mehr mit. Wenn ihr nicht mehr mitkommt, schafft ihr den Abschluß nicht, und ohne Abschluß seid ihr bla, bla, bla. Alle eure Freunde werden draußen in der großen weiten Welt sein und sich ihre High-School-Diplome an die Bürowände pinnen, erfolgreich, bei jedermann angesehen. Könnt ihr euch nicht einfach diesen Satz anschauen und versuchen, wenigstens ein einziges Mal in eurem jämmerlichen Teenagerdasein etwas zu lernen?

Jede Klasse hat ihre eigene Chemie. Es gibt Klassen, mit denen es Spaß macht und auf die man sich freut. Die Schüler wissen, daß man sie mag, und deshalb mögen sie einen auch. Manchmal sagen sie einem, das war eine ziemlich gute Stunde, und dann freut man sich wie ein Schneekönig. Irgendwie gibt einem das Kraft, und auf dem Heimweg möchte man am liebsten singen.

Es gibt Klassen, bei denen wünscht man sich, sie würden die Fähre nach Manhattan nehmen und nie mehr wiederkommen. Beim Hereinkommen und Hinausgehen strahlen sie eine Feindseligkeit aus, die einem verrät, was sie von einem denken. Vielleicht ist aber alles auch nur Einbildung, also überlegt man, womit man sie auf seine Seite ziehen könnte. Man probiert es mit Stunden, die bei anderen Klassen gut gelaufen sind, aber nicht einmal das hilft. Das liegt an der Chemie.

Sie merken es, wenn man sich von ihnen zurückzieht. Sie wittern jede Frustration des Lehrers. Es gab Tage, da wäre ich am liebsten an meinem Pult sitzengeblieben und hätte sie tun lassen, was immer sie wollten. Ich konnte einfach nicht zu ihnen durchdringen. 1962 hatte ich die ersten vier Jahre hinter mir, und es machte mir nichts mehr aus. Ich redete mir ein, es hätte mir noch nie etwas ausgemacht. Man unterhält sie mit Geschichten aus seiner unglücklichen Kindheit. Sie machen all die unehrlichen Geräusche. Oh, armer Mr. McCourt, muß ja schrecklich gewesen sein, so in Irland aufzuwachsen. Als ob sie das interessierte. Nein. Sie sind nie zufrieden. Ich hätte den Rat erfahrener Kollegen befolgen und den Mund halten sollen. Sagen Sie ihnen nichts. Die benutzen Sie nur. Die durchschauen Sie und spüren Sie auf wie wärmegesteuerte Flugkörper. Sie finden heraus, wo Ihre Schwachstellen sind. Wissen sie womöglich, daß »John ging in den Laden« so ziemlich das Äußerste ist, was ich an Grammatik wagen kann? Führt mich nicht zu Gerundien, nachgestellten Partizipien, inneren Objekten. Das wäre mein Ende.

Ich blickte finster in die Runde und setzte mich ans Pult. Genug. Ich konnte die Scharade des Grammatiklehrers nicht fortsetzen.

Ich fragte, warum ging John in den Laden?

Sie schauten verblüfft auf. He, Mann, was soll das? Das hat doch nichts mit Grammatik zu tun.

Ich stelle euch eine einfache Frage. Hat nichts mit Grammatik zu tun. Warum ging John in den Laden? Könnt ihr euch das nicht denken?

Ganz hinten hebt jemand die Hand. Ja, Ron?

Ich denke mal, John ist in den Laden gegangen, um sich ein Buch über englische Grammatik zu kaufen.

Und warum ging John in den Laden, um sich eine englische Grammatik zu kaufen?

Weil er alles wissen und dann hier reinkommen und bei dem guten alten Mr. McCourt Eindruck schinden wollte.

Und warum will er bei dem guten alten Mr. McCourt Eindruck schinden?

Weil John eine Freundin namens Rose hat, und die ist ein braves Mädchen und kennt sich prima mit der Grammatik aus und wird nach ihrem Abschluß mal Sekretärin in einer großen Firma in Manhattan, und John mag kein Dummkopf bleiben, weil er ja Rose heiraten will. Deswegen geht er in den Laden, um sich ein Grammatikbuch zu kaufen. Er wird ab sofort ein braver Junge sein und sein Buch durcharbeiten, und wenn er etwas nicht versteht, fragte er Mr. McCourt, weil Mr. McCourt weiß alles, und wenn John Rose heiratet, lädt er Mr. McCourt zur Hochzeit ein und bittet ihn, bei seinem ersten Kind Pate zu sein, und das wird nach Mr. McCourt auf den Namen Frank getauft.

Danke, Ron.

Stürmischer Applaus und anerkennende Zurufe, aber Ron war noch nicht fertig. Er meldete sich noch einmal.

Ja, Ron?

Als John in den Laden ging, hatte er kein Geld, also mußte er das Grammatikbuch klauen, aber als er damit aus dem Laden raus wollte, wurde er festgehalten, und die Polizei wurde gerufen, und jetzt sitzt er in Sing-Sing, und die arme süße Rose weint sich die Augen aus.

Die anderen bekundeten ihr Mitgefühl. Arme Rose. Die Jungen wollten wissen, wo sie wohnt, und boten sich an, John zu vertreten. Die Mädchen tupften sich die Augen, bis Kenny Ball, der harte Bursche der Klasse, sagte, das ist doch bloß eine Geschichte, und was soll überhaupt der ganze Scheiß? Er sagte, der Lehrer schreibt einen Satz an die Tafel, und im nächsten Moment rennt der Typ in einen Laden und schnappt sich ein Buch und landet in Sing-Sing. So ein Mist, wo gibt's denn so was, ist das hier eine Englischstunde oder was?

Ron sagte, na ja, dann fällt dir ja bestimmt was Besseres ein. Diese ganzen erfundenen Geschichten taugen doch zu nix. Oder helfen die einem vielleicht, Arbeit zu finden?

Es klingelte. Sie gingen hinaus, und ich wischte »John ging in den Laden« weg.

Am nächsten Tag hob Ron wieder die Hand. He, Mister, was würde passieren, wenn man mit den Wörtern rumspielt?

Wie meinst du das?

Also gut. Sie schreiben an die Tafel, »In den Laden John ging.« Was wär das?

Immer noch dasselbe. John ist immer noch der Satzgegenstand.

Okay. Und wie wär's mit »Ging John in den Laden«?

Dasselbe.

Oder »John in den Laden ging«. Wäre das auch okay?

Natürlich. Versteht man doch, oder? Aber du könntest schon Unsinn daraus machen. Wenn du zu jemandem sagst, John Laden in den ging, dann wär das für den Kauderwelsch.

Was ist Kauderwelsch?

Unverständliche Sprache.

Ich hatte eine Idee, eine plötzliche Eingebung. Ich sagte, Psychologie ist die Lehre vom Verhalten der Menschen. Grammatik ist die Lehre vom Verhalten der Sprache.

Mach weiter, Lehrer. Erzähl ihnen von deiner genialen Entdeckung, deinem großen Durchbruch. Frag sie, wer weiß, was Psychologie ist?

Schreib das Wort an die Tafel. Sie mögen die großen Wörter. Sie nehmen sie mit nach Hause und schüchtern ihre Eltern damit ein.

Psychologie. Wer weiß es?

Psychologie ist, wenn die Leute verrückt werden und man muß rausfinden, was ihnen fehlt, bevor man sie in die Klapsmühle steckt.

Alle lachten. Ja, ja. Wie die Schule hier, Mann.

Ich trieb es weiter. Wenn jemand etwas Verrücktes tut, untersucht ihn der Psychologe, um dahinterzukommen, was ihm fehlt. Wenn jemand seltsam redet, so daß man ihn nicht versteht, dann denkt man an Grammatik. Wie beispielsweise, John Laden in den ging.

Also das ist dann Kauderwelsch, ja?

Das Wort hatte es ihnen angetan, und ich klopfte mir dafür auf die Schulter, daß ich es ihnen gebracht hatte, eine Neuigkeit aus der weiten Welt der Sprache. Unterrichten bedeutet Neuigkeiten bringen. Ein großer Durchbruch für den neuen Lehrer. Kauderwelsch. Sie sagten es sich gegenseitig vor und lachten. Aber es blieb in ihren Köpfen haften. Schon nach den ersten paar Jahren meiner Lehrerlaufbahn hatte ich es geschafft, daß ein Wort haftenblieb. In zehn Jahren würden sie »Kauderwelsch« hören und an mich denken. Es tat sich etwas. Sie fingen an zu begreifen, was Grammatik ist. Wenn ich so weitermachte, würde ich es vielleicht sogar selbst begreifen.

Die Lehre vom Verhalten der Sprache.

Jetzt gab es für mich kein Halten mehr. Ich sagte, Laden den in ging John. Ist das verständlich? Natürlich nicht. Ihr seht also, ihr müßt die Wörter in die richtige Reihenfolge bringen. Erst die richtige Reihenfolge ergibt einen Sinn, und wenn eure Sätze keinen Sinn haben, plappert ihr sinnloses Zeug, und dann kommen die Männer in den weißen Kitteln und nehmen euch mit. Und stecken euch in die Kauderwelsch-Abteilung von Bellevue. Das ist Grammatik.

Rons Freundin Donna meldete sich. Und was ist aus John geworden, dem ersten Jungen, der jemals in den Knast gekommen ist, weil er ein Grammatikbuch geklaut hat? Den haben Sie bei all den fiesen Typen in Sing-Sing zurückgelassen. Und was ist aus Rose geworden? Hat sie auf John gewartet? War sie ihm treu?

Der harte Ken sagte, nee, die warten nie auf einen.

Entschuldige mal, sagte Donna in sarkastischem Ton. Ich

würde auf Ron warten, wenn er ins Gefängnis käme, weil er ein Grammatikbuch geraubt hat.

Gestohlen, sagte ich. Der Englischlehrer wird von seinen Vorgesetzten dazu angehalten, diese kleinen Fehler zu korrigieren.

Was? fragte Donna.

Nicht rauben. Das richtige Wort ist stehlen.

Na schön, von mir aus.

Ich ermahnte mich, halt den Mund. Unterbrich sie nicht andauernd. Wer gibt denn einen Fiedlerfurz auf den Unterschied zwischen stehlen und rauben? Laß sie reden.

Ken sah Donna an und schnaubte verächtlich. Ja, ja, sicher. Klar würdest du warten. Die vielen Jungs, denen sie in Frankreich und Korea den Arsch weggeschossen haben, auf einmal kriegen die von ihrer Freundin oder ihrer Frau einen Abschiedsbrief. Warten! Daß ich nicht lache.

Ich mußte eingreifen. Immer mit der Ruhe. Wir reden von dem John, der nach Sing-Sing gekommen ist, weil er eine Grammatik gestohlen hat.

Abermals ein verächtliches Schnauben von Ken. Ja, das sind alles große Grammatikfreaks in Sing-Sing. Die ganzen Killer sitzen in der Todeszelle rum und reden die ganze Zeit über Grammatik.

Ken, sagte ich. Es geht nicht um Ron. Es geht um John.

Genau, sagte Donna. Es geht um John, und der fängt an, alle in Grammatik zu unterrichten, und wenn die dann aus Sing-Sing rauskommen, reden sie alle wie College-Professoren, und die Behörden sind John so dankbar, daß sie ihm eine Stelle als Grammatiklehrer an der McKee geben.

Ken wollte etwas erwidern, aber die anderen klatschten und johlten und sagten, weiter, Donna, weiter, und schrien ihn nieder.

Englischlehrer sagen, wenn man Grammatik an einer Berufsschule unterrichten kann, kann man überall alles unterrichten.

Meine Schüler hörten mir zu. Sie machten mit. Sie merkten nicht, daß ich ihnen Grammatik beibrachte. Vielleicht dachten sie, wir hätten nur Geschichten über John in Sing-Sing erfunden, aber beim Hinausgehen sahen sie mich anders an als sonst. Wenn Unterrichten jeden Tag so sein könnte, würde ich liebend gern bis achtzig weitermachen. Schaut ihn euch an, den alten Silberschopf auf dem Podium, schon ein wenig gebeugt, aber unterschätzt ihn nicht. Stellt ihm einfach nur eine Frage über den Bau eines Satzes, und er wird sich aufrichten und euch die Geschichte erzählen, wie er damals Mitte des zwanzigsten Jahrhunderts Psychologie und Grammatik unter einen Hut gebracht hat.

6

Mikey Dolan gab mir eine handgeschriebene Mitteilung seiner Mutter, in der sie erklärte, warum er tags zuvor nicht in die
Schule gekommen war:

Sehr geehrter Mr. McCourt, Mikeys Großmutter die meine
Mutter ist und achtzig ist die Treppe runtergefallen weil sie zuviel Kaffee getrunken hat und ich hab Mikey dabehalten damit
er sich um sie und sein kleines Schwesterchen kümmert und ich
auf Arbeit gehen konnte in dem Coffeeshop in der Fährstation.
Bitte entschuldigen Sie Mikey und er wird in Zukunft sein Bestes tun weil er nämlich Ihren Unterricht mag. Hochachtungsvoll Ihre Imelda Dolan. P. S. Seiner Großmutter geht es gut.

Als Mikey mir die Entschuldigung überreichte, die er ganz
ungeniert vor meiner Nase gefälscht hatte, sagte ich nichts. Ich
hatte gesehen, wie er sie unter dem Tisch geschrieben hatte, mit
der linken Hand, um seine Handschrift unkenntlich zu machen
– die beste in der ganzen Klasse, weil er auf katholische Grund-
schulen gegangen war. Den Nonnen war es gleichgültig, ob man
in den Himmel oder in die Hölle kam oder eine Protestantin
heiratete, solange man nur eine klare, saubere Handschrift hatte, und wenn man auf diesem Gebiet versagte, bogen sie einem
die Daumen nach hinten, bis man um Gnade winselte und ge-
lobte, sich eine Schönschrift zuzulegen, die einem die Him-
melspforte aufschließen würde. Wenn man übrigens mit der
linken Hand schrieb, war das ein klarer Beweis dafür, daß man
von Geburt an einen satanischen Einschlag hatte, und dann war
es die heilige Pflicht der Klosterschwestern, einem die Daumen
nach hinten zu biegen, sogar hier in Amerika, dem Land der
Freien und der Heimat der Tapferen.

Mikey also hatte sich mit der linken Hand abgemüht, um seine edle katholische Kalligraphie zu verbergen. Es war nicht das erste Mal, daß er sich selbst eine Entschuldigung schrieb, aber ich sagte nichts, denn die meisten elterlichen Entschuldigungsschreiben in meiner Schublade stammten von den Schülern und Schülerinnen selbst, und hätte ich jeden Fälscher zur Rechenschaft ziehen wollen, wäre ich zu sonst nichts mehr gekommen. Außerdem hätte das bloß böses Blut gemacht, Gefühle verletzt und die Beziehungen zwischen ihnen und mir kompliziert.

Einen fragte ich einmal, hat diese Entschuldigung wirklich deine Mutter geschrieben, Danny?

Er reagierte abwehrend, feindselig. Ja, die hat meine Mutter geschrieben.

Das ist eine nette Entschuldigung, Danny. Sie kann gut schreiben.

McKee-Schüler waren stolz auf ihre Mütter, und nur ein ausgemachter Flegel hätte sich für ein solches Kompliment nicht bedankt.

Er sagte danke und kehrte auf seinen Platz zurück.

Ich hütete mich, ihn zu fragen, ob er die Entschuldigung selbst verfaßt hatte. Ich mochte ihn und wollte nicht, daß er mürrisch in der dritten Reihe saß. Er hätte seinen Klassenkameraden erzählt, daß ich ihn verdächtigte, und dann wären die anderen womöglich auch sauer geworden, denn alle fälschten Entschuldigungen, seit sie schreiben konnten, und hätten es nicht eingesehen, daß ihnen ein Lehrer nach so vielen Jahren plötzlich mit Moral kam.

Entschuldigungen sind etwas ganz Normales im Schulalltag. Jeder weiß, daß sie getürkt sind, also wozu einen Riesenwirbel machen?

Eltern, die morgens die Kinder rechtzeitig aus dem Haus kriegen müssen, haben wenig Zeit, Entschuldigungen zu schreiben, die in der Schule sowieso nur im Papierkorb landen. Sie haben es so eilig, daß sie sagen, ach, du brauchst noch eine Entschuldigung für gestern, Schatz? Schreib sie dir selber, und ich unterschreib sie. Sie unterschreiben sie blind, und das Traurige daran ist, daß sie gar nicht wissen, was sie sich entgehen lassen. Könnten sie die Entschuldigungen lesen, würden sie feststellen, daß ihre Kinder zu bester amerikanischer Prosa fähig sind: flüssig, einfallsreich, klar, dramatisch, phantastisch, konzis, überzeugend, brauchbar.

Ich legte Mikeys Entschuldigung in eine Schublade, in der bereits Dutzende davon lagen: Zettel jeder Größe und Farbe, bekritzelt, zerknittert, fleckig. Während meine Klasse an dem Tag eine Klausur schrieb, las ich zum ersten Mal die Entschuldigungen, die ich bis dahin nur überflogen hatte. Ich machte zwei Häufchen, eines für die echten, von Müttern verfaßten, das andere für die Fälschungen. Der zweite Stoß war dicker, und die Texte reichten von Genie bis Wahnsinn.

Mir kam eine Erleuchtung. Ich hatte mich schon immer gefragt, wie ich mich bei einer Erleuchtung fühlen würde, und jetzt wußte ich es. Ich fragte mich auch, warum mir diese Erleuchtung nicht schon früher zuteil geworden war.

Ist es nicht seltsam, dachte ich, wie hartnäckig die sich gegen jede Aufgabe, ob im Unterricht oder für zu Hause, sträuben, bei der sie etwas schreiben müssen? Sie jammern und schützen Überlastung vor, und es fällt ihnen offensichtlich schwer, auch nur zweihundert Wörter zu Papier zu bringen, egal, über welches Thema. Aber beim Fälschen von Entschuldigungen entpuppen sie sich als kleine Genies. Warum? Ich habe eine Schublade voller Entschuldigungen, aus denen man eine Anthologie zusammenstellen könnte – Große amerikanische Ausreden oder Große amerikanische Lügen.

Die Schublade war voller Beispiele für amerikanische Könnerschaft, die nie in einen Song, eine Geschichte oder eine gelehrte Abhandlung eingehen würden. Wie war es möglich, daß ich diese Fundgrube bisher nicht beachtet hatte, diese Juwelen der Fiktion, Phantasie, Kreativität, Frömmelei, des Selbstmitleids, der Familienprobleme, der explodierenden Boiler, einstürzenden Decken, Feuersbrünste, Babys und Haustiere, die auf Schularbeiten pinkelten, unerwarteten Entbindungen, Herzinfarkte, Schlaganfälle, Fehlgeburten, Raubüberfälle? Das war amerikanische High-School-Prosa erster Güte – packend, realistisch, engagiert, geistvoll, knapp, verlogen:

Aus dem Ofen schlugen Flammen, die Tapete geriet in Brand, und die Feuerwehr hat uns die ganze Nacht nicht mehr ins Haus gelassen.

Die Toilette war verstopft, und wir mußten die Straße hinunter bis in die Kilkenny Bar gehen, wo mein Cousin arbeitet, um die Toilette dort zu benutzen, aber die war von der vorangegangenen Nacht ebenfalls verstopft, und Sie können sich vorstellen, wie schwer es für meinen Ronnie war, sich für die Schule fertigzumachen. Ich hoffe Sie entschuldigen ihn ausnahmsweise und es wird nicht wieder vorkommen. Der Mann in der Kilkenny Bar war sehr nett, weil er Ihren Bruder kennt, Mr. McCord.

Arnold konnte seine Schularbeiten nicht machen, weil er gestern aus dem Zug gestiegen ist und seine Schultasche in der Tür eingeklemmt wurde und der Zug sie ihm entriß. Er rief nach dem Schaffner, aber der überschüttete ihn mit ordinären Beschimpfungen, während der Zug davonfuhr. Dagegen sollte man einmal etwas unternehmen.

Der Hund seiner Schwester hat seine Schularbeit aufgefressen, und ich hoffe, er erstickt daran.

Ihr kleiner Bruder hat auf ihren Aufsatz gepinkelt, als sie heute morgen im Bad war.

Der Mann über uns ist in der Badewanne gestorben, und sie ist übergelaufen, und das Wasser hat Robertas Schularbeiten unbrauchbar gemacht, die auf dem Tisch lagen.

Ihr großer Bruder war wütend auf sie und hat ihren Aufsatz aus dem Fenster geworfen, und die Blätter sind über ganz Staten Island geflogen, was sehr bedauerlich ist, weil die Leute sie lesen und einen falschen Eindruck bekommen werden, außer sie lesen auch das Ende, wo alles erklärt wird.

Er hatte den Aufsatz, den er für Sie schreiben mußte, schon fertig, hat ihn aber auf der Fähre noch einmal durchgelesen, und da kam ein starker Windstoß und hat ihm die Blätter aus der Hand gerissen.

Wir sind aus unserer Wohnung zwangsgeräumt worden und der fiese Sheriff hat gesagt, wenn mein Sohn weiter so nach seinem Schulheft schreit werden wir alle festgenommen.

Ich stellte mir die Verfasser der Entschuldigungen vor, im Bus, im Zug, auf der Fähre, im Coffeeshop, auf der Parkbank, wie sie sich den Kopf zerbrachen, um plausible neue Erklärungen zu finden und so zu schreiben, wie ihrer Meinung nach ihre Eltern schreiben würden.

Sie wußten nicht, daß ehrliche Entschuldigungen von Eltern im allgemeinen banal sind. »Peter ist zu spät gekommen, weil der Wecker nicht geklingelt hat.« Eine solche Entschuldigung verdiente nicht einmal einen Platz im Abfallkorb.

Gegen Schuljahresende tippte ich ein Dutzend Entschuldigungen auf eine Matrize und verteilte die Abzüge an meine beiden höchsten Klassen. Sie lasen sie, schweigend und aufmerksam.

He, Mr. McCourt, was ist denn das?

Das sind Entschuldigungen.

Wieso, was 'n für Entschuldigungen? Wer hat 'n die geschrieben?

Ihr, oder jedenfalls ein paar von euch. Ich habe die Namen weggelassen, um niemanden an den Pranger zu stellen. Angeblich wurden die Entschuldigungen von Eltern geschrieben, aber ihr kennt die tatsächlichen Verfasser genausogut wie ich. Ja, Mikey?

Und was sollen wir mit den Entschuldigungen machen?

Wir werden sie vorlesen. Ihr seid nämlich die erste Schulklasse auf der Welt, die sich mit der Kunst des Abfassens von

Entschuldigungen beschäftigt, die erste Klasse, die jemals geübt hat, solche Entschuldigungen zu schreiben. Ihr könnt euch glücklich schätzen, einen Lehrer wie mich zu haben, der eure besten schriftlichen Arbeiten, die Entschuldigungen, zum Gegenstand einer schulischen Übung macht.

Sie lächeln. Sie wissen, wir sitzen alle im selben Boot. Sünder unter sich.

Ein paar von den Entschuldigungen auf diesem Blatt stammen von Leuten aus dieser Klasse. Ihr wißt, wer ihr seid. Ihr habt eure Phantasie eingesetzt und euch nicht mit der alten Weckergeschichte begnügt. Ihr werdet euer Leben lang Ausreden brauchen, und es wird euch immer daran liegen, daß sie glaubwürdig und originell sind. Vielleicht werdet ihr irgendwann sogar Entschuldigungen für eure eigenen Kinder schreiben, wenn sie zu spät dran sind, geschwänzt oder sonstwas ausgefressen haben. Das könnt ihr jetzt üben. Stellt euch vor, ihr habt einen fünfzehnjährigen Sohn oder eine fünfzehnjährige Tochter, die eine Entschuldigung dafür braucht, daß ihre Leistungen in Englisch nachgelassen haben. Also, legt euch ins Zeug.

Sie schauten nicht in die Luft, kauten nicht an ihren Stiften, trödelten nicht. Sie wollten sich unbedingt gute Entschuldigungen für ihre fünfzehnjährigen Sprößlinge ausdenken. Es war ein Akt der Loyalität und der Liebe, und wer weiß, vielleicht würden sie den Text ja irgendwann gebrauchen können.

Heraus kam eine Rhapsodie der Kalamitäten, von der Durchfallepidemie in der Familie über den ins Haus krachenden Sattelschlepper bis zu einem schweren Fall von Lebensmittelvergiftung, der auf das Essen in der Kantine der McKee High School zurückgeführt wurde.

Sie sagten, toll, toll, dürfen wir noch mehr schreiben?

Ich erschrak. Wie sollte ich mit dieser Begeisterung umgehen?

Abermals ein Geistesblitz, eine Erleuchtung, eine Epiphanie, was immer. Ich ging an die Tafel und schrieb: »Als Hausaufgabe für heute abend.«

Das war ein Fehler. Das Wort Hausaufgabe weckte negative Assoziationen. Ich wischte es weg, und sie sagten, ja, ja.

Ich sagte ihnen, ihr könnt ja hier anfangen und es zu Hause oder auf der Rückseite des Mondes fertigmachen. Ich möchte, daß ihr schreibt ...

Ich schrieb an die Tafel: »Eine Entschuldigung von Adam an Gott« oder »Eine Entschuldigung von Eva an Gott«.

Die Köpfe senkten sich. Die Kugelschreiber flogen übers Papier. Das schafften sie mit einer Hand auf dem Rücken. Mit verbundenen Augen. Verstohlenes Lächeln allenthalben. Ah, das macht Spaß, und wir können uns schon vorstellen, was da kommt, oder? Adam schiebt es auf Eva. Eva schiebt es auf Adam. Beide schieben es auf Gott oder Luzifer. Alle sind schuld, bis auf Gott, der das Sagen hat und sie aus dem Paradies schmeißt, so daß ihre Nachkömmlinge an der McKee Vocational and Technical High School landen und Entschuldigungen für den ersten Mann und die erste Frau schreiben, und vielleicht braucht sogar Gott selbst eine Entschuldigung für einige seiner großen Fehler.

Die Glocke läutete, und zum ersten Mal in meiner dreieinhalbjährigen Lehrerlaufbahn sah ich Schüler, die so in eine Aufgabe vertieft waren, daß hungrige Mitschüler sie drängen mußten, endlich Schluß zu machen und hinauszugehen.

He, Lenny. Jetzt komm endlich. Mach's in der Kantine fertig.

Am nächsten Tag hatte jeder Entschuldigungen, nicht nur von Adam und Eva, sondern auch von Gott und Luzifer, manche mitfühlend, andere fies. Lisa Quinn als Eva rechtfertigte Adams Verführung damit, daß sie es überdrüssig war, tagein, tagaus nur im Paradies herumzuliegen und nichts zu tun zu haben. Außerdem ging es ihr auf die Nerven, daß Gott ständig seine Nase in ihre Angelegenheiten steckte und ihnen nie auch nur einen Augenblick Privatleben gönnte. Er selbst war ja fein raus.

Er konnte sich irgendwo hinter einer Wolke verstecken und ab und zu seine Donnerstimme erschallen lassen, wenn er sah, daß sie oder Adam sich seinem kostbaren Apfelbaum näherten.

Hitzig wird debattiert, wem der größere Anteil an Schuld und Sünde zuzurechnen sei, Adam oder Eva. Luzifer in Gestalt der Schlange ist ein Mistkerl, ein Fiesling, ein Scheusal – darüber sind sich alle einig. Keiner ist mutig genug, um irgend etwas Abträgliches über Gott zu sagen, nur andeutungsweise ist herauszuhören, ein bißchen mehr Verständnis für die Misere des ersten Mannes und der ersten Frau hätte er schon aufbringen können.

Mikey Dolan sagt, so dürfte man an katholischen Schulen niemals reden. Herrgott noch mal, pardon, die Nonnen würden einen an den Ohren aus der Bank zerren und die Eltern einbestellen, um sie zu fragen, wo ihr Kind diese gotteslästerlichen Ideen her habe.

Andere Jungen in der Klasse, Nicht-Katholiken, prahlen, so eine Scheiße würden sie sich nicht gefallen lassen. Sie würden die Nonnen in den Hintern treten, und warum eigentlich alle katholischen Jungs solche Schisser seien.

Die Diskussion uferte aus, und ich machte mir Sorgen, das eine oder andere davon könnte katholischen Eltern zu Ohren kommen, die sich dann gegen die Erwähnung von Tätlichkeiten gegen Nonnen verwahren würden. Deshalb fragte ich, ob ihnen irgend jemand auf der Welt, in Gegenwart oder Vergangenheit, einfalle, der eine gute Entschuldigung gebrauchen könnte.

Ich schrieb die Vorschläge an die Tafel:

Eva Braun, Hitlers Freundin.

Ich fragte, und Hitler selbst?

Ne, ne, der doch nicht. Für den gibt's keine Entschuldigung.

Aber vielleicht hatte er ja eine unglückliche Kindheit.

Das ließen sie auch nicht gelten. Eine Entschuldigung für Hitler könne zwar eine große Herausforderung für einen Schriftsteller sein, aber von ihnen bekäme er keine.

An der Tafel: Julius und Ethel Rosenberg, 1953 wegen Hochverrats hingerichtet.

Wie wär's mit Entschuldigungen für Wehrdienstverweigerer?

O ja, Mr. McCourt. Die Typen haben alle möglichen Entschuldigungen. Die wollen nicht für ihr Vaterland kämpfen, aber wir sind da anders.

An der Tafel: Judas, Attila der Hunnenkönig, Lee Harvey Oswald, Al Capone, alle Politiker Amerikas.

Ach, Mr. McCourt, könnten Sie auch ein paar Lehrer dazuschreiben? Nicht Sie, aber diese blöden Pauker, die uns jeden zweiten Tag Proben schreiben lassen.

Tut mir leid, das geht nicht. Das sind meine Kollegen.

Okay, okay, aber wir können denen ja Entschuldigungen schreiben und erklären, warum sie so sein müssen.

Mr. McCourt, der Rektor kommt.

Mir wird mulmig.

Der Rektor geleitet den Schulrat von Staten Island herein, Mr. Martin Wolfson. Sie nehmen mich nicht zur Kenntnis. Sie entschuldigen sich nicht dafür, daß sie den Unterricht stören. Sie gehen zwischen den Bänken auf und ab, sehen sich an, was die Schüler geschrieben haben. Hier und da nehmen sie ein Blatt in die Hand, um es genauer zu lesen. Der Schulrat zeigt eines dem Rektor. Der Schulrat runzelt die Stirn und spitzt die Lippen. Der Rektor spitzt die Lippen. Die Schüler begreifen, daß es sich um wichtige Persönlichkeiten handelt. Um mir ihre Loyalität und Solidarität zu beweisen, verzichten sie darauf, um den Paß für die Toilette zu bitten.

Im Hinausgehen runzelt der Rektor die Stirn und flüstert mir zu, der Schulrat möchte mich in der nächsten Stunde sprechen; man werde so lange eine Aufsicht in meine Klasse schicken. Ich weiß. Ich weiß. Ich habe wieder mal Mist gebaut. Jetzt ist die Kacke am Dampfen, und ich weiß nicht, warum. In meine Akte kommt ein negativer Vermerk. Dabei meint man es nur gut.

Man nutzt jede sich bietende Gelegenheit. Probiert was aus, was seit Anbeginn der Geschichte noch nie gemacht wurde. Und die Kinder überschlagen sich vor Begeisterung über die Entschuldigungen. Aber jetzt kommt die Abrechnung, Herr Lehrer. Den Flur entlang ins Büro des Rektors.

Er sitzt am Schreibtisch. Der Schulrat, der reglos mitten im Zimmer steht, erinnert mich an einen reuigen Schüler.

Äh, Mr. … Mr. …

McCourt.

Nur Mut. Hereinspaziert. Nur ganz kurz. Ich wollte Ihnen sagen, daß diese Stunde, dieses Projekt, was immer Sie da gemacht haben, ganz ausgezeichnet war. Ganz ausgezeichnet. Genau das brauchen wir, junger Mann, solchen realitätsbezogenen Unterricht. Was die Schüler da geschrieben haben, das war College-Niveau.

Er wendet sich an den Rektor und sagt, dieser Junge mit der Entschuldigung für Judas. Glänzend. Den einen oder anderen Vorbehalt hätte ich allerdings. Ich weiß nicht so recht, ob das Schreiben von Entschuldigungen für böse oder kriminelle Menschen vertretbar oder vernünftig ist, aber genaugenommen tun ja Anwälte auch nichts anderes, nicht wahr? Nach allem, was ich in Ihrer Klasse gesehen habe, könnten da durchaus ein paar zukünftige Anwälte drunter sein. Mit einem Wort, ich wollte Ihnen die Hand drücken und Ihnen sagen, daß Sie sich nicht wundern sollen, wenn sich in Ihrer Akte demnächst ein Eintrag findet, der Ihre energische und einfallsreiche Art zu unterrichten lobend hervorhebt. Ich danke Ihnen, und vielleicht sollten Sie das Augenmerk der Schüler auf etwas ältere Gestalten der Geschichte lenken. Eine Entschuldigung für Al Capone ist ein wenig riskant. Nochmals vielen Dank.

Herr im Himmel. Höchstes Lob vom Schulrat von Staten Island. Soll ich durch den Gang tanzen oder abheben und davonfliegen? Wird sich irgend jemand gestört fühlen, wenn ich singe?

Ich singe. Am nächsten Tag verkünde ich vor der Klasse, daß ich ein Lied kenne, das ihnen gefallen wird, eine Art Zungenbrecher, und das geht so:

> O ro the rattlin' bog, the bog down in the valley O,
> O ro the rattlin' bog, the bog down in the valley O.
> And in that bog there was a tree, a rare tree, a rattlin' tree,
> And the tree in the bog and the bog down in the valley O.

Wir sangen eine Strophe nach der anderen, und sie lachten, wenn sie sich verhaspelten, und fanden es herrlich, den Lehrer da oben singen zu sehen. Mann, so könnte die Schule immer sein, wir schreiben Entschuldigungen, und die Lehrer fangen aus irgendeinem Grund plötzlich an zu singen.

Warum? Weil mir klargeworden war, daß die menschliche Geschichte genug Stoff hergibt für Millionen von Entschuldigungen. Früher oder später braucht jeder eine Entschuldigung. Außerdem, wenn wir heute sangen, konnten wir auch morgen singen, oder nicht? Fürs Singen braucht man keine Entschuldigung.

7

Augie benahm sich rüpelhaft im Unterricht, gab freche Antworten und belästigte die Mädchen. Ich rief seine Mutter an. Am nächsten Tag fliegt die Tür auf, und ein Mann in einem schwarzen T-Shirt mit den Muskeln eines Gewichthebers schreit, he, Augie, komm her.

Augie stöhnt auf.

Ich red mit dir, Augie. Wenn ich erst da rein muß, dann wirst du dir wünschen, du wärst tot. Komm her.

Augie jault, ich hab doch nix getan.

Schwerfällig kommt der Mann hereingestapft, geht zwischen den Bänken durch zu Augies Platz, hebt Augie hoch, trägt ihn zur Wand und knallt ihn wiederholt gegen die Wand.

Hab ich dir nich gesagt – rums – du sollst deim Lehrer – rums – nie kein Ärger machen? Wenn ich noch mal hör – rums – daß du deim Lehrer Ärger machst – rums – reiß ich dir dein verdammten Kopf ab – rums – und schieb ihn dir in Arsch – rums. Hast du das kapiert – rums?

He, Moment mal. Das ist mein Klassenzimmer. Ich bin der Lehrer. Ich kann nicht dulden, daß hier jeder einfach reinrumpelt. Ich hab hier die Aufsicht.

Ich muß schon bitten.

Der Mann beachtet mich nicht. Er ist damit beschäftigt, seinen Sohn mit solcher Wucht gegen die Wand zu knallen, daß der schlaff in seinen Händen hängt.

Ich muß klarstellen, wer hier das Sagen hat. Es geht nicht an, daß hier jeder einfach reinplatzt und seinen Sohn zu Brei schlägt. Ich wiederhole, ich muß schon bitten.

Der Mann schleift Augie zu seinem Platz zurück und wendet

sich mir zu. Wenn der Ihn nochma Ärger macht, Mister, tret ich ihm sein Arsch von hier bis New Jersey. Der is dazu erzogen, Respekt zu zeigen.

Er wendet sich an die Klasse. Der Lehrer is dafür da, daß er euch Kindsköpfen was lernt. Wenn ihr nich auf den Lehrer hört, kriegt ihr kein Abschluß und landet als Hilfsarbeiter im Hafen. Wenn ihr nich auf den Lehrer hört, schneidet ihr euch ins eigne Fleisch. Habt ihr das kapiert?

Sie sagen nichts.

Habt ihr kapiert, was ich euch sag, oder seid ihr ein Haufen Dämlacks? Oder is vielleicht ein harter Bursche da, der was sagen will?

Sie sagen, sie hätten ihn verstanden, und alle harten Burschen schweigen.

Okay, Herr Lehrer, Sie könn weitermachen.

Er geht hinaus und knallt die Tür hinter sich zu, daß Kreidestaub von der Tafel rieselt und die Scheiben klirren. Im Klassenzimmer herrscht eine kalte, feindselige Stimmung, die besagt, aha, Sie haben Augies Vater angerufen. Wenn wir etwas nicht leiden können, dann sind das Lehrer, die immer gleich die Eltern anrufen.

Sinnlos, jetzt zu sagen, Moment mal. Ich hab Augies Vater nicht gebeten, das zu tun. Ich hab nur mit seiner Mutter gesprochen und mir gedacht, sie und ihr Mann würden mal mit ihm reden und ihm sagen, er soll sich in der Schule besser betragen. Dafür ist es zu spät. Ich habe sie hintergangen, und damit steht fest, daß ich nicht in der Lage bin, allein mit der Situation fertigzuwerden. Lehrer, die einen ins Rektorat schicken oder die Eltern anrufen, sind das Hinterletzte. Wenn man nicht allein klarkommt, sollte man gar kein Lehrer sein. Dann sollte man sich eine Arbeit als Straßenkehrer oder Müllmann suchen.

Sal Battaglia lächelte jeden Morgen und sagte, hi, Mister McCourt. Sal saß neben seiner Freundin Louise und sah glücklich aus. Wenn sie sich über den Gang hinweg an den Händen hielten, machten die anderen einen Umweg, denn alle wußten, daß es zwischen den beiden was Ernstes war. Eines Tages würden Sal und Louise heiraten, das war sakrosankt.

Sals italienische Familie und Louises irische Familie waren nicht einverstanden, aber sie würden immerhin katholisch heiraten, und das war in Ordnung. Sal scherzte vor der Klasse, seine Eltern machten sich Sorgen, mit einer irischen Frau könnte er verhungern, weil die Irinnen doch nicht kochen können. Er sagte, seine Mutter könne sich nicht erklären, wie die Iren sich überhaupt am Leben halten. Louise meinte, man könne sagen, was man wolle, aber die Iren hätten die schönsten Babys auf der ganzen Welt. Sal wurde rot. Ein lässiger Italiener, fast achtzehn, mit dichten schwarzen Locken, und er wurde tatsächlich rot. Louise lachte, und wir lachten alle, als sie den Arm über den Gang hinweg ausstreckte und mit ihrer zarten weißen Hand seine rote Wange berührte.

Es wurde still im Raum, als Sal ihre Hand nahm und sie an sein Gesicht drückte. In seinen Augen glitzerten Tränen. Was war über ihn gekommen? Ich stand mit dem Rücken zur Tafel und wußte nicht, was ich sagen oder tun sollte, weil ich den Bann nicht brechen wollte. Wie hätte ich in einem solchen Augenblick mit unserer Besprechung von *Der scharlachrote Buchstabe* fortfahren können?

Ich trat hinter mein Pult, tat beschäftigt, überprüfte wortlos noch einmal die Präsenzliste, füllte ein Formular aus, wartete darauf, daß in zehn Minuten die Glocke läuten würde, sah zu, wie Sal und Louise hinausgingen, Hand in Hand, und beneidete sie darum, daß für sie alles klar war. Nach dem Abschluß würden sie sich verloben. Sal würde Klempnermeister werden, Louise Gerichtsstenographin, das Höchste, was man im Sekretärinnenfach erreichen kann, es sei denn, man setzte sich in den Kopf, Anwältin zu werden. Ich sagte Louise, sie sei intelligent genug für jeden Beruf, aber sie meinte, nein, nein, was würden dann ihre Eltern sagen? Sie müsse ihr Geld verdienen, sich auf ihr Leben mit Sal vorbereiten. Sie würde italienisch kochen lernen, um Gnade vor den Augen von Sals Mutter zu finden. Ein Jahr nach der Hochzeit würde ein Baby kommen, ein kleines pummeliges wohlgenährtes italienisch-irisch-amerikanisches Baby, das würde die beiden Familien für immer zusammenbringen, und keiner würde mehr danach fragen, aus welchem Land ihre Eltern stammten.

Nichts davon wurde Wirklichkeit, und zwar wegen eines halbwüchsigen Iren, der in einer Bandenschlägerei im Prospect Park auf Sal losging und ihm ein Kantholz über den Schädel zog. Sal gehörte zu keiner der Gangs. Er kam nur zufällig vorbei, weil er eine Bestellung für das Restaurant ausliefern mußte, in dem er abends und an den Wochenenden arbeitete. Er und Louise fanden diese Bandenkriege idiotisch, vor allem zwischen Iren und Italienern, die ja alle katholisch und weiß waren. Also warum? Worum ging es überhaupt? Um so was wie Revieransprüche oder, schlimmer noch, um Mädchen. He, nimm deine dreckigen Itakerpfoten von meiner Freundin. Schaff deinen dicken Irenarsch aus dem Viertel. Sal und Louise verstanden, daß es zu Handgreiflichkeiten mit den Puertoricanern oder den Schwarzen kam, aber doch nicht untereinander, um Himmels willen.

Als Sal wieder in die Schule kam, trug er einen Verband, der die Wundnähte verbarg. Er steuerte sofort auf die rechte Seite hinüber, weit weg von Louise. Er ignorierte die Klasse, und niemand schaute ihn an oder sprach mit ihm. Louise setzte sich auf ihren gewohnten Platz und versuchte seinen Blick aufzufangen. Sie sah ratlos zu mir her, als könnte ich alles richten. Ich kam mir unzulänglich vor, und ich war unschlüssig. Sollte ich zu ihr hingehen, ihr die Schulter drücken und ihr aufmunternd zuflüstern, Sal werde da schon drüber wegkommen? Sollte ich zu Sal gehen, mich für die irische Rasse entschuldigen, ihm sagen, man kann nicht ein ganzes Volk nach dem Verhalten eines einzigen Schlägertyps im Prospect Park beurteilen, ihn erinnern, daß Louise immer noch wunderschön war, ihn immer noch liebte?

Wie soll man den Schluß von *Der scharlachrote Buchstabe* besprechen, das Happy-End für Hester und Pearl, wenn ein paar Meter vor einem Louise sitzt, mit gebrochenem Herzen, und Sal stur vor sich hinstarrt, als könnte er den ersten Iren erwürgen, der ihm über den Weg läuft?

Ray Brown hob die Hand. Immer vorndran, der gute alte Ray. Mr. McCourt, wieso kommen in dem Buch keine Neger vor?

Ich muß ein dummes Gesicht gemacht haben. Alle außer Louise und Sal lachten. Ich weiß es nicht, Ray. Ich glaube nicht, daß die im alten Neuengland Neger hatten.

Sal sprang auf. Doch, die hatten Neger, Ray, aber die Iren haben sie alle umgebracht. Sich von hinten angeschlichen und ihnen den Schädel eingeschlagen.

Ach ja? sagte Ray.

Ja, sagte Sal. Er nahm seine Tasche, ging hinaus und suchte den Beratungslehrer auf, der mir hinterher sagte, Sal habe darum gebeten, in die Klasse von Mr. Campbell wechseln zu dürfen, der wenigstens kein Ire sei und nicht mit diesem dämlichen Akzent spreche. Man könne sich nicht vorstellen, daß Mr. Campbell einem von hinten ein Kantholz über den Schädel haut, aber dieser McCourt. Der ist Ire, und diesen hinterhältigen Scheißkerlen kann man nicht trauen.

Ich wußte mir mit Sal keinen Rat. Er stand drei Monate vor seinem Abschluß, und ich hätte versuchen sollen, mit ihm zu reden, aber ich wußte nicht recht, wie oder was. Auf den Gängen sah ich oft Lehrer, die ein Kind trösteten. Arm um die Schultern. Eine herzliche Umarmung. Nur Mut, alles wird gut. Junge oder Mädchen sagt danke, Tränen, Lehrer drückt ein letztes Mal die Schulter. Das hätte ich gern getan. Hätte ich Sal sagen sollen, ich bin keiner, der mit Kanthölzern auf Leute eindrischt? Hätte ich ihm klarmachen sollen, wie ungerecht es sei,

Louise für die Tat eines wildfremden, vermutlich betrunkenen Rowdys büßen zu lassen? Du weißt doch, wie die Iren sind, Sal. Und er hätte gelacht und gesagt, okay, die Iren haben da ein Problem, und sich mit Louise versöhnt.

Oder hätte ich mit Louise reden sollen, ein paar Platitüden loslassen à la Mit der Zeit wirst du schon drüber wegkommen oder Es gibt noch andere Fische im Ozean oder Du wirst nicht lange allein bleiben, Louise. Die Jungs werden dir die Tür einrennen.

Ich wußte, wenn ich versuchte, mit einem von beiden zu reden, würde ich stottern und stammeln. Das Beste war, nichts zu tun, und zu mehr war ich ohnehin nicht fähig. Eines fernen Tages würde ich jemanden auf dem Gang trösten, mit dem starken Arm um die Schultern, dem sanften Wort, der Umarmung.

Kein Lehrer will Kevin Dunne in seiner Klasse haben. Der Junge ist eine Strafe Gottes, ein Unruhestifter, eine Zeitbombe. Lehrer, die ihn vom Rektor zwangsweise in die Klasse gesetzt bekommen, werfen den Bettel hin, wollen in Pension gehen, suchen das Weite. Dieser Kerl gehört in einen Zoo, in die Affenabteilung, nicht in eine Schule.

Also kommt er zu dem neuen Lehrer, dem, der nicht nein sagen kann: zu mir. Außerdem sieht man ja an dem roten Haar, den vielen Sommersprossen und dem Namen, daß der Junge Ire ist, und bestimmt kommt ein irischer Lehrer mit einem original irischen Akzent besser mit dem kleinen Scheißer zurecht. Der Beratungslehrer sagt, er setze auf etwas, na ja, Atavistisches, etwas, das eine Saite zum Klingen bringen könnte. Ein echter irischer Lehrer kann doch gewiß etwas Ethnisches in Kevins Anlagen aktivieren. Richtig? Der Beratungslehrer sagt, Kevin wird neunzehn und sollte dieses Jahr abgehen, aber da er zweimal sitzengeblieben ist, besteht nicht die geringste Aussicht, daß er jemals Barett und Robe tragen wird. Nicht die geringste. Man spielt auf Zeit, man hofft, er wird die Schule schmeißen, zum Militär gehen oder so etwas. In der Army nehmen sie heutzutage jeden, die Lahmen, die Blinden, die Beschränkten, die Kevins dieser Welt. Sie sagen, allein schafft der es nie bis in mein Klassenzimmer, ich möchte ihn doch bitte im Büro des Beratungslehrers abholen.

Er sitzt in einer Ecke, in einem zu großen Anorak, das Gesicht tief in der Kapuze versteckt. Der Beratungslehrer sagt, da ist er, Kevin. Das ist dein neuer Lehrer. Nimm die Kapuze ab, damit er dich sehen kann.

Kevin rührt sich nicht.

Ach, komm schon, Kevin. Nimm die Kapuze ab.

Kevin schüttelt den Kopf. Der Kopf bewegt sich, aber die Kapuze bleibt oben.

Okay, du gehst mit Mr. McCourt mit und versuchst, dich am Unterricht zu beteiligen.

Der Beratungslehrer flüstert mir zu, vielleicht identifiziert er sich ja ein bißchen mit Ihnen.

Er identifiziert sich mit nichts. Er sitzt an seinem Tisch, trommelt mit den Fingern, versteckt sich in seiner Kapuze. Der Rektor steckt auf seinen Rundgängen den Kopf durch die Tür und sagt, Junge, tu die Kapuze runter. Kevin ignoriert ihn. Der Rektor wendet sich mir zu. Haben wir ein kleines Problem mit der Disziplin?

Das ist Kevin Dunne.

Ach so. Er zieht sich zurück.

Ich stehe vor einem Rätsel. Wenn ich ihn gegenüber anderen Lehrern erwähne, verdrehen sie die Augen und sagen, die hoffnungslosen Fälle bleiben oft an den neuen Lehrern hängen. Der Beratungslehrer sagt, ich solle mir keine Sorgen machen. Kevin ist lästig, aber er ist gestört und wird nicht mehr lange bleiben. Nur Geduld.

Am nächsten Tag, kurz vor Mittag, bittet er um den Paß. Er fragt, warum geben Sie mir den Paß einfach so? Wieso? Sie wollen mich loswerden, stimmt's?

Du hast den Paß verlangt. Hier ist er. Jetzt geh schon.

Warum sagen Sie mir, ich soll gehen?

Das ist nur eine Redewendung.

Das ist unfair. Ich hab nichts getan. Ich kann Leute nicht leiden, die Geh zu mir sagen, als ob ich ein Hund wär oder so was.

Ich wünschte, ich könnte ihn auf die Seite nehmen und mit ihm reden, aber ich weiß, das ist nicht meine Stärke. Es ist einfacher, zur ganzen Klasse zu sprechen als zu einem einzelnen Jungen. Es ist nicht so intim.

Er verwirrt die Klasse mit abwegigen Bemerkungen: Das Englische hat mehr unanständige Wörter als jede andere Sprache. Wenn du den rechten Schuh am linken Fuß und den linken Schuh am rechten Fuß trägst, arbeitet dein Gehirn besser, und alle deine Kinder werden Zwillinge sein. Gott hat eine Feder, die nie Tinte braucht. Babys wissen schon alles, wenn sie auf die Welt kommen. Deswegen können sie nicht sprechen, weil sonst wären wir alle dumm.

Er sagt, wenn man Bohnen ißt, muß man furzen, und es ist ratsam, kleine Kinder damit zu füttern, weil die Bohnenzüchter Hunde darauf abrichten, kleine Kinder aufzuspüren, falls sie verlorengehen oder entführt werden. Er weiß aus sicherer Quelle, daß reiche Familien ihren Kindern viel Bohnen zu essen geben, weil reiche Kinder oft Opfer einer Entführung werden, und wenn er mit der High School fertig ist, macht er sich selbständig und richtet Hunde ab, die kleine reiche Bohnenesser anhand ihrer Fürze aufspüren, und dann kommt er in alle Zeitungen und überall im Fernsehen und ob er jetzt den Paß haben könne.

Am Elternsprechtag erscheint seine Mutter in der Schule. Sie kommt nicht zu Rande mit ihm, weiß nicht, was mit ihm los ist. Sein Vater, der Schuft, ist abgehauen, als Kevin vier war, und lebt jetzt in Scranton, Pennsylvania, mit einer Frau, die weiße Mäuse für Laborversuche züchtet. Kevin liebt die weißen Mäuse, haßt aber seine Stiefmutter dafür, daß sie die Tiere an Leute verkauft, die Sachen in sie hineinstecken oder sie aufschneiden, bloß um zu sehen, ob sie zugenommen oder abgenommen haben. Als er zehn war, hat er gedroht, seiner Stiefmutter etwas anzutun, und man mußte die Polizei holen. Jetzt möchte seine Mutter wissen, wie er sich in meiner Klasse macht. Ob er irgend etwas lernt. Ob ich Hausaufgaben aufgebe. Er bringt nämlich nie ein Buch, ein Heft oder einen Stift mit nach Hause.

Ich sage ihr, er sei ein heller Junge mit einer lebhaften Phantasie. Sie sagt, ja, schön für Sie, einen hellen Jungen in der Klasse zu haben, aber wie sieht seine Zukunft aus? Sie macht sich Sorgen, er könnte in der Army landen und nach Vietnam geschickt werden, wo er mit seinem roten Haarschopf ein tolles Ziel für den Vietcong abgeben wird. Ich glaube nicht, sage ich, daß sie ihn in der Army nehmen würden, und sie wirkt gekränkt. Sie fragt, was wollen Sie damit sagen? Er ist genauso gut wie jedes andere Kind an dieser Schule. Sein Vater war ein Jahr auf dem College, wissen Sie, und er hat Zeitungen gelesen.

Ich wollte nur sagen, daß er für mich nicht der Militärtyp ist.

Mein Kevin kann alles. Mein Kevin ist genauso gut wie jedes andere Kind an der Schule, an Ihrer Stelle würde ich ihn nicht unterschätzen.

Ich versuche mit ihm zu reden, aber er ignoriert mich oder tut so, als höre er mich nicht. Ich schicke ihn zum Beratungslehrer, und der schickt ihn mir mit einer Notiz zurück: Ich solle ihn ständig beschäftigen. Ihn die Tafel abwischen lassen. Ihn zum Auswaschen der Schwämme in den Keller schicken. Vielleicht, meint der Beratungslehrer, könne Kevin ja mit dem nächsten Astronauten ins All fliegen und einfach in der Umlaufbahn bleiben. Ein Beratungswitz.

Ich sage Kevin, daß ich ihn zum Klassenordner mache, der für alles verantwortlich ist. Er erledigt seine Aufgaben in wenigen Minuten und sagt den anderen, sie sollen aufpassen, wie schnell er ist. Danny Guarino sagt, er sei in allem schneller und werde sich nach der Schule Kevin draußen vornehmen. Ich trenne die beiden und nehme ihnen das Versprechen ab, sich nicht zu prügeln. Kevin bittet um den Paß, nimmt ihn dann aber doch nicht und meint, er sei kein Baby mehr wie gewisse andere hier drin, die alle paar Minuten mal müssen.

Seine Mutter vergöttert ihn, andere Lehrer wollen ihn nicht, der Beratungslehrer gibt den Schwarzen Peter weiter, und ich weiß nicht, was ich mit ihm machen soll.

Im Schrank findet er Hunderte kleiner Wasserfarbengläschen mit eingetrockneten, rissigen Farbresten. Er sagt, ui, ui. O Mann. Gläschen, Gläschen. Farben, Farben. Meine, meine.

Okay, Kevin. Möchtest du sie saubermachen? Du kannst hier an dem Extratisch neben dem Ausguß bleiben und brauchst dich nicht mehr auf deinen Platz zu setzen.

Es ist riskant. Womöglich nimmt er es mir übel, daß ich ihm eine so stumpfsinnige Arbeit übertrage.

Ja, ja. Meine Gläschen. Mein Tisch. Ich nehm auch die Kapuze ab.

Er schiebt die Kapuze zurück, und sein Haar flammt auf. Ich sage, so rotes Haar hätte ich noch nie gesehen, und er grinst. Er arbeitet stundenlang am Ausguß, kratzt die alten Pigmente mit einem Löffel in ein großes Einmachglas, schrubbt die Verschlußkappen, reiht die Gläschen säuberlich auf Regalbrettern auf. Am Schuljahresende arbeitet er immer noch, ist immer noch nicht fertig. Ich sage ihm, daß er über den Sommer nicht dableiben kann, und er heult vor Enttäuschung. Ob er die Gläschen mit nach Hause nehmen dürfe. Seine Wangen sind naß.

In Ordnung, Kevin. Nimm sie mit nach Hause.

Er berührt meine Schulter mit seiner bunten Hand, sagt, ich sei der tollste Lehrer der Welt, und wenn mir irgend jemand Ärger macht, knöpft er ihn sich vor, denn er weiß, wie man mit Leuten umgeht, die ihre Lehrer ärgern.

Er nimmt ein paar Dutzend Gläschen mit nach Hause.

Im September erscheint er nicht mehr. Berater der Schulbehörde schicken ihn auf eine Sonderschule für Schwererziehbare. Er reißt aus und lebt eine Zeitlang bei den weißen Mäusen in der Garage seines Vaters. Dann wird er zur Army eingezogen, und seine Mutter kommt in die Schule und erzählt mir, daß er in Vietnam vermißt ist; sie zeigt mir ein Foto von seinem Zimmer. Auf dem Tisch hat er die Gläschen so arrangiert, daß sie eine Folge von Buchstaben bilden: MCCOURT OK.

Sehen Sie, sagt seine Mutter. Er hat Sie gemocht, weil Sie ihm geholfen haben, aber die Kommunisten haben ihn erwischt, also sagen Sie mir, wozu das alles? Sehen Sie sich die vielen Mütter an, deren Kinder in Stücke geschossen werden. Mein Gott, man hat nicht einmal einen Finger, den man beerdigen kann, und können Sie mir sagen, was sich in dem Land da drüben abspielt, von dem noch nie jemand was gehört hat? Können Sie mir das sagen? Ein Krieg ist aus, ein anderer fängt an, und man kann von Glück sagen, wenn man nur Töchter hat, die nicht da rübergeschickt werden.

Aus einer Stofftasche holt sie das große Einmachglas, das mit Kevins getrockneten Farben gefüllt ist. Sie sagt, schauen Sie sich das an. Alle Farben des Regenbogens in dem Glas. Und wissen Sie was? Er hat sich seine ganzen Haare abgeschnitten, und man sieht, wo er sie mit den Farben vermischt hat. Das ist ein Kunstwerk, nicht wahr? Und ich weiß, er wollte, daß Sie es bekommen.

Ich hätte ehrlich zu Kevins Mutter sein und ihr sagen können, daß ich wenig für ihren Sohn getan habe. Er war wie eine verlorene Seele, die ziellos umherschwebt auf der Suche nach einem Platz, wo sie Anker werfen könnte, aber ich wußte nicht genug oder war zu schüchtern, um Zuneigung zu zeigen.

Ich behielt das Einmachglas auf meinem Pult, wo es leuchtete, strahlte, und wenn ich die Klümpchen aus Kevins Haaren sah, war ich traurig, weil ich zugelassen hatte, daß er der Schule entglitt und nach Vietnam kam.

Meine Schüler, vor allem die Mädchen, meinten, das Glas sei schön, ja, ein Kunstwerk, da stecke sicher eine Menge Arbeit drin. Ich erzählte ihnen von Kevin, und ein paar von den Mädchen weinten.

Ein Putzmann, der im Klassenzimmer saubermachte, hielt das Glas für Abfall und warf es im Keller auf den Müll.

In der Kantine sprach ich mit anderen Lehrern über Kevin. Sie schüttelten den Kopf. Ein Elend, sagten sie. Manche von den Kindern fallen durchs Raster, aber, mein Gott, was kann man als Lehrer schon groß tun? Wir haben riesige Klassen und keine Zeit, und wir sind keine Psychologen.

8

Mit dreißig heiratete ich Alberta Small und belegte Kurse am Brooklyn College, um den Master of Arts in Englischer Literatur zu machen. Der akademische Grad würde dazu beitragen, daß ich im Leben weiterkam und mein Ansehen ebenso stieg wie mein Lehrergehalt.

Als Gegenstand der vorgeschriebenen Magisterarbeit wählte ich Oliver St. John Gogarty, den Arzt, Dichter, Dramatiker, Romanautor, Geistesriesen, Athleten, Meistertrinker in Oxford, Memoirenschreiber, Senator und (vorübergehend) Freund von James Joyce, der ihn in seinem *Ulysses* als Buck Mulligan verewigte.

Der Titel meiner Arbeit lautete »Oliver St. John Gogarty: Eine kritische Studie«. Kritisch war aber nichts daran. Ich wählte Gogarty, weil ich ihn so bewunderte. Wenn ich ihn las und über ihn schrieb, würde sicherlich etwas von seinem Charme, seiner Begabung und seiner Gelehrsamkeit auf mich abfärben. Ich würde mir etwas von seinem Schwung und seinem Flair aneignen, seiner Extravaganz. Er war ein Dubliner Original, und ich hoffte, genauso ein flotter, trinkfester, poetischer Ire zu werden wie er. Ich würde ein New Yorker Original sein. Ich würde überall brüllendes Gelächter ernten und als Sänger und Geschichtenerzähler die Bars von Greenwich Village erobern. In der Lion's Head Bar trank ich mir mit ungezählten Whiskeys den nötigen Mut an. Die Barkeeper rieten mir, kürzer zu treten. Freunde sagten, sie verstünden kein Wort von dem, was ich von mir gab. Sie trugen mich aus der Bar und setzten mich in ein Taxi, gaben dem Fahrer Geld und wiesen ihn an, mich ohne Zwischenstopp bis vor meine Haustür in Brooklyn zu bringen.

Ich versuchte bei Alberta so geistreich zu sein wie Gogarty, aber sie meinte, ich solle um Himmels willen den Mund halten. Mit meiner Gogarty-Nummer handelte ich mir nur einen so fürchterlichen Kater ein, daß ich niederkniete und Gott bat, mich zu sich zu holen.

Professor Julian Kaye akzeptierte meine Arbeit trotz »des monotonen Stils und eines dem Gegenstand, Gogarty, nicht angemessenen Pathos«.

Mein erster und liebster Professor am Brooklyn College war der Yeats-Experte Morton Irving Seiden. Er trug eine Fliege und konnte drei Stunden am Stück über die Angelsächsische Chronik, über Chaucer oder Matthew Arnold sprechen, er hatte den ganzen Stoff fein säuberlich sortiert im Kopf. Seine Aufgabe sah er darin, Wissen in leere Gefäße zu gießen, und wenn man irgendwelche Fragen hatte, konnte man ihn in seinem Büro aufsuchen. Dafür verschwendete er keine Vorlesungszeit.

Er hatte an der Columbia University über Yeats promoviert und ein Buch mit dem Titel *Paradox of Hate* geschrieben, in dem er die These vertrat, die Angst vor jüdischer Sexualität sei eine der Hauptursachen des Antisemitismus in Deutschland.

Ich belegte seinen einjährigen Kurs über die Geschichte der englischen Literatur von Beowulf bis Virginia Woolf, vom Rekken zur Ricke. Man merkte, daß er uns nahebringen wollte, wie sich die englische Literatur und mit ihr die Sprache entwickelt hat. Wir sollten die Literatur kennen wie ein Arzt den Körper, meinte er.

Alles, was er sagte, war mir neu, einer der Vorteile, wenn man naiv und ungebildet ist. Ich kannte das eine oder andere Werk der englischen Literatur, aber es war spannend, Seiden zuzuhören, wie er von Autor zu Autor eilte, von Jahrhundert zu Jahrhundert, zwischendurch bei Chaucer verweilte, bei John Skelton, Christopher Marlowe, John Dryden, der Aufklärung, der Romantik, den Viktorianern und weiter ins zwanzigste

Jahrhundert, wobei er immer wieder Textpassagen vorlas, um uns die Entwicklung des Englischen vom Angelsächsischen über das Mittelenglische bis hin zum modernen Englisch zu demonstrieren.

Nach diesen Vorlesungen bemitleidete ich immer die Leute in der U-Bahn, die nicht wußten, was ich wußte, und ich konnte es gar nicht erwarten, wieder in meinem eigenen Klassenzimmer zu stehen und meinen Schülern zu erzählen, wie sich die englische Sprache im Lauf der Jahrhunderte verändert hat. Zur Veranschaulichung las ich ihnen Passagen aus *Beowulf* vor, aber sie sagten, ach nee, das ist doch kein Englisch. Halten Sie uns für blöd?

Ich versuchte, vor meinen Schlossern, Elektrikern und Automechanikern Seidens eleganten Stil nachzuahmen, aber sie sahen mich an, als hätte ich sie nicht mehr alle.

Professoren konnten sich hinstellen und nach Herzenslust dozieren, ohne jemals Widerspruch oder Gemecker befürchten zu müssen. Ein beneidenswertes Leben. Sie brauchten nie jemandem zu sagen, setz dich, schlag dein Heft auf, nein, du kannst den Paß jetzt nicht haben. Sie brauchten nie Raufereien zu schlichten. Arbeiten wurden pünktlich abgeliefert. Keine Ausreden, Herrschaften, wir sind hier nicht an der High School. Wenn Sie sich überfordert fühlen, sollten Sie den Kurs abbrechen. Ausreden sind was für Kinder.

Ich beneidete Seiden und College-Professoren allgemein um ihre vier oder fünf Wochenstunden. Ich hatte fünfundzwanzig. Sie besaßen unumschränkte Autorität. Ich mußte sie mir verdienen. Ich sagte zu meiner Frau, warum soll ich mich mit lustlosen Teenagern herumschlagen, wenn ich auch das schöne Leben eines Professors führen könnte? Es wär doch toll, so lässig in den Seminarraum zu schlendern, mit einem knappen Nicken die Studenten zu begrüßen, der Rückwand oder den Bäumen draußen vor dem Fenster eine Vorlesung zu halten, ein paar unleserliche Notizen an die Tafel zu kritzeln und die nächste

Hausarbeit bekanntzugeben – zwei Seiten über die Geldsymbolik in Dickens' *Bleakhaus*. Keine Beschwerden, keine Proteste, keine Ausreden.

Alberta sagte, ach, hör auf mit dem Gejammer. Sieh zu, daß du den Hintern hochkriegst und deinen Doktor machst, dann kannst du ein feiner kleiner Universitätsprofessor werden. Und den Studentinnen den Kopf verdrehen.

Als Alberta das Lehramtsexamen ablegte, lernte sie R'lene Dahlberg kennen und brachte sie zum Abendessen mit. R'lene schlenkerte ihre Schuhe weg, setzte sich auf die Couch, trank Wein und erzählte uns von ihrem Leben mit ihrem Mann Edward. Sie lebten auf Mallorca, aber ab und zu kam sie in die Staaten zurück, um zu unterrichten und Geld für ihrer beider Lebensunterhalt in Spanien zu verdienen. Sie sagte, Edward sei ziemlich berühmt, und ich schwieg dazu, weil ich, soweit ich mich erinnerte, nur ein einziges Mal auf seinen Namen gestoßen war, in einem Essay von Edmund Wilson über proletarische Schriftsteller. R'lene sagte, in ein paar Monaten werde er aus Spanien nachkommen, und dann müßten wir auf einen Drink vorbeischauen.

Ich konnte Edward Dahlberg vom ersten Moment an nicht leiden, aber vielleicht war ich auch nur aufgeregt wegen der Begegnung mit einem leibhaftigen *homme de lettres* – mein Eintritt in die gesellschaftliche Welt der amerikanischen Literatur.

An dem Abend, als Alberta und ich eingeladen waren, saß er in einer Ecke am Fenster in einem Ohrensessel, vor einem Halbkreis von Bewunderern. Sie sprachen über Bücher. Sie fragten ihn nach seiner Meinung über verschiedene Autoren. Er hatte für alle Schriftsteller des zwanzigsten Jahrhunderts, sich selbst ausgenommen, nur Verachtung übrig: Hemingway habe »Babygeplapper« geschrieben, Faulkner »Seich«. Joyces *Ulysses* sei »ein einziges Waten im Kot von Dublin«. Er forderte alle auf, nach Hause zu gehen und Autoren zu lesen, von denen ich noch nie etwas gehört hatte: Sueton, Anaxagoras, Sir Thomas Brown, Eusebius, die Mönchsväter, Flavius Josephus, Randolph Bourne.

R'lene stellte mich vor. Das ist Frank McCourt aus Irland. Er unterrichtet Englisch an einer High School.

Ich streckte ihm die Hand hin, aber er ließ sie in der Luft hängen. Ah, Sie gehen noch auf die High School?

Ich wußte nicht, was ich sagen sollte. Am liebsten hätte ich dem Flegel ein paar gelangt, aber ich tat nichts. Lachend fragte er R'lene, unterrichtet dein Freund Taubstumme? In Dahlbergs Welt war Schulunterricht nur etwas für Frauen.

Ich zog mich verwirrt zu meinem Stuhl zurück.

Dahlberg hatte einen massigen Schädel mit über die Glatze gepappten grauen Haarsträhnen. Das eine Auge saß starr in seiner Höhle, das andere bewegte sich ständig – es arbeitete für zwei. Er hatte eine markante Nase und einen üppigen Schnauzbart, und wenn er lächelte, blitzten seine klappernden falschen Zähne auf.

Er war noch nicht fertig. Er richtete das eine Auge auf mich. Kann unser High-School-Junge schon lesen? Und wenn ja, was liest er?

Ich überlegte fieberhaft, was ich in letzter Zeit gelesen hatte, ich brauchte etwas, was ihn beeindrucken konnte.

Ich lese gerade die Autobiographie von Sean O'Casey.

Er ließ mich einen Moment leiden, fuhr sich mit der Hand übers Gesicht, grunzte, Sean O'Casey. Seien Sie doch so gut, und zitieren Sie uns die eine oder andere Zeile.

Mir klopfte das Herz bis zum Hals. Der Halbkreis der Bewunderer wartete. Dahlberg hob den Kopf, wie um Ja? zu sagen. Mein Mund war trocken. Mir fiel nichts von O'Casey ein, das vor den großartigen Texten hätte bestehen können, die Dahlberg zitiert hatte. Ich murmelte, na ja, ich bewundere O'Casey dafür, wie locker er über seine Jugend in Dublin schreibt.

Er ließ mich abermals leiden und lächelte dabei seinen Bewunderern zu. Er wies mit dem Kinn auf mich. Seine lockere Art zu schreiben, sagt unser irischer Freund. Wenn Sie eine sogenannte lockere Schreibe bewundern, finden Sie in jeder Bedürfnisanstalt reichlich Lektüre.

Die Bewunderer lachten. Ich bekam einen roten Kopf und stieß hervor, O'Casey kommt aus den Elendsvierteln von Dublin. Er ist halb blind. Er ist ein … ein … Freund der Arbeiter … Ihnen kann er allemal das Wasser reichen. Die ganze Welt kennt Sean O'Casey. Und wer kennt Sie?

Er schüttelte mit Blick auf seine Bewunderer den Kopf, und sie taten es ihm gleich. Er rief R'lene zu, sag deinem Schuljungen, er möge sich aus meiner Gegenwart entfernen. Er ist hier nicht willkommen, ganz im Gegensatz zu seiner charmanten Gattin.

Ich folgte R'lene ins Schlafzimmer, um meinen Mantel zu holen. Ich sagte ihr, es tue mir leid, einen solchen Mißklang verursacht zu haben, und verachtete mich selbst wegen dieser Entschuldigung, aber sie hielt den Kopf gesenkt und schwieg. Im Wohnzimmer betatschte Dahlberg Albertas Schulter und sagte zu ihr, sie sei zweifellos eine gute Lehrerin und er hoffe, sie wieder einmal in seinem Haus zu sehen.

Schweigend fuhren wir mit der U-Bahn nach Brooklyn. Ich war durcheinander und fragte mich, warum Dahlberg sich so aufgeführt hatte. Mußte er einen Fremden demütigen? Und warum hatte ich es mir gefallen lassen?

Weil ich keinen Funken Selbstbewußtsein hatte. Er war sechzig, ich dreißig. Ich war wie einer, der eben aus dem unzivilisierten Hinterland eingetroffen ist. Ich würde mich in literarischen Kreisen nie wohl fühlen. Ich befand mich auf unbekanntem Terrain und war zu unbeleckt, um zur Schar der Bewunderer zu gehören, die bei Dahlbergs literarischem Pingpong mithalten konnten.

Ich war wie gelähmt und schämte mich, und ich schwor mir, diesen Menschen nie wiederzusehen. Ich würde den Schuldienst, der nirgendwohin führte und mir kein Ansehen eintrug, quittieren, mir eine Teilzeitarbeit suchen, in der übrigen Zeit in Bibliotheken lesen, auf Partys wie diese gehen, zitieren und rezitieren, mich gegen Leute wie Dahlberg und seine Bewunderer behaupten. R'lene lud uns doch wieder ein, aber jetzt war Dahlberg höflich, und ich war auf der Hut und clever genug, den gelehrigen Schüler zu spielen. Er fragte mich jedesmal, was ich gerade las, und ich wahrte den Frieden, indem ich Griechen, Römer und Kirchenväter ebenso herunterbetete wie Cervantes, Burtons *Anatomie der Melancholie*, Emerson, Thoreau und natürlich Edward Dahlberg, als hätte ich jetzt nichts anderes zu tun als den ganzen Tag im Sessel auf meinem Allerwertesten zu sitzen, zu lesen und darauf zu warten, daß Alberta heimkam, mir das Abendessen servierte und meinen armen Nacken massierte. Wenn das Gespräch eine Wendung zum Dunklen und Gefährlichen nahm, zitierte ich aus seinen Büchern und sah zu, wie sein Gesicht sich aufhellte und weich wurde. Es überraschte mich, daß ein Mann, der Zusammenkünfte dominierte und sich überall Feinde machte, so prompt auf jede Schmeichelei hereinfiel. Und es überraschte mich auch, daß ich selbst schlau genug war, eine Strategie auszutüfteln, die seinen Zornesausbrüchen im Sessel vorbeugte. Ich lernte, meine Zunge im Zaum zu halten und seine Unverschämtheiten hinzunehmen, weil ich glaubte, von seiner Gelehrsamkeit und Weisheit profitieren zu können.

Ich beneidete ihn darum, daß er das Leben eines Schriftstellers führte, ein Traum, der mir unerreichbar schien. Ich bewunderte ihn wie jeden, der seinen eigenen Weg ging und sich nicht beirren ließ. Trotz all meiner Erfahrungen in Amerika fühlte ich mich immer noch wie frisch vom Schiff. Wenn Dahlberg über das harte Leben des Schriftstellers stöhnte, über die tägliche Pein am Schreibtisch, hätte ich am liebsten entgegnet, ach, von wegen Pein, Dahlberg. Du machst doch nichts weiter, als vormittags ein paar Stunden etwas in die Maschine zu tippen, und den restlichen Tag liest du und läßt dich von R'lene von vorn bis hinten bedienen. In deinem ganzen Leben hast du noch keinen Tag hart gearbeitet. Einen Tag lang hundertsiebzig Teenager unterrichten, und du würdest mit fliegenden Fahnen wieder in dein verweichlichtes Literatenleben flüchten.

Wir sahen uns noch ab und zu, bis er mit siebenundsiebzig in Kalifornien starb. Meist lud er mich zum Abendessen ein, mit der Anweisung, meine Fähe mitzubringen. Aus dem Wörterbuch erfuhr ich, daß er mit meiner Fähe meine Frau meinte. Mir wurde klar, daß er sich für meine Fähe mehr interessierte als für mich, und als er vorschlug, wir sollten einen Sommer miteinander verbringen, zu viert, und über Land fahren, wußte ich, was er im Schilde führte: Er wollte unterwegs mal kurz Alberta vernaschen. Der Schlauberger hätte mich mit irgendeinem unnötigen Auftrag weggeschickt und wäre dann züngelnd von seinem Baum herabgeglitten.

Er rief eines Samstagmorgens an, um uns zum Abendessen einzuladen, und als ich sagte, wir hätten schon etwas vor, fragte er, und was, mein guter irischer Freund, soll ich jetzt mit dem Zeug machen, das ich schon eingekauft habe? Ich sagte, essen Sie's. Zu was anderem sind Sie ohnehin nicht mehr fähig.

Das war nicht besonders schlagfertig, aber es war das letzte Wort. Er meldete sich nie mehr bei mir.

Während meiner acht Jahre an der McKee versammelte sich jeden Juni die Englische Abteilung in einem Klassenzimmer, um die Ergebnisse der staatlichen Prüfung zu besprechen und zu benoten. Kaum die Hälfte der Schüler bestand die Prüfung aus eigener Kraft. Den übrigen mußte geholfen werden. Wenn die Punktzahl eines Prüflings in den oberen Fünfzigern lag, versuchten wir, die Benotung so aufzubessern, daß die erforderlichen fünfundsechzig Punkte erreicht wurden.

Bei den Multiple-Choice-Fragen war nichts zu machen, die Antworten waren entweder richtig oder falsch, aber bei den

Aufsätzen über literarische und allgemeine Themen hatten wir einen gewissen Spielraum. Gebt dem Prüfling auch ein paar Punkte dafür, daß er überhaupt erschienen ist. Klar, was soll's. Er hätte sich sonstwo rumtreiben und in Schwierigkeiten kommen können, Leute belästigen. Drei Punkte für Anwesenheit, für mustergültiges Staatsbürgertum. Ist seine Schrift leserlich? Sicher. Also noch mal zwei oder drei Punkte.

Hat der Prüfling jemals einen Lehrer im Unterricht geärgert? Na ja, vielleicht ein-, zweimal. Schon, aber wahrscheinlich nur, weil er provoziert wurde. Außerdem ist sein Vater gestorben, ein Hafenarbeiter, der sich gegen die Mafia gewehrt hat und dafür im Gowanus Canal gelandet ist. Geben wir dem Prüfling noch zwei Punkte dafür, daß er einen Vater hat, der tot im Gowanus liegt. Kommen ja doch noch ein paar Punkte zusammen, nicht?

Macht der Prüfling Absätze? O ja. Sehen Sie mal, er hat sogar Einrückungen. Der Prüfling ist ein Meister der Einrückung. Das sind eindeutig drei Absätze hier.

Hat er in seinen Absätzen auch Rückbezüge zum Thema? Na ja, man könnte sagten, daß der erste Satz einen Rückbezug beinhaltet. Okay, geben wir ihm noch drei Punkte für seine Rückbezüge zum Thema. Also, wieviel haben wir jetzt? Dreiundsechzig?

Ist er ein netter Junge? Ja, durchaus. Hilfsbereit im Unterricht? Ja, er hat seinem Sozialkundelehrer die Schwämme ausgewaschen. Höflich auf dem Flur? Er hat immer guten Morgen gesagt. Schauen Sie, er hat seinem Aufsatz die Überschrift »Recht oder Unrecht; ich steh zu meinem Vaterland« gegeben. Das ist doch was, oder? Ganz schön clever, so eine Überschrift, nicht wahr? Könnten wir ihm nicht drei Extrapunkte für das patriotische Thema und einen dafür geben, daß er einen Strichpunkt gemacht hat, obwohl da eigentlich ein Doppelpunkt stehen müßte? Ist das wirklich ein Strichpunkt, oder ist es ein Fliegenschiß? Manche von unseren Schülern wissen noch nicht mal, daß es Doppelpunkte gibt, und es ist ihnen auch egal, und wollte man sich hinstellen und ihnen den Unterschied zwischen dem Doppelpunkt und seinem Vetter, dem Strichpunkt, erklären, sie würden sofort den Paß verlangen.

Warum geben wir ihm nicht noch drei Punkte mehr? Er ist ein netter Junge, und sein Bruder Stan ist in Vietnam. Sein Vater hatte als Kind Polio. Verbringt sein Leben im Rollstuhl. Geben wir ihm doch noch einen Punkt dafür, daß er einen Vater im Rollstuhl und einen Bruder in Vietnam hat.

So bringt er es schließlich auf achtundsechzig Punkte. Achtundsechzig erregen wahrscheinlich weniger Argwohn in Albany, wo die Prüfungsarbeiten angeblich durchgesehen werden. Kaum anzunehmen, daß sie sich jede genau ansehen, bei den vielen tausend, die aus dem ganzen Staat eingehen. Außerdem, sollten doch Rückfragen kommen, werden wir Lehrer Schulter an Schulter unser Benotungssystem verteidigen.

Auf in die Mittagspause.

Mr. Bibberstein, der Beratungslehrer, meinte, falls ich mit einem Schüler oder einer Schülerin Ärger hätte, sollte ich Bescheid sagen, er würde sich darum kümmern. Er sagte, neue Lehrer werden in diesem System wie der letzte Dreck behandelt, gelinde gesagt. Entweder man tritt, oder man geht unter.

Ich berichtete ihm nie von irgendwelchen Schwierigkeiten mit Schülern. So etwas spricht sich herum. Mann, der neue Lehrer, der McCourt, der schickt dich wegen nix und wieder nix zum Beratungslehrer, und der hängt sich sofort ans Telefon und ruft deinen Dad an, und den Rest kannst du dir ausmalen. Mr. Bibberstein scherzte, ich müsse ja ein hervorragender Lehrer sein, wenn ich so gut mit den Schülern klarkäme, daß ich nie einen zu ihm schicken müsse. Er meinte, das müsse mein irischer Charme sein. So auf den ersten Blick machen Sie ja nicht viel her, aber die Mädels mögen Ihren Akzent. Das haben sie mir selbst gesagt, also machen Sie das Beste draus.

Als wir mit der neuen Gewerkschaft, der United Federation

of Teachers, streikten, betätigten sich Mr. Bibberstein, Mr. Tolfsen und Miss Gilfillan, die Zeichenlehrerin, als Streikbrecher. Wir riefen ihnen zu, nicht reingehen, nicht reingehen, aber sie gingen trotzdem rein, und Miss Gilfillan weinte. Die Lehrer, die an den Streikposten vorbeigingen, waren älter als die, die draußen blieben. Vielleicht waren sie Mitglieder der alten Lehrergewerkschaft gewesen, die in der Ära von McCarthys Hexenjagd zerschlagen worden war. Sie wollten nicht noch einmal verfolgt werden, obwohl wir hauptsächlich für die Anerkennung als Gewerkschaft streikten.

Ich hatte Verständnis für die älteren Lehrer, und als der Streik vorbei war, wollte ich mich bei ihnen dafür entschuldigen, daß ich sie angeschrien hatte. Wenigstens wurden sie bei uns nicht mit Schimpfworten überhäuft wie an anderen Schulen. Trotzdem gab es danach an der McKee Animositäten und eine Spaltung des Lehrkörpers, und ich wußte nicht recht, ob ich weiter mit den Leuten befreundet sein konnte, die den Streik sabotiert hatten. Bevor ich Lehrer wurde, war ich Streikposten bei der Gewerkschaft der Hotelangestellten, bei den Lastwagenfahrern und beim Internationalen Hafenarbeiterverband gewesen, und einmal war ich bei einer Bank entlassen worden, bloß weil ich mit einem Gewerkschaftsfunktionär geredet hatte. Es hatte Warnungen gegeben, und niemand wagte sie zu ignorieren. Ein Schritt über diese Linie, Kumpel, und wir wissen, wo du wohnst und wo deine Kinder zur Schule gehen.

Als Streikposten der Lehrergewerkschaft konnten wir solche Sachen nicht sagen. Wir waren Akademiker: Lehrer, College-Absolventen. Als der Streik vorbei war, zeigten wir den Abweichlern in der Lehrerkantine die kalte Schulter. Sie aßen gemeinsam auf der anderen Seite des Raums. Nach einer Weile kamen sie überhaupt nicht mehr in die Kantine, und wir waren unter uns, loyale Mitglieder der United Federation of Teachers.

Mr. Bibberstein würdigte mich fortan auf dem Flur kaum eines Kopfnickens, und von Hilfe mit schwierigen Schülern war keine Rede mehr. Ich erschrak richtig, als er sich eines Tages vor mir aufbaute und blaffte, was ist das für eine Geschichte mit Barbara Sadlar?

Was meinen Sie?

Sie ist zu mir gekommen und hat gesagt, Sie hätten ihr zugeredet, aufs College zu gehen.

Das stimmt.

Was soll das heißen, das stimmt?

Das soll heißen, ich habe ihr vorgeschlagen, aufs College zu gehen.

Darf ich Sie daran erinnern, daß wir eine berufsbildende und technische High School sind und keine College-Vorstufe? Unsere Schüler gehen in Handwerk und Gewerbe, junger Freund. Fürs College sind die nicht reif.

Ich entgegnete, Barbara Sadlar sei eine der aufgewecktesten Schülerinnen meiner fünf Klassen. Sie schreibe gut, lese Bücher, beteilige sich an Diskussionen, und wenn ich als amtlich zugelassener Lehrer ohne jede High-School-Bildung studieren konnte, warum dann nicht Barbara? Wer sage denn, daß sie Kosmetikerin, Sekretärin oder sonstwas werden müsse?

Der Grund ist, junger Mann, daß Sie den Kindern Flöhe ins Ohr setzen. Wir versuchen hier, realistisch zu sein, und da kommen Sie mit Ihren unausgegorenen, verrückten Ideen daher. Ich werde mit ihr sprechen und ihr den Kopf zurechtsetzen müssen. Ich wäre Ihnen sehr verbunden, wenn Sie sich da raushielten. Unterrichten Sie Ihr Englisch, und überlassen Sie die Beratung mir. Er wandte sich zum Gehen, drehte sich aber noch einmal um. Es hätte doch wohl nichts damit zu tun, daß Barbara eine gutaussehende Blondine sei?

Ich wäre ihm zu gern ordentlich über den Mund gefahren. Scheiß-Streikbrecher lag mir auf der Zunge, aber ich sagte nichts. Er ließ mich stehen, und das war das letzte Mal, daß wir miteinander sprachen. War es der Streik, oder ging es um Barbara?

Er legte mir eine Grußkarte in mein Fach: »Es heißt zwar, ›doch schauen sollt' ich weiter als ich greife‹, nur wär's besser, wenn die Kinder erst mal greifen könnten. Wecken Sie keine unerfüllbaren Träume. Gruß, Fergus Bibberstein.«

TEIL II

Nur ein Esel frißt Disteln

9

1966, nach acht Jahren an der McKee, fand ich es an der Zeit, mir etwas anderes zu suchen. Ich hatte immer noch Mühe, täglich fünf Klassen bei der Stange zu halten, obwohl mir das Prinzip inzwischen klar war: Man muß im Klassenzimmer seinen eigenen Weg finden. Man muß sich selbst finden. Man muß seinen eigenen Stil, seine eigenen Methoden entwickeln. Man muß die Wahrheit sagen, sonst wird man ertappt. Moment mal, Mister, da haben Sie vorige Woche aber was anderes gesagt. Es ist keine Sache von Tugend oder Moral.

Also, ade, McKee Vocational and Technical High School. Mit meinem neuen Magistertitel gehe ich ans New York Community College in Brooklyn, wo ich über einen Freund, Professor Herbert Miller, eine Stelle als Lehrbeauftragter bekommen habe – die unterste Stufe in der Hochschulhierarchie. Ich werde nur noch fünf bis sechs Stunden pro Woche statt pro Tag geben. Ein herrliches Leben erwartet mich – freie Zeit in Hülle und Fülle. Zwar werde ich nur halb soviel verdienen wie ein High-School-Lehrer, aber die Studenten werden erwachsen sein, sie werden zuhören und mir mit Respekt begegnen. Sie werden nicht mit Gegenständen werfen. Sie werden sich nicht über jede Arbeit beschweren, die man ihnen im Unterricht oder für zu Hause aufgibt. Außerdem werden sie mich mit Herr Professor anreden, und das wird mein Selbstbewußtsein stärken. Ich soll zwei Kurse halten: Einführung in die Literatur und Grundkurs Kreatives Schreiben.

Meine Studenten waren erwachsen, überwiegend unter dreißig, und arbeiteten in Läden, Fabriken und Büros überall in der Stadt. In einem Kurs waren dreiunddreißig Feuerwehrleute, die ein College-Diplom anstrebten, um ihre Aufstiegschancen zu verbessern, allesamt weiß, die meisten Iren. Fast alle anderen waren Schwarze oder Hispano-Amerikaner.

Ich hätte einer von ihnen sein können – tagsüber arbeiten, abends studieren. Da es keine Probleme mit der Disziplin gab, mußte ich mich umstellen und eine Unterrichtstechnik entwickeln, bei der ich nicht dauernd zu sagen brauchte, hinsetzen, bitte, Ruhe, bitte. Wenn jemand zu spät kam, entschuldigte er sich und ging an seinen Platz. Ich wußte kaum, was ich tun sollte, als die ersten Studenten hereinströmten, sich setzten und auf meine Vorlesung warteten. Niemand mußte austreten. Niemand meldete sich, um einen anderen zu beschuldigen, er habe ihm ein Sandwich oder ein Buch oder seinen Platz weggenommen. Niemand versuchte, mich vom Thema abzubringen, indem er mich nach Irland im allgemeinen oder meiner unglücklichen Kindheit im besonderen fragte.

Du mußt dich nur da oben hinstellen und unterrichten, Mann.

Eine Fußnote, meine Damen und Herren, ist eine Anmerkung am Seitenende, in der Sie Ihre Informationsquelle angeben.

Eine Hand.

Ja, Mr. Fernandez?

Wieso?

Wieso was?

Ich mein, wenn ich über die New York Giants schreibe, warum kann ich nicht einfach sagen, ich hab's in der *Daily News* gelesen? Warum nicht?

Weil das eine Facharbeit ist, Mr. Fernandez, und das bedeutet, daß Sie exakt angeben müssen, exakt, Mr. Fernandez, woher Sie Ihre Information haben.

Ich weiß nich, Herr Professor, ich mein, ist das nicht ein bißchen viel Aufwand? Ich schreib da diese Arbeit über die Giants und warum sie eine schlechte Saison haben. Ich mein, ich will doch kein Anwalt werden oder so was.

Mr. Tomas Fernandez war neunundzwanzig. Er arbeitete als Mechaniker bei der Stadt New York. Er hoffte, ein Abschlußdiplom würde ihm zu einer schnelleren Beförderung verhelfen. Er hatte Frau und drei Kinder, und manchmal schlief er während des Unterrichts ein. Wenn er schnarchte, schauten mich die anderen Studenten an, um zu sehen, was ich dagegen unternehmen würde. Ich berührte ihn an der Schulter und schlug ihm vor, draußen eine Pause zu machen. Er sagte, okay, ging hinaus und kam an dem Abend nicht mehr zurück. In der Woche darauf erschien er nicht, und als er dann wiederkam, sagte er, nein, er sei nicht krank gewesen. Er sei in New Jersey drüben gewesen, bei dem Footballspiel – die Giants, Sie wissen schon. Er müsse bei jedem Heimspiel der Giants dabei sein. Könne keins auslassen. Er sagte, es sei zu dumm, daß dieser Kurs montags stattfinde, am selben Abend, an dem die Giants zu Hause spielten.

Zu dumm, Mr. Fernandez?

Na ja. Weil, wissen Sie, ich kann ja nicht gleichzeitig an zwei Orten sein.

Aber, Mr. Fernandez, Sie sind hier an einem College. Der Kurs ist obligatorisch.

Schon, sagt Mr. Fernandez. Ich sehe ja, wo Ihr Problem liegt, Herr Professor.

Mein Problem? Mein Problem, Mr. Fernandez?

Na ja, also, Sie müssen ja irgendwas unternehmen mit mir und den Giants, stimmt's?

Das ist es nicht, Mr. Fernandez. Es ist nur so, wenn Sie dem Unterricht fernbleiben, kriegen Sie Ihren Schein nicht.

Er starrt mich an, als verstünde er nicht, warum ich so komisch mit ihm rede. Er erzählt uns, daß er sein Leben lang die Giants unterstützt hat und sie jetzt, wo sie auf dem absteigenden Ast sind, nicht im Stich lassen kann. Dann würde ihn keiner mehr respektieren. Sein siebenjähriger Sohn würde ihn verachten. Sogar seine Frau, der die Giants nie etwas bedeutet hätten, würde die Achtung vor ihm verlieren.

Warum, Mr. Fernandez?

Ganz einfach, Herr Professor. Die vielen Sonntage und Montage, wenn ich bei den Giants war, hat sie zu Hause auf mich gewartet, sich um die Kinder gekümmert und alles, hat's mir sogar verziehen, daß ich nicht auf der Beerdigung von ihrer Mutter gewesen bin, weil die Giants ausgerechnet da in den Playoffs waren, Mann. Also wenn ich jetzt die Giants aufgebe, würde sie sagen, wozu hab ich dann auf dich gewartet und gewartet? Sie würde sagen, es war alles umsonst. Und deshalb würde sie den Respekt verlieren, weil eins muß man meiner Frau lassen, sie bleibt sich selber treu, so wie ich den Giants treu bleibe, verstehen Sie.

Rowena aus Barbados sagt, sie findet, diese Diskussion ist Zeitverschwendung und der soll erst mal erwachsen werden. Warum hat er nicht einen Kurs an einem anderen Abend belegt?

Weil die anderen Kurse voll waren und ich gehört hab, daß Mr. McCourt ein netter Mensch ist und nichts dagegen hat, daß einer nach einem harten Arbeitstag mal zu einem Footballspiel geht. Kapiert?

Rowena aus Barbados sagt, sie versteht es nicht. Scheiß, oder geh runter vom Topf, Mann, pardon. Wir kommen auch nach einem harten Arbeitstag hierher, und wir schnarchen nicht im Unterricht und rennen auch nicht zu Footballspielen. Wir sollten abstimmen.

Allgemeines Kopfnicken. Dreiunddreißig finden, Mr. Fernandez sollte in den Kurs kommen, keine Giants. Mr. Fernandez stimmt für sich. Die Giants gehen vor.

Obwohl an dem Abend die Giants im Fernsehen kommen, hat er soviel Anstand, bis zum Schluß zu bleiben. Er schüttelt mir die Hand und versichert, daß er mir nichts nachträgt, daß ich wirklich ein netter Mensch bin, aber wir hätten eben alle unsere kleinen Schwächen.

Freddie Bell war ein eleganter junger Schwarzer. Er arbeitete in der Herrenabteilung des Kaufhauses Abraham and Strauss. Er half mir dort ein Jackett aussuchen, und das hob unsere Beziehung auf eine neue Ebene. Ja, ich bin in Ihrem Kurs, aber ich habe Ihnen geholfen, dieses Jackett auszusuchen. Er kultivierte einen blumigen Stil mit gestelzten, ausgefallenen Wörtern, die er aus diversen Wörterbüchern hatte, und als ich ihm »Vereinfachen, vereinfachen (Thoreau)« unter seine Arbeit schrieb, wollte er wissen, wer dieser Thoreau sei und warum man als erwachsener Mensch Babysprache schreiben solle.

Weil Ihr Leser vielleicht Klarheit erwartet, Freddie. Klarheit, Freddie, Klarheit.

Er war anderer Meinung. Sein High-School-Lehrer hatte ihm gesagt, die englische Sprache sei eine prachtvolle Orgel. Warum dieses gewaltige Instrument nicht nutzen? Alle Register ziehen, sozusagen.

Weil das, was Sie machen, Freddie, falsch, gezwungen und gekünstelt ist.

Das hätte ich nicht sagen dürfen, schon gar nicht vor den Augen und Ohren seiner dreißig Studienkollegen. Seine Miene erstarrte, und ich wußte, daß ich ihn verloren hatte. Das bedeutete ein feindseliges Element für den Rest des Semesters, eine betrübliche Aussicht für mich, denn noch fühlte ich mich alles andere als sicher in dieser Welt erwachsener Studenten.

Er schlug mit Sprache zurück. Sein Stil wurde noch komplizierter und verkrampfter. Er fiel von A auf B minus zurück. Er bat mich, ihm diese Benotung zu erklären. Er habe seine Aufsätze seinem alten Englischlehrer gezeigt, und der habe sich nicht erklären können, warum er, Freddie, nicht jedesmal ein A plus bekommen habe. Dieser Stil! Dieser Wortschatz! Die verschiedenen Bedeutungsschichten! Und der Satzbau: abwechslungsreich, virtuos, komplex!

Wir standen uns auf dem Gang gegenüber. Er ließ nicht locker. Er sagte, er mache sich extra die Mühe, neue Wörter nachzuschlagen, um mich nicht mit den immer gleichen alten Vokabeln anzuöden. Sein alter Englischlehrer sage immer, es gebe nichts Schlimmeres, als Hunderte von Schulaufsätzen lesen zu müssen und dabei nie auf einen originellen Gedanken oder frisches Vokabular zu stoßen. Der alte Englischlehrer sage, Mr. McCourt sollte Freddies Bemühungen würdigen und ihn entsprechend belohnen. Freddie verdiene Anerkennung allein schon dafür, daß er sich auf neues Gebiet vorwage, die Grenzen der Sprache erweitere. Außerdem, sagte Freddie, arbeite ich nachts, um über die Runden zu kommen und mein Studium zu finanzieren. Sie wissen, was das heißt, Mr. McCourt.

Ich sehe nicht, was das mit Ihrem Stil zu tun hat.

Außerdem hat man's als Schwarzer nicht leicht in dieser Gesellschaft.

Du lieber Himmel, Freddie. In dieser Gesellschaft hat es niemand leicht. Aber gut, von mir aus. Sie wollen ein A? Sie bekommen es. Ich will mir keine Prinzipienreiterei nachsagen lassen.

Nein, ich will es nicht, weil Sie sauer sind oder weil ich schwarz bin. Ich will es, weil ich es verdiene.

Ich wandte mich zum Gehen. Er rief mir nach, he, Mr. McCourt, danke. Ihr Kurs gefällt mir. Er ist zwar seltsam, aber ich hab mir gedacht, ich könnte vielleicht sogar ein Lehrer wie Sie werden.

Der Lehrplan schreibt eine Facharbeit vor. Der Student muß seine Fähigkeit beweisen, ein Thema auszuwählen, einfache Recherchen durchzuführen, auf Karteikarten für den Dozenten Notizen zu machen sowie wissenschaftlich korrekte Fußnoten und eine Bibliographie der primären und sekundären Quellen anzufertigen.

Ich gehe mit meinen Studenten in die Bibliothek, damit die umgängliche, engagierte Bibliothekarin ihnen zeigt, wie man gezielt nach Informationen sucht und grundlegende Instrumente der Recherche einsetzt. Sie hören ihr zu, schauen einander an und flüstern auf spanisch und französisch, aber als sie sich erkundigt, ob sie irgendwelche Fragen hätten, blicken sie ins Leere und bringen damit die Bibliothekarin in Verlegenheit, die es doch nur gut meint.

Ich versuche zu erklären, was eine Facharbeit ist.

Als erstes suchen Sie sich ein Thema.

Wie, ein Thema?

Zum Beispiel etwas, was Sie besonders interessiert, vielleicht ein Problem, das Sie und auch viele andere beschäftigt. Sie könnten über Kapitalismus, Religion, Abtreibung, Kinder, Politik oder Erziehung schreiben. Manche von Ihnen stammen aus Haiti oder Kuba. Zwei sehr lohnende Themenbereiche. Sie könnten über Voodoo oder die Schweinebucht schreiben. Sie könnten sich mit einem bestimmten Aspekt des Lebens in Ihrem Land beschäftigen, beispielsweise den Menschenrechten, ein bißchen recherchieren, sich Pros und Kontras überlegen, die Sache durchdenken, zu einer Schlußfolgerung kommen.

Entschuldigung, Herr Professor, was sind Pros und Kontras?

Pro ist dafür, kontra dagegen.

Aha.

Das Aha bedeutet, daß sie keinen Schimmer haben, wovon ich rede. Ich muß weiter ausholen, einen anderen Blickwinkel wählen. Ich frage sie, wie sie zum Thema Exekution stehen. Ihre Gesichter sagen mir, daß sie nicht wissen, wie sie stehen, weil sie nicht wissen, wovon ich rede.

Unter Exekution versteht man die Hinrichtung von Menschen durch Erhängen, elektrischen Strom, Vergasung, Erschießen oder Garrottieren.

Was ist denn das?

Erdrosseln mit einem Halseisen, wie es vor allem in Spanien üblich ist.

Sie bitten mich, das Wort an die Tafel zu schreiben. Sie kritzeln in ihre Hefte, und ich merke mir, daß ich, wann immer eine Unterrichtsstunde ins Stocken gerät, auf die verschiedenen Hinrichtungsmethoden zurückgreifen kann.

Vivian aus Haiti meldet sich. Das ist Unrecht, diese Hinrichtung, aber ich finde es in Ordnung für diese andere Sache, das mit den Babys, äh, ja, die Abtreibung. Die sollte man erschießen.

Na gut, Vivian. Warum schreiben Sie das nicht in Ihre Facharbeit?

Ich? Aufschreiben, was ich sage? Wen interessiert denn, was ich sage? Ich bin niemand, Herr Professor. Niemand.

Lauter leere Mienen. Sie verstehen nicht. Wie denn auch? Wie war das mit der anderen Seite einer Geschichte? Niemand hat ihnen je gesagt, daß sie ein Recht auf eine eigene Meinung haben.

Sie haben keine Scheu, vor der Klasse zu sprechen, aber Worte zu Papier zu bringen ist ein gefährlicher Schritt, vor allem wenn man mit Spanisch oder Französisch aufgewachsen ist. Außerdem haben sie keine Zeit für so was. Sie haben Kinder, die sie großziehen müssen, und ihre Arbeit, und sie müssen ihren Familien in Haiti und Kuba Geld schicken. Ein Professor kann leicht solche Aufgaben stellen, aber, Mann, da draußen gibt's noch eine andere Welt, und der Herrgott hat dem Tag nur vierundzwanzig Stunden gegeben.

Es sind noch zehn Minuten bis zur vollen Stunde, und ich sage den Studenten, sie könnten sich ganz nach Belieben in der Bibliothek umsehen. Keiner rührt sich. Sie flüstern nicht einmal mehr. Sie bleiben einfach sitzen in ihren Wintermänteln. Sie drücken ihre Taschen an sich und warten auf die Sekunde, mit der die Stunde endet.

Auf dem Flur schildere ich meinem Freund, dem altgedienten Professor Herbert Miller, meine Probleme mit dieser Klasse. Na ja, sagt er, die arbeiten Tag und Nacht. Sie kommen in Ihre Stunde. Sie sitzen da und hören zu. Sie tun ihr Bestes. Die Leute von der Zulassungsstelle nehmen sie auf und erwarten dann vom Dozenten, daß er Wunder wirkt oder die Axt schwingt. Ich denke nicht daran, den Vollzugsbeamten der Verwaltung abzugeben. Recherchen? Quellenangaben? Wie sollen diese Leute Facharbeiten schreiben, wenn sie sich schon mit dem Zeitunglesen so verdammt schwertun?

Die Studenten würden Miller zustimmen. Sie würden nicken und ja, ja sagen. Sie denken, sie sind niemand.

Das hätte ich von Anfang an wissen müssen: Die Leute in meinen Kursen, Erwachsene von achtzehn bis zweiundsechzig, denken, daß ihre Meinung nicht zählt. Ihre einzigen Ideen stammen aus dem Trommelfeuer der Medien unserer Welt. Niemand hat ihnen jemals gesagt, daß sie das Recht haben, selbständig zu denken.

Ich sagte ihnen, Sie haben das Recht, selbständig zu denken.

Stille im Seminar. Ich sagte, Sie müssen nicht alles glauben, was ich Ihnen sage. Oder was irgend jemand Ihnen sagt. Sie können Fragen stellen. Wenn ich die Antwort nicht weiß, können wir in der Bibliothek nachschlagen oder hier darüber diskutieren.

Sie sehen einander an. Ja. Der Mann redet kariertes Zeug. Sagt uns, wir müssen ihm nicht glauben. He, wir sind hier, um Englisch zu lernen, damit wir unsere Prüfung bestehen. Wir müssen den Abschluß schaffen.

Ich wollte der Große Befreiungslehrer sein, wollte sie nach den eintönigen Tagen des Buckelns in Büros und Fabriken aufrichten, wollte ihnen helfen, die Fesseln abzustreifen, sie auf den Berggipfel führen, wo die Luft der Freiheit weht. Wenn sie erst einmal den Müll aus dem Kopf hatten, würden sie mich als Erlöser sehen.

Für die Menschen in diesem Kurs war das Leben schon schwer genug, auch ohne einen Englischlehrer, der ihnen selbständiges Denken predigte und sie mit Fragen behelligte.

Mann, wir wollen das hier einfach nur hinter uns bringen.

Die Facharbeiten erwiesen sich als eine einzige Plagiatorgie,

Artikel über Papa Doc Duvalier und Fidel Castro, aus Enzyklopädien abgeschrieben. Vivians Arbeit über Touissant-L'Ouverture zog sich in einer Mischung aus Englisch und haitianischem Französisch über siebzehn Seiten, und ich gab ihr ein B plus für die Kopier- und Tipparbeit. Um mich zu rehabilitieren, schrieb ich eine Bemerkung auf die Titelseite: Toussaint habe selbständig gedacht und dafür leiden müssen, und ich könne nur hoffen, Vivian werde seinem Beispiel folgen, wenn auch ohne das Leid.

Als ich die Arbeiten zurückgab, versuchte ich, die Verfasser durch positive Kommentare zu ermuntern, sich noch eingehender mit ihrem Thema zu befassen.

Ich redete gegen die Wand. Es war die letzte Stunde des Jahres, und sie schauten ständig auf die Uhr. Niedergeschlagen ging ich zur U-Bahn und machte mir Vorwürfe, weil es mir nicht gelungen war, irgendwie an sie heranzukommen. Vier Frauen aus dem Kurs standen auf dem Bahnsteig. Sie lächelten und wollten wissen, ob ich in Manhattan wohnte.

Nein. Nein, in Brooklyn, zwei Stationen.

Dann fiel mir nichts mehr ein. Kein Geplauder, keine Scherze vom Herrn Professor.

Vivian sagte, danke für die Note, Mr. McCourt. Das ist mein bester Abschluß in Englisch bisher, und Sie sind ein ziemlich guter Lehrer, wissen Sie.

Die anderen nickten und lächelten, und es war klar, daß sie nur nett sein wollten. Als der Zug einfuhr, sagten sie, bis bald, und eilten den Bahnsteig entlang.

Meine Karriere als College-Dozent endete nach einem Jahr. Der Fachbereichsleiter sagte, obwohl es heftiges Gerangel um meine Stelle gebe und sogar promovierte Bewerber, werde er die Vorschriften großzügig auslegen, aber wenn ich bleiben wolle, müsse ich Beweise dafür vorlegen, daß ich eine Promotion anstrebe. Ich sagte ihm, ich strebte gar nichts an.

Dann tut's mir leid, sagte der Fachbereichsleiter.

Schon gut, sagte ich, und ging wieder auf die Suche nach einer Anstellung als High-School-Lehrer.

Alberta meinte, ich würde es nie zu etwas bringen, und ich beglückwünschte sie zu ihrem Scharfsinn. Sie sagte, den Sarkasmus kannst du dir sparen. Wir sind jetzt sechs Jahre verheiratet, und du wanderst bloß ziellos von einer Schule zur anderen. Wenn du dir nicht bald was Festes suchst, bist du eines Tages vierzig und fragst dich, wo dein Leben geblieben ist. Sie verwies auf alle möglichen Leute in unserer Umgebung, die glücklich verheiratet, leistungsfähig, seßhaft und zufrieden waren, Kinder hatten, reife Beziehungen aufbauten, in die Zukunft blickten, schöne Urlaubsreisen machten, in Clubs eintraten, Golf spielten, miteinander alt wurden, Verwandte besuchten, von Enkelkindern träumten, ihre Kirche unterstützten, an die Pensionierung dachten.

Sie hatte recht, aber das konnte ich nicht zugeben. Ich hielt ihr eine Predigt über das Leben und Amerika. Ich sagte ihr, das Leben sei ein Abenteuer und vielleicht lebte ich ja im falschen Jahrhundert. Ich hätte in der Zeit des Planwagens leben müssen, als Treckführer in einem Western – John Wayne, Randolph Scott, Joel McCrea –, der mit der Peitsche knallt und Vorwärts, weiter ruft, während das Studioorchester in Wallung gerät, fünfzig Violinen vor unbändigem Prärie-Patriotismus anschwellen, reine Treck-Musik, Violinen und Banjos, die das Gejaule der Mundharmonika begrüßen, und die Männer auf den Kutschböcken der Planwagen machen Hopp, hopp, hopp oder gehen zu Fuß und führen Pferde und Ochsen, ihre Frauen sitzen oben und halten die Zügel, manche von ihnen sichtlich schwanger, und du weißt, weil du schon mal hier warst, daß sie ihre Babys mitten in einem Angriff blutrünstiger Apachen, Sioux oder Cheyenne zur Welt bringen werden. Sie bauen eine Wagenburg und wehren diese heulenden Krieger ab, die nette weiße werdende Mütter bedrohen, doch trotz allem sind die Indianer prächtig anzusehen mit ihren Federn, auf ihren Pferden, und du weißt, daß die Indianer vertrieben werden, weil alle Weißen, Männer, Frauen und Kinder, sogar die werdenden Mütter, mit Flinte und Revolver drauflosballern, was das Zeug hält, Nudelhölzer und Bratpfannen schwingen und die lästigen Rothäute besiegen, so daß der Treck weiterziehen kann und die Weißen diesen wilden Kontinent erobern und die Ausbreitung Amerikas weder von Heuschrecken und Dürre noch von den Rocky Mountains oder johlenden Apachen aufgehalten wird.

Ich sagte, das sei der Teil der amerikanischen Geschichte, der es mir angetan habe. Sie sagte, Planwagen, meine Fresse, geh lieber, und such dir eine Arbeit, und ich konterte mit einem Dylan-Thomas-Zitat, Arbeit ist Tod ohne Würde. Sie sagte, behalt deine Würde, aber zähl nicht auf mich. Es war nicht zu übersehen, daß diese Ehe keine nennenswerte Zukunft hatte.

Dem Fachbereichsleiter an der Berufsschule für die Textil- und Modeindustrie war ich sichtlich unsympathisch, aber es herrschte Lehrermangel, niemand wollte an Berufsschulen unterrichten, und ich war verfügbar, samt meiner McKee-Erfahrung. Er saß hinter seinem Schreibtisch, ignorierte meine ausgestreckte Hand, stellte sich als Leiter einer dynamischen Abteilung vor und rollte die Schultern wie ein Boxer, um mir seine Energie und Entschlußkraft darzutun. Er sagte, die Schüler an der Modeschule seien zwar keine Intelligenzbestien, aber anständige junge Leute, die nützliche Handwerksberufe wie Zuschneiden und Nähen, Schuhmacherei, Polsterei lernen, und da sei doch verdammt noch mal nichts gegen einzuwenden, oder? Sie würden nützliche Mitglieder der Gesellschaft werden, und ich solle nie den Fehler machen, auf die Schüler von Berufsschulen herabzusehen.

Ich sagte ihm, ich hätte gerade acht Jahre an einer Berufsschule hinter mir und dächte nicht im Traum daran, auf irgendwen herabzusehen.

Ach ja? Welche Schule?

McKee, Staten Island.

Er schniefte. Na ja, den besten Ruf hat die ja nicht.

Ich brauchte die Stelle und wollte ihn nicht verärgern. Ich sagte, alles, was ich vom Unterrichten wisse, hätte ich an der McKee gelernt. Er meinte, wir werden sehen. Ich hätte ihm am liebsten gesagt, er solle sich seine Stelle sonstwohin stecken, aber das wäre das Ende meiner Lehrerlaufbahn gewesen.

Es war klar, daß meine Zukunft nicht an dieser Schule lag. Ich fragte mich, ob ich überhaupt irgendwo im Schulwesen eine Zukunft hatte. Er sagte, vier Lehrer in seiner Abteilung machten gerade Kurse in Schulleitung und Verwaltung, und ich solle mich nicht wundern, wenn sie eines Tages hohe Stellungen in Schulen irgendwo in der Stadt einnähmen.

Wir sitzen hier nicht auf unseren Ärschen, sagte er. Wir gehen vorwärts und aufwärts. Und was sind Ihre langfristigen Pläne?

Ich weiß nicht. Ich glaube, ich bin bloß hierhergekommen, weil ich Lehrer sein möchte, sagte ich.

Er schüttelte den Kopf, konnte sich über einen solchen Mangel an Ehrgeiz nur wundern. Ich sei nicht dynamisch genug. Die vier Lehrer, die jetzt die Kurse machten, hätten es ihm zu verdanken, daß sie vorwärts und aufwärts und woandershin gehen. Sagte er. Warum sollten sie ihr ganzes Leben in Klassenzimmern mit Kindern zubringen, wenn ihnen die Korridore der Macht offenstünden?

Ich hatte eine Anwandlung von Courage und fragte ihn, wenn jeder vorwärts und aufwärts und woandershin geht, wer unterrichtet dann die Kinder?

Er ging nicht auf die Frage ein, sondern lächelte nur schmallippig.

Ich hielt ein Halbjahr durch, von September bis Januar, dann drängte er mich hinaus. Vielleicht lag es an der Geschichte mit dem Schnürsenkel und der zusammengerollten Zeitschrift, vielleicht aber auch an meinem Mangel an Dynamik und Ehrgeiz. Trotzdem lobte er mich auf einer Lehrerkonferenz für die

Unterrichtsstunde, in der ich zur Erklärung der Satzteile einen Kugelschreiber als visuelles Hilfsmittel verwendet hatte.

Das ist das Plastikröhrchen mit der Farbe. Was passiert, wenn man dieses Röhrchen aus dem Kuli nimmt?

Meine Schüler schauen mich an, als könnten sie es nicht fassen, daß ich eine derartige Idiotenfrage stelle. Mann, dann kann man nicht mehr schreiben.

Okay. Was halte ich hier in der Hand?

Wieder dieser nachsichtige Blick. Das ist eine Feder, Mann.

Und was passiert, wenn man die Feder rausnimmt?

Wenn man dann versucht, die Mine rauszuschieben, schreibt der Kuli nicht, weil keine Feder mehr da ist, die macht, daß die Spitze vorn rausschaut, wo man mit schreibt, und dann kriegt man mächtig Ärger, weil man seine Hausaufgabe nicht machen kann und der Lehrer einen für verrückt hält, wenn man in die Schule kommt und etwas von fehlenden Federn oder Minen erzählt.

Seht her, was ich jetzt an die Tafel schreibe. »Die Feder macht den Kuli.« Was ist das Subjekt dieses Satzes? Mit anderen Worten, wovon ist in diesem Satz die Rede?

Von dem Kuli.

Nein, nein, nein. Da ist ein Tätigkeitswort drin. Ein sogenanntes Verb. Welches Wort meine ich?

Ah, ja. Die Feder.

Nein, nein, nein. Die Feder ist ein Ding.

Stimmt. Die Feder ist ein Ding, klar.

Also, was macht die Feder?

Die Feder macht, daß der Kuli funktioniert.

Gut. Die Feder führt die Tätigkeit aus. Wir reden von der Feder, stimmt's?

Sie sind nicht überzeugt.

Angenommen, wir würden sagen, der Kuli macht, daß die Feder funktioniert. Wäre das richtig?

Nein. Die Feder macht, daß der Kuli funktioniert. Das kapiert doch jeder.

Welches Wort ist also das Tätigkeitswort?

Macht.

Richtig. Und zu welchem Hauptwort gehört das Tätigkeitswort?

Zur Feder.

Ihr seht also, daß ein Kuli wie ein Satz ist. Er braucht etwas, damit er funktioniert. Er braucht eine Tätigkeit, ein Verb. Habt ihr das verstanden?

Sie bejahten. Der Fachbereichsleiter, der sich im Hintergrund Notizen machte, wirkte verwirrt. Bei der Nachbesprechung sagte er, der Zusammenhang zwischen dem Aufbau eines Kugelschreibers und dem Aufbau eines Satzes, den ich hergestellt hätte, leuchte ihm ein. Er sei sich zwar nicht sicher, ob das bei den Kindern angekommen sei, aber jedenfalls sei es phantasievoll und originell. Er sei sicher, ha, ha, wenn einige seiner dienstältesten Lehrer das versuchten, könnten sie noch einiges verbessern, aber es sei tatsächlich eine ziemlich schlaue Idee.

Als ich eines Morgens am Schnürsenkel zog, riß er ab, und ich sagte Scheiße.

Alberta murmelte ins Kopfkissen, was 'n los?

Mein Schnürsenkel ist gerissen.

Dir reißen ständig Schnürsenkel.

Nein, mir reißen nicht ständig Schnürsenkel. Seit Jahren ist mir keiner mehr gerissen.

Wenn du nicht so gewaltsam dran zerren würdest, würden sie nicht reißen.

Was redest du denn da? Dieser Schnürsenkel war zwei Jahre alt, er hat Wind und Wetter getrotzt, also kann er doch mal reißen. Ich hab dran gezogen, so wie du an einer Schublade ziehst, wenn sie sich verklemmt hat.

Ich ziehe nie gewaltsam an Schubladen.

Tust du wohl. Du steigerst dich in deine puritanische Yankee-Wut rein, als wär die Schublade dein persönlicher Feind.

Jedenfalls mach ich sie nicht kaputt.

Nein, du reißt bloß so brutal daran, daß sie sich endgültig verklemmt und du einem Tischlermeister ein Vermögen dafür bezahlen mußt, daß er sie wieder richtet.

Wenn wir nicht so billige Möbel hätten, bräuchte ich nicht gegen Schubladen zu kämpfen. Mein Gott, ich hätte auf meine Freunde hören sollen, die haben mich alle davor gewarnt, einen Iren zu heiraten.

Ich konnte einen häuslichen Streit niemals gewinnen. Sie blieb nie beim Thema, in diesem Fall Schnürsenkel und Schubladen. Nein, sie mußte wieder meine irische Herkunft hervorzerren, das schlagende Argument, nach dem man den Delinquenten zum Tod durch den Strang verurteilte.

Wutentbrannt ging ich in die Schule, hatte keine Lust auf die Schüler und ihre Faxen. Komm schon, Stan, setz dich endlich hin, Joanna, steck bitte deine Schminksachen weg. Hört ihr mir zu? Schlagt eure Zeitschrift *Englisch in der Praxis* auf, geht auf Seite neun, zu dem Vokabelquiz, und füllt die leeren Felder aus. Dann besprechen wir eure Antworten.

Sie sagten, ja, ja, ja. Tun wir ihm den Gefallen. Sie wendeten die Zeitschriftenseiten, als seien sie tonnenschwer. Sie ließen sich Zeit. Es war ein schweres Stück Arbeit, Seite neun aufzuschlagen, und bevor sie das bewerkstelligten, mußten sie noch mit ihren Freunden vor, hinter und neben sich alles mögliche besprechen. Vielleicht redeten sie darüber, was sie am Abend zuvor im Fernsehen gesehen hatten, Mann, war das unheimlich, und übrigens, weißt du schon, die Miriam, ja, die in unserer Zeichenklasse, die ist schwanger, hast du das gewußt? Nee, hab ich nicht. Wow! Und wer ist der Vater? Das glaubst du nicht. Schwör, daß du's nicht weitersagst. Der neue Sozialkundelehrer. Echt? Ich hab gedacht, der ist vom anderen Ufer. Nö, der tut nur so.

Schlagt ihr jetzt bitte Seite neun auf?

Fünfzehn Minuten sind schon vergangen, und sie wenden immer noch bleischwere Seiten um. Hector, schlag die Zeitschrift auf Seite neun auf.

Er hatte glattes schwarzes Haar und einen auffallend weißen Teint. Er starrte ins Leere, als hätte er mich nicht gehört.

Hector. Schlag die Zeitschrift auf.

Er schüttelte den Kopf.

Ich ging zu ihm hin, in der Hand ein zusammengerolltes Exemplar von *Englisch in der Praxis*. Hector, die Zeitschrift. Schlag sie auf.

Er schüttelte erneut den Kopf. Ich schlug ihm mit der Zeitschrift ins Gesicht. Ein roter Striemen erschien auf der weißen Wange. Er sprang auf. Ich hasse Sie, sagte er mit tränenerstickter Stimme. Er ging zur Tür, und ich rief ihm nach, setz dich wieder hin, Hector, aber er war schon draußen. Am liebsten wäre ich ihm nachgelaufen und hätte mich bei ihm entschuldigt, aber ich ließ ihn gehen. Wenn er sich ein bißchen abgekühlt und ich einen klaren Kopf hatte, würde ich vielleicht mit ihm reden können.

Ich ließ die Zeitschrift auf mein Pult fallen und saß für den Rest der Stunde nur da und starrte wie Hector in die Luft. Die Schüler taten nicht einmal so, als würden sie Seite neun aufschlagen. Sie sahen mich oder einander an oder schauten aus dem Fenster, und sie waren still.

Sollte ich mit ihnen reden, ihnen sagen, wie leid es mir tat? Nein, nein. Lehrer stellen sich nicht hin und bekennen ihre Fehler. Lehrer geben nie zu, daß sie etwas nicht wissen. Wir warteten auf das Läuten, und als sie hinausdefilierten, sagte Sofia, Hectors Banknachbarin, das hätten Sie nicht tun dürfen. Sie sind ein netter Mensch, aber das hätten Sie nicht tun sollen, und Hector ist auch nett. Hector. Der hat's nicht leicht, und jetzt haben Sie alles noch schlimmer gemacht.

Jetzt würden die Schüler mich verachten, besonders die Kubaner, Hectors Gruppe. Es waren dreizehn Kubaner, die größte ethnische Gruppe der Klasse. Sie fühlten sich jeder anderen spanischsprechenden Gruppe überlegen, und freitags trugen sie weiße Hemden, blaue Schlipse und schwarze Hosen, um ja nicht mit irgendeiner anderen Gruppe verwechselt zu werden, vor allem nicht mit den Puertoricanern.

Es war Mitte September, und wenn ich keine Möglichkeit fand, die Kubaner zurückzugewinnen, würden sie mir das Leben schwer machen bis zum Ende des Halbjahrs im Januar.

In der Mittagspause kam ein Beratungslehrer mit seinem Tablett an meinen Tisch. Hi. Was war denn zwischen Ihnen und Hector?

Ich sagte es ihm.

Er nickte. Zu dumm. Ich hab ihn wegen dieser ethnischen Sache Ihrer Klasse zugeteilt.

Was für eine ethnische Sache? Er ist Kubaner, ich bin Ire.

Er ist nur zur Hälfte Kubaner. Der Name seiner Mutter ist Considine, aber er schämt sich deswegen.

Warum haben Sie ihn dann meiner Klasse zugeteilt?

Ich weiß, es klingt kitschig, aber seine Mutter war eine Edelnutte in Havanna. Er hat ein paar Fragen über die Iren, und ich dachte, die würden am ehesten in Ihrer Klasse zur Sprache kommen. Außerdem hat er Probleme mit seinem Geschlecht.

Für mich sieht er aus wie ein Junge.

Ja, schon, aber ... Sie wissen schon. Die Sache mit der Homosexualität. Jetzt denkt er, Sie hassen Homosexuelle, und er sagt, also schön, dann hasse ich ab sofort alle Iren, und alle seine kubanischen Freunde werden ebenfalls alle Iren hassen. Nein, das stimmt nicht. Er hat keine kubanischen Freunde. Sie nennen ihn *maricon* und halten sich von ihm fern. Seine Familie schämt sich für ihn.

Mist. Aber er hat mir nicht gehorcht. Wollte die Zeitschrift nicht aufschlagen. Ich hab keine Lust, mich in einen Sex- und Ethno-Krieg hineinziehen zu lassen.

Melvin bat mich zu einem Gespräch mit ihm und Hector in seinem Büro.

Hector, Mr. McCourt möchte die Unstimmigkeiten zwischen euch bereinigen.

Ist doch mir egal, was Mr. McCourt will. Ich will mit keinem Iren in der Klasse hocken. Die saufen. Und prügeln ohne Grund auf Leute ein.

Hector, du hast deine Zeitschrift nicht aufgeschlagen, obwohl ich dich mehrmals aufgefordert habe.

Er starrt mich mit kalten schwarzen Augen an. Aha, man schlägt seine Zeitschrift nicht auf, und der Lehrer haut einem eins in die Fresse? Wissen Sie was? Sie sind gar kein Lehrer. Meine Mutter war Lehrerin.

Deine Mutter war … Beinahe wäre es mir herausgerutscht, aber er war schon weg, das zweite Mal, daß er einfach abhaute. Melvin zuckte kopfschüttelnd die Achseln, und mir war klar, daß meine Tage an der Modeschule gezählt waren. Melvin meinte, Hector könne mich wegen Körperverletzung verklagen, und dann »brennt Ihnen der Kittel«. Es sollte witzig klingen. Wenn man sich an Schülern vergreifen will, sollte man sich eine Stelle an einer katholischen Schule besorgen. Diese überheblichen Priester und Mönche und sogar die Nonnen verprügeln die Kinder nach wie vor. Vielleicht wären Sie da besser aufgehoben.

Natürlich hörte der Fachbereichsleiter von meinem Problem mit Hector. Er sagte nichts bis kurz vor Beginn der Ferien, dann legte er mir einen Brief ins Fach, in dem er mir mitteilte, daß im nächsten Halbjahr keine Stelle mehr für mich frei sei. Er wünsche mir alles Gute und werde mir gern eine günstige Beurteilung ins Zeugnis schreiben. Als ich ihm auf dem Flur begegnete, sagte er, mit der günstigen Beurteilung müsse er wohl ein bißchen von der Wahrheit abweichen, ha ha. Wenn ich mir Mühe gäbe, könnte ich es aber seiner Meinung nach trotzdem als Lehrer noch zu etwas bringen, denn bei seinen Unterrichtsbesuchen sei ihm aufgefallen, daß ich manchmal doch auf eine pädagogische Goldmine gestoßen sei. Er lächelte, und man sah ihm an, wie stolz er auf seinen Einfall war. Er sagte etwas über die Stunde, in der ich die Teile eines Satzes damit veranschaulicht hätte, daß ich einen Kugelschreiber zerlegte. Toll, eine pädagogische Goldmine.

10

Alberta sagte, ihre High School, Seward Park auf der Lower East Side, suche einen Lehrer. Da das Hauptgebäude überbelegt war, mußte ich in einer Dependance unterrichten, einer aufgelassenen Grundschule am East River. Meine Teenager fanden es unbequem und unzumutbar, sich in Kindermöbel zu zwängen.

Die Schule war ein Schmelztiegel: Juden, Chinesen, Puertoricaner, Griechen, Dominikaner, Russen, Italiener, und ich hatte keine Erfahrung im Unterrichten von Englisch als Fremdsprache.

Teenager wollen lässig sein. Egal, was die Eltern sagen oder Erwachsene im allgemeinen. Sie wollen sich auf der Straße behaupten und die richtige Sprache draufhaben. Sie wollen kunstgerecht fluchen. Wenn du fluchen und lästern kannst, bist du ein Mann, Mann.

Und wenn du irgendwo rumhängst und so eine sexy weiße Mieze daherkommt, kannst du so lässig aussehen, wie du willst, Mann, wenn du kein Wort rausbringst oder so einen blöden ausländischen Akzent hast, schaut sie dich nicht mal an, und dann bist du wieder zu Hause, Mann, spielst an dir selber rum und bist stinksauer, weil dieses Englisch so was von einer Scheißsprache ist und total unlogisch und du's nie lernen wirst. Du bist in Amerika, und du mußt dich ranhalten, Mann.

Also, Herr Lehrer, vergessen Sie Ihre hochtrabende englische Literatur, und beschränken Sie sich aufs Notwendigste. Aufs kleine Alphabet, a-b-c, Mann. Reden Sie, reden Sie, aber sprechen Sie langsam.

Die Glocke läutet, und ich komme mir vor wie im Turm von Babel.

Entschuldigung.

Sie ignorieren mich, oder sie verstehen die sanfte Aufforderung nicht.

Noch einmal. Entschuldigung.

Ein großer rothaariger dominikanischer Junge sucht meinen Blick. Mister, soll ich Ihnen helfen?

Er steigt auf seinen Tisch, und alles johlt und klatscht, denn auf Tische zu klettern ist streng verboten, und der Rote Oscar traut sich, vor den Augen eines Lehrers der Obrigkeit zu trotzen.

He, sagt Oscar. *Mira.*

Ein Chor von Miras erhebt sich, *mira, mira, mira, mira, mira*, bis Oscar die Hände hebt und He brüllt. Maul halten. Hört auf den Lehrer.

Danke, Oscar, aber würdest du da bitte wieder runterkommen?

Eine Hand geht hoch. Also, Mister. Wie heißen Sie eigentlich?

Ich schreibe Mr. McCourt an die Tafel und spreche es aus.

He, Mister, sind Sie Jude?

Nein.

Alle Lehrer an der Schule hier sind Juden. Wieso sind Sie keiner?

Ich weiß nicht.

Sie wirken überrascht, fassungslos, und der gewisse Blick wandert durch den Raum. Der Blick besagt, hast du das gehört, Miguel? Der da oben, der Lehrer, er weiß es nicht.

Ein heikler Moment. Der Lehrer bekennt, daß er was nicht weiß, und der Klasse verschlägt es die Sprache. Die Maske ist ab, Lehrer, was für eine Erleichterung. Du bist nicht mehr Mister Allwissend.

Ein paar Jahre zuvor hätte ich einer von ihnen sein können, ein Angehöriger der bedrückten Massen. Unter diesen Einwandererkindern fühle ich mich wohl. Ich kann Englisch, aber ihre

Verwirrung ist mir nicht fremd. Die alleruntersten Stufe der gesellschaftlichen Hierarchie. Ich könnte die Lehrermaske ablegen, zwischen den Tischen durchgehen, mich zu ihnen setzen und sie nach ihren Familien fragen, wie es war in der alten Heimat, ihnen von mir erzählen, von meinen verschlungenen Wegen, wie ich mich jahrelang hinter der Maske versteckt habe, mich genaugenommen immer noch hinter ihr verstecke; wie schön wäre es, wenn ich diese Tür abschließen und die Welt aussperren könnte, bis sie gut genug Englisch sprechen und lässig genug sind, um die sexy weiße Mieze anzusprechen und ihr zu sagen, daß sie nichts gegen ein bißchen Action einzuwenden hätten.

Wär das nicht schön?

Ich sehe mir diese jungen Leute von sämtlichen Kontinenten an, Gesichter jeder Farbe und Form, Gottes Reichtum auf Erden: Asiaten mit Haaren, die schwärzer und glänzender sind als alles, was man je in Europa gesehen hat, die großen braunen Augen hispanischer Jungen und Mädchen, schüchtern die einen, rüpelhaft die anderen, aufgeblasene Jungs, scheue Mädchen.

Nancy Chu erkundigt sich, ob sie mich nach der letzten Stunde sprechen kann. Sie bleibt an ihrem Tisch sitzen und wartet, bis sich der Raum geleert hat. Sie erinnert mich, daß sie schon das zweite Jahr in eine meiner Klassen geht.

Ich bin vor drei Jahren aus China gekommen.

Dein Englisch ist sehr gut, Nancy.

Danke. Ich habe Englisch von Fred Astaire gelernt.

Fred Astaire?

Ich kenne alle Songs aus seinen Filmen. Mein Lieblingsfilm ist *Ich tanz mich in dein Herz hinein*. Ich singe die ganze Zeit seine Songs. Meine Eltern erklären mich für verrückt. Meine Freundinnen auch. Die kennen bloß Rockmusik, und damit kann man kein Englisch lernen. Ich hab ständig Ärger mit meinen Eltern wegen Fred Astaire.

Na ja, das ist ja auch ungewöhnlich, Nancy.

Außerdem beobachte ich genau, wie Sie unterrichten.

Aha.

Und ich frage mich, warum Sie so verkrampft sind. Sie können doch Englisch, also könnten Sie doch ganz entspannt sein. Die anderen sagen alle, wenn sie Englisch könnten, wären sie absolut locker. Manchmal sind Sie nicht verkrampft, und das mögen die. Sie mögen es, wenn Sie Geschichten erzählen und singen. Wenn ich verkrampft bin, singe ich »Dancing in the Dark«. Das sollten Sie auswendig lernen, Mr. McCourt, und es vor der Klasse singen. So übel ist Ihre Stimme gar nicht.

Nancy, ich soll hier Englisch unterrichten. Nicht den Alleinunterhalter spielen.

Können Sie mir sagen, wie aus mir eine unverkrampfte Englischlehrerin werden kann?

Aber was würden deine Eltern dazu sagen?

Die halten mich sowieso für verrückt, und sie sagen, sie bereuen es, daß sie mich aus China weggebracht haben, wo es keinen Fred Astaire gibt. Sie sagen, ich bin überhaupt keine Chinesin mehr. Sie sagen, was hat es für einen Sinn, den ganzen weiten Weg aus China herzukommen, nur um Lehrerin zu werden und sich Fred Astaire anzuhören? Lehrerin hätte ich auch zu Hause werden können. Man kommt hierher, um Geld zu verdienen, sagen meine Eltern. Mr. McCourt, werden Sie mir sagen, wie ich Englischlehrerin werden kann?

Ja, Nancy.

Danke, Mr. McCourt. Stört es Sie, wenn ich im Unterricht Fragen stelle?

Im Unterricht sagt sie, Sie können froh sein, Sie konnten schon Englisch, als Sie nach Amerika gekommen sind. Wie haben Sie sich gefühlt, als Sie nach Amerika kamen?

Konfus. Wißt ihr, was konfus bedeutet?

Das Wort macht die Runde. Sie erklären es sich gegenseitig in ihren Muttersprachen, und ich sehe nickende Köpfe, ja, ja. Es wundert sie, daß der Mann da oben, der Lehrer, auch mal konfus war wie sie, obwohl er doch Englisch konnte und so. Jetzt haben wir etwas gemeinsam: Konfusion.

Ich sage, als ich nach New York kam, hätte ich auch Schwierigkeiten mit der Sprache und mit den Namen von Dingen gehabt. Ich mußte Lebensmittelwörter lernen: *sauerkraut, cole slaw, hot dog, bagel mit a schmeer.*

Dann erzähle ich ihnen von meinen ersten Unterrichtsstunden, die nichts mit Schule zu tun hatten. Jahre bevor ich Lehrer wurde, habe ich in einem Hotel gearbeitet. Big George, ein puertoricanischer Koch, sagte mir, fünf Küchengehilfen wollten Englisch lernen und würden mir jeder fünfzig Cent zahlen, wenn ich ihnen Wörter beibrächte, einmal die Woche, in der Mittagspause.

Zwei Dollar fünfzig die Stunde. Am Monatsende würde ich zwölf Dollar fünfzig haben, soviel hatte ich noch nie in so kurzer Zeit verdient. Sie wollten die Namen der Gegenstände in der Küche wissen, denn wenn man die englischen Namen der Dinge nicht kennt, wie soll man es da zu etwas bringen im Leben? Sie hielten die Gegenstände hoch, und ich sagte ihnen die Namen und schrieb sie auf Zettel. Sie lachten und schüttelten den Kopf, als ich ihnen nicht auf Anhieb sagen konnte, wie das flache Ding mit dem Griff heißt, ein Pfannenwender, der erste, den ich je gesehen hatte. Big George lachte, daß sein Schmerbauch wackelte, und sprach ihnen das Wort vor, so gut er es konnte.

Sie wollten wissen, wieso ich Englisch kann, wo ich doch aus einem fremden Land komme, das nicht zu England gehört, und ich mußte ihnen erzählen, wie Irland erobert wurde, wie die Engländer uns so lange drangsalierten und quälten, bis wir ihre Sprache übernahmen. Als ich über Irland sprach, verstanden sie manche Wörter nicht, und ich überlegte, ob ich nicht einen Zuschlag dafür verlangen sollte, daß ich ihnen die auch erklärte, oder konnte ich nur Küchenwörter in Rechnung stellen? Ich ließ es bleiben, weil sie immer so traurig dreinschauten, wenn ich über Irland sprach, *si, si, si* sagten, mir auf die Schulter klopften und mir anboten, von ihrem Sandwich abzubeißen. Sie verstanden mich, weil sie ebenfalls erobert worden waren, erst von den Spaniern, dann von den Amerikanern, so gründlich erobert, daß sie nicht mehr wußten, wer sie waren, nicht mehr wußten, ob sie Schwarze oder Weiße oder Indianer waren oder alles zusammen, und das kann man seinen Kindern nur schwer begreiflich machen, denn sie wollen nur eins sein, nicht dreierlei auf einmal, und das ist der Grund, warum sie in dieser fettigen Küche Böden wischen und Töpfe und Pfannen waschen. Big George sagte, das ist keine fettige Küche, paßt auf, was ihr sagt. Sie sagten, fahr zur Hölle, und alle lachten, sogar Big George, weil es absolut irre war, daß sich jemand so mit dem größten Puertoricaner in New York zu reden traute. Er lachte und gab jedem ein riesiges Stück von einer Torte, die vom Bankett der Töchter des Britischen Empire einen Stock höher übriggeblieben war.

Nach vier Unterrichtsstunden und zehn Dollar waren keine Küchenutensilien mehr übrig, die ich hätte benennen können, doch dann begann Eduardo, der es einmal weit bringen wollte, Fragen über Essen und Kochen im allgemeinen zu stellen. Was ist mit braisieren? fragte er. Und sautieren? Ja, und marinieren? Ich hatte keines dieser Wörter je gehört und sah hilfesuchend zu Big George hin, aber der meinte, er denke nicht daran, irgendwem irgendwas zu sagen, solange ich mich hier als der große Wörtermaxe dumm und dämlich verdiente. Er wußte, daß ich mit diesen neuen Wörtern komplett überfordert war, vor allem, als die Puertoricaner mich nach dem Unterschied zwischen Pasta und Risotto fragten. Ich bot ihnen an, in die Bibliothek zu gehen und die Wörter nachzuschlagen, aber sie meinten, das könnten sie auch alleine und wofür sie mich eigentlich bezahlten. Ich hätte ihnen entgegenhalten können, daß man nichts in der Bibliothek nachschlagen kann, wenn man überhaupt noch nicht Englisch lesen kann, aber das fiel mir nicht ein. Ich bangte um mein Zubrot, zwei Dollar fünfzig die Woche. Sie sagten, daß ich neulich über den Pfannenwender gestolpert sei, ließen sie mir noch einmal durchgehen, ich würde mein Geld trotzdem kriegen, aber sie hätten nicht die geringste Lust, einem Ausländer, der nicht mal Pasta von Risotto unterscheiden kann, die dicke Kohle rüberzuschieben. Zwei sagten, nichts für ungut, aber sie müßten kündigen, die anderen drei meinten, sie würden weitermachen, vorausgesetzt, ich würde ihnen auch Wörter wie braisieren und sautieren erklären. Ich redete mich darauf hinaus, daß das französische Wörter seien und niemand von mir verlangen könne, außer Englisch auch noch andere Sprachen zu kennen. Einer der drei klopfte mir auf die Schulter und sagte, er verlasse sich darauf, daß ich sie nicht enttäuschen würde, weil sie es schließlich in der Welt der Küche zu etwas bringen wollten. Sie hätten Frauen und Kinder und Freundinnen, die nur darauf warteten, daß sie befördert wurden und mehr Geld nach Hause brachten, und mir sei doch wohl klar, wieviel von mir und meinen Wortkenntnissen abhänge.

Big George tat immer nur so ruppig, damit man nicht merkte, was für ein weiches Herz er hatte. Wenn die fünf Puertoricaner nicht in der Küche waren, brachte er mir Namen von Obst- und Gemüsesorten bei, die ich noch nie gehört hatte: Artischocke, Aubergine, Clementine, Persimone, Brokkoli. Er warf mir die Wörter nur so an den Kopf, was mich ziemlich nervös machte, aber ich merkte, wie sehr ihm daran lag, daß ich sie lernte. Genauso ging es mir mit den Puertoricanern. Ich wollte, daß sie neue Wörter lernten, und vergaß sogar fast meine Bezahlung, wenn sie aufsagen konnten, was ich ihnen beigebracht hatte. Das gab mir ein Gefühl der Überlegenheit, und ich fand, so müßte man sich als Lehrer fühlen.

Dann machten die beiden Aussteiger Schwierigkeiten im Umkleideraum. Sie wußten schon, daß die Blechschränke Spinde hießen, aber jetzt wollten sie wissen, wie man zu dem Ding sagte, auf dem wir saßen – die Bank –, und wie das flache Ding im Spind hieß, auf das man den Kleinkram legen konnte – der Fachboden. Durch diese listige Fragerei entlockten sie mir Wörter, ohne dafür bezahlen zu müssen. Sie zeigten auf ein Bändel in einem Schuh, und ich sagte ihnen, das sei ein Schnürsenkel, und dann lächelten sie und sagten, *gracias, gracias*. Sie bekamen etwas umsonst, und mich störte das nicht, bis einer der drei zahlenden Puertoricaner aufbegehrte: Wieso sagst du denen die Wörter umsonst, und wir sollen blechen, hm? Wieso?

Ich erwiderte, diese Umkleidewörter hätten nichts mit der Küche und dem Vorwärtskommen im Leben zu tun, aber sie meinten, das könne ich mir in die Haare schmieren. Sie bezahlten mich und sähen nicht ein, warum Aussteiger kostenlos an Wörter kommen sollten. Das war das letzte, was sie an diesem Tag in der Umkleide auf englisch sagten. Die drei schrien auf spanisch die zwei an, und die zwei schrien zurück, Spindtüren wurden zugeknallt und fünf Mittelfinger stocherten Löcher in die Luft. Sie kuschten erst, als Big George hereinplatzte und sie auf spanisch anbrüllte. Mir tat es leid, daß es zu solchen Mißhelligkeiten in der Umkleide gekommen war, und ich wollte die drei zahlenden Kunden entschädigen, indem ich ihnen unter der Hand Wörter wie Teppich, Glühbirne, Kehrschaufel und Besen zusteckte, aber sie sagten, ihnen sei jetzt alles egal, meine Kehrschaufel könne ich mir sonstwohin schieben und aus welchem Land ich noch angeblich stammte.

Irland.

Ja, *si*. Ich geh wieder nach Puerto Rico. Mir steht Englisch bis hier. Zu schwer. Krieg Halsweh davon.

Big George sagte, he, Irenjunge. Mach dir nichts draus. Du bist'n klasse Lehrer. Jetzt kommt ihr alle mal mit in die Küche, und es gibt Pfirsichkuchen.

Aber den Kuchen bekamen wir nicht, denn Big George hatte einen Herzanfall und brach über einer offenen Flamme auf dem Gasherd zusammen. Es hieß, man habe sein verbranntes Fleisch riechen können.

Nancy träumt davon, mit ihrer Mutter in einen Fred-Astaire-Film zu gehen, weil ihre Mutter nie rauskommt, und dabei ist sie eine so intelligente Frau. Ihre Mutter kann chinesische Lyrik rezitieren, vor allem Li Po. Haben Sie schon mal von Li Po gehört, Mr. McCourt?

Nein.

Sie erzählt vor der Klasse, der Grund, warum ihre Mutter Li Po liebe, sei, daß er auf eine so wunderschöne Art gestorben sei. In einer Vollmondnacht trank er Reiswein, fuhr mit dem Boot auf den See hinaus und war so überwältigt vom Spiegelbild des Mondes im See, daß er sich über die Bordwand beugte, um es zu umarmen, in den See fiel und ertrank.

Nancys Mutter liefen immer die Tränen über die Wangen, wenn sie davon sprach, und sie träumte davon, nach China zurückzukehren, sobald sich dort die Verhältnisse besserten, und in einem Boot auf diesen See hinauszufahren. Nancy selbst hatte Tränen in den Augen, als sie erzählte, ihre Mutter habe gesagt, wenn sie sehr alt werden oder schwer krank sein sollte, würde sie sich auch über die Bordwand beugen und wie ihr geliebter Li Po den Mond umarmen.

Als es klingelt, springen sie nicht von ihren Stühlen auf. Sie drängeln und schubsen nicht. Sie packen ihre Sachen zusammen und gehen einer nach dem anderen still hinaus, und ich bin sicher, daß sie Mond- und Seebilder im Kopf haben.

1968, an der Seward Park High School, wurde ich vor die größte Herausforderung meiner Lehrerlaufbahn gestellt. Ich hatte die üblichen fünf Klassen: drei mit Englisch als Fremdsprache und zwei normale neunte Englischklassen. Eine der beiden neunten Klassen bestand aus neunundzwanzig schwarzen Mädchen und zwei puertoricanischen Jungen, die in einer Ecke saßen, sich um ihren eigenen Kram kümmerten und nie ein Wort sagten. Wenn sie doch einmal den Mund aufmachten, hatten sie sofort die Mädchen gegen sich: Wer hat denn euch gefragt? In dieser Gruppe waren alle einschlägigen Konflikte angelegt: Geschlechterkonflikt, Generationenkonflikt, Kulturkonflikt, Rassenkonflikt.

Die Mädchen ignorierten mich, den weißen Typen, der da oben stand und um ihre Aufmerksamkeit buhlte. Sie hatten wichtige Sachen zu besprechen. Es gab immer irgendein Abenteuer vom Abend zuvor. Jungen. Jungen. Jungen. Serena sagte, sie gehe nicht mit Jungen. Sie gehe mit Männern. Sie hatte orangerotes Haar, und ihre Haut war karamelbraun. Sie war so dürr, daß auch die engsten Kleider lose an ihr herabhingen. Sie war fünfzehn und der Mittelpunkt der Klasse, diejenige, die jeden Streit schlichtete, jede Entscheidung fällte. Eines Tages sagte sie den anderen, ich mag kein Anführer sein. Wenn ihr mit mir herumhängen wollt, dann macht's einfach.

Gelegentlich forderte eines der anderen Mädchen sie heraus, versuchte, ihr Paroli zu bieten. He, Serena, wieso gehst du mit alten Männern? Die bringen's doch nicht.

Und ob, zum Beispiel fünf Dollar auf die Hand.

Sie beschwerten sich bei mir, warum machen wir nie was? Andere Klassen machen dauernd was.

Ich brachte ein Tonbandgerät mit. Bestimmt würden sie sich gern selbst reden hören. Serena nahm das Mikrophon.

Meine Schwester ist gestern abend geschnappt worden. Meine Schwester ist ein anständiger Mensch. Sie hat nur zwei Schweinekoteletts aus dem Laden mitgehen lassen. Weiße lassen auch Koteletts und so mitgehen, aber die werden nicht geschnappt. Ich hab selber schon weiße Frauen mit Steaks unterm Kleid rausgehen sehen. Jetzt sitzt meine Schwester bis zur Verhandlung im Knast.

Sie machte eine Pause, schaute mich zum ersten Mal an und gab mir das Mikrophon zurück. Ich weiß nicht, warum ich Ihnen das erzähl. Sie sind bloß ein Lehrer. Bloß ein Weißer. Sie wandte sich ab und ging an ihren Platz zurück. Sie setzte sich züchtig hin und faltete die Hände auf dem Tisch. Sie hatte mich in die

Schranken gewiesen, und die ganze Klasse hatte es mitbekommen.

Zum ersten Mal in diesem Halbjahr war es still im Raum. Sie warteten darauf, daß ich den nächsten Schritt tat, aber ich war wie gelähmt, stand mit dem Mikrophon in der Hand da, während das Band weiterlief und nichts aufzeichnete.

Noch jemand? fragte ich.

Sie starrten mich an. War es Verachtung?

Eine meldete sich. Maria, die Aufgeweckte, Gutgekleidete, die ihr Heft ordentlich führte, hatte eine Frage.

Mister, wieso machen andere Klassen Ausflüge und wir fahren nie wohin? Wir hocken hier bloß rum und sprechen in ein blödes Tonbandgerät. Wieso?

Genau, sagten die anderen. Wieso?

Andere Klassen gehen ins Kino. Warum dürfen wir nicht ins Kino?

Sie schauten mich an, redeten mit mir, erkannten an, daß ich existierte, bezogen mich in ihre Welt ein. Wäre jemand in diesem Augenblick hereingekommen, hätte er gesagt, oh, endlich mal ein Lehrer, der echten Kontakt zu seiner Klasse herstellt. Seht euch diese aufgeweckten jungen Mädchen an und die zwei Jungen, und alle hängen sie an den Lippen des Lehrers. Man könnte glatt ans staatliche Schulsystem glauben.

Also dann, sagte ich und fühlte mich wie einer, der zu bestimmen hat, welchen Film möchtet ihr denn gern sehen?

Cold Turkey, sagte Maria. Mein Bruder hat den gesehen, der läuft am Broadway, nicht weit vom Times Square.

Nö, sagte Serena. Da geht's bloß um Drogen. Cold Turkey ist, wenn du die Drogen einfach absetzt. Und in keine Klinik und zu keinem Arzt gehst.

Maria meinte, ihr Bruder hätte nichts von Drogen erzählt. Serena schaute zur Decke. Dein Bruder ist genauso naiv wie du. Dein Bruder hat keinen Schimmer.

Am nächsten Tag hatten sie Bestätigungen ihrer Eltern dabei, daß sie einen Ausflug machen durften, um sich einen Film anzusehen. Die Hälfte davon war gefälscht, abgefaßt in dem pompösen Stil, den Eltern vermeintlich verwenden, wenn sie einem Lehrer schreiben.

Als sich herausstellte, daß die beiden Jungen keine Zettel von ihren Eltern dabei hatten, muckten die Mädchen auf. Wieso kommen die nicht mit ins Kino? Wir haben den ganzen Aufstand mit der Erlaubnis und müssen diesen Film ansehn, und die haben einen Tag schulfrei. Wieso?

Um die Mädchen zu besänftigen, sagte ich den Jungen, sie müßten einen kurzen Bericht schreiben, wie sie den Tag verbracht hätten. Die Mädchen sagten, ja, ja, und die Jungen waren sauer.

Die U-Bahnstation war sechs Straßen weiter, und der Trupp von neunundzwanzig schwarzen Mädchen und einem weißen Lehrer erregte Aufsehen. Ladenbesitzer riefen, ich solle gefälligst aufpassen, daß die ihre Dreckpfoten von ihren Waren lassen. Können Sie diese gottverdammte Negerbande nicht in Schach halten?

Sie rannten in Geschäfte, um sich Schokoriegel, Hot dogs und rosa Limo zu kaufen. Sie sagten, rosa Limo ist die beste, und warum kriegen wir die nicht auch in der Kantine? Immer nur diese blöden Säfte, die nach Spülmittel oder Milch schmecken.

Die Treppe hinunter, hinein in den U-Bahnhof. Ticket brauchen wir keins. Springt über die Drehkreuze, rennt durch die Sperren. Der Mann am Schalter brüllte, he, he, ihr müßt zahlen. Zahlt verdammt noch mal den Fahrpreis. Ich blieb ein paar Schritte hinter ihnen, besser, der Mann am Schalter merkte nicht, daß ich zu der wilden Horde gehörte.

Sie rannten auf dem Bahnsteig hin und her. Wo bleibt die blöde U-Bahn? Wann kommt die endlich?

Sie taten so, als wollten sie sich gegenseitig auf die Schienen stoßen. Mister, Mister, die will mich umbringen, Mister. Haben Sie das gesehen?

Wartende Fahrgäste warfen mir böse Blicke zu. Ein Mann sagte, warum bleiben die nicht dort, wo sie hingehören? Die können sich offensichtlich nicht wie normale Menschen benehmen.

Ich wäre gern ein tapferer, umsichtiger, engagierter Lehrer gewesen und hätte ihn zur Rede gestellt, hätte meine achtundzwanzig außer Rand und Band geratenen schwarzen Gören in Schutz genommen – und Maria dazu, Maria, die Ausnahme, die Initiatorin. Aber ich war alles andere als tapfer, und was hätte ich denn sagen sollen? Versuchen Sie's doch mal, Sie beleidigter Schlaumeier. Versuchen Sie mal, mit neunundzwanzig schwarzen Mädchen U-Bahn zu fahren, lauter Fünfzehnjährigen, die aufgekratzt sind, weil sie einen Tag schulfrei haben, und aufgeputscht von Keksen und Süßigkeiten und rosa Limonade. Versuchen Sie mal, sie Tag für Tag zu unterrichten, während die Sie ansehen, als wären Sie ein Schneemann, der gleich schmelzen wird.

Ich sagte nichts und hoffte auf das Rumpeln des einfahrenden Zuges.

Im Zug schnatterten sie und schubsten sich gegenseitig und balgten sich um Sitzplätze. Die anderen Passagiere schnitten feindselige Gesichter. Warum sind diese Negerkinder nicht in der Schule? Kein Wunder, daß sie dumm bleiben.

An der West Fourth Street stieg eine dicke weiße Frau watschelnd ein und blieb mit dem Rücken zur sich schließenden Tür stehen. Die Mädchen starrten sie an und kicherten hämisch. Sie starrte zurück. Was glotzt ihr denn so, ihr blöden Gänse?

Serena war die mit den schlagfertigen, provozierenden Sprüchen. Sie sagte, wissen Sie, wir haben noch nie einen Berg in die U-Bahn einsteigen sehen.

Ihre achtundzwanzig Klassenkameradinnen bogen sich vor Lachen, schnappten theatralisch nach Luft, lachten weiter. Serena starrte die Frau an, ohne eine Miene zu verziehen, und die Dicke sagte, komm her zu mir, Schätzchen, dann zeig ich dir, wie beweglich ein Berg sein kann.

Ich war der Lehrer. Ich mußte Autorität zeigen, aber wie? Dann überkam mich eine seltsame Regung. Ich sah die anderen Fahrgäste, ihre vorwurfsvollen Blicke, und es drängte mich, zurückzuschlagen, meine neunundzwanzig zu verteidigen.

Ich stellte mich mit dem Rücken zu der dicken Frau, um zu verhindern, daß Serena ihr auf den Leib rückte.

Ihre Klassenkameradinnen riefen im Chor, los, Serena, los.

Die Bahn fuhr in die Station Fourteenth Street ein, und die dicke Frau stieg rückwärts aus. Dein Glück, daß ich hier raus muß, Kleine, sonst hätte ich dich zum Frühstück verspeist.

Serena rief ihr nach, ja, ja, Dickmadam, klar, daß du ein Frühstück brauchst.

Sie machte Anstalten, der Frau nachzulaufen, aber ich vertrat ihr den Weg und sorgte dafür, daß sie in der Bahn blieb, bis wir die Forty-second Street erreichten. Die Art, wie sie mich ansah, machte mich stolz, aber auch nachdenklich. Wenn ich sie für mich gewann, hätte ich die ganze Klasse auf meiner Seite. Sie würden sagen, das ist Mr. McCourt, der Lehrer, der Serena in der U-Bahn davon abgehalten hat, sich mit einer Weißen zu fetzen. Der ist für uns. Der ist okay.

Als sie die Porno- und Sexshops an der Forty-second Street sahen, waren sie nicht mehr zu halten. Sie johlten und kicherten und posierten wie die halbnackten Figuren in den Schaufenstern.

Mr. McCourt, Mr. McCourt, dürfen wir da rein?

Nein, nein. Könnt ihr nicht lesen? Zutritt erst ab einundzwanzig. Kommt weiter.

Ein Polizist stand vor mir.

Ja. Ich bin ihr Lehrer.

Und was haben diese Halbwüchsigen am hellichten Tag auf der Forty-second Street verloren?

Ich wurde verlegen, errötete. Wir gehen ins Kino.

Na wunderbar. Ins Kino. Und dafür zahlen wir Steuern. Okay, Mister, sorgen Sie dafür, daß die Mädchen weitergehen.

Also los, Mädchen, sagte ich, weiter geht's. Geradeaus zum Times Square.

Maria ging neben mir. Sie sagte, wissen Sie, wir waren noch nie am Times Square.

Ich hätte sie umarmen können dafür, daß sie mit mir redete, aber mir fiel nichts Besseres ein als, du müßtest mal am Abend herkommen und dir die Lichter ansehen.

Im Kino stürmten sie zum Schalter und drängelten. Fünf blieben dicht bei mir und sahen mich von der Seite an. Was ist denn? Wollt ihr euch keine Karte kaufen?

Sie traten von einem Bein aufs andere, schauten weg und sagten, sie hätten kein Geld. Fast hätte ich sie angefahren, warum seid ihr dann überhaupt mitgekommen?, aber ich wollte unsere aufkeimende Beziehung nicht gefährden. Morgen würden sie mich vielleicht wie ihren Lehrer behandeln.

Ich kaufte die Karten, verteilte sie, hoffte auf einen Blick oder ein Dankeschön. Nichts. Sie nahmen die Karten, rannten ins Foyer und stracks zum Kiosk, gaben das Geld aus, das sie angeblich nicht hatten, und stiegen mit Popcorn, Schokoriegeln und Colaflaschen die Treppe hinauf.

Ich folgte ihnen auf den Balkon, wo sie herumtobten, sich um die besten Plätze zankten und die anderen Besucher störten. Ein Platzanweiser beschwerte sich bei mir, so geht das nicht, und ich sagte zu den Mädchen, bitte setzt euch hin, und seid still.

Sie ignorierten mich. Ein Rudel von neunundzwanzig schwarzen Mädchen, übermütig und aufsässig. Sie bewarfen sich gegenseitig mit Popcorn und schrien in den Vorführraum hinauf, he, wann geht's endlich los? Das Leben ist kurz.

Der Vorführer sagte, wenn die keine Ruhe geben, muß ich den Geschäftsführer rufen.

Ich sagte, ja. Da will ich dabeisein, wenn der Geschäftsführer kommt. Bin gespannt, wie der mit ihnen zurechtkommt.

Aber der Saal wurde abgedunkelt, die Vorführung begann, und meine neunundzwanzig Mädchen wurden still. In der ersten Einstellung sah man eine mustergültige amerikanische Kleinstadt, idyllische Alleen, blonde weiße Kinder, die auf ihren kleinen Fahrrädern herumflitzten, untermalt mit heiterer Hintergrundmusik, die uns sagen sollte, daß in dieser heilen amerikanischen Welt alles zum Besten stand, und aus der ersten Reihe Balkon kam ein gequälter Schrei eines meiner neunundzwanzig Mädchen, he, Mr. McCourt, wieso schleppen Sie uns in so einen Bleichnasenfilm?

Sie lästerten den ganzen Film hindurch.

Der Platzanweiser richtete seine Taschenlampe auf sie und drohte mit dem Geschäftsführer.

Ich redete ihnen gut zu. Bitte seid still, Mädels. Sonst kommt der Boß.

Sie intonierten im Chor:

> *Wer hat Angst vorm bösen Boß*
> *Wer hat Angst vorm bösen Boß*
> *Hi ho Daddy oh*
> *Wer hat Angst vorm bösen Boß?*

Sie sagten, der Geschäftsführer kann uns mal, und da riß dem Platzanweiser endgültig der Geduldsfaden. Er sagte, jetzt reicht's. Entweder, ihr benehmt euch, oder ihr fliegt raus, r-a-u-s.

Hoppla, buchstabieren kann er auch. Okay, okay. Wir sind ja schon still.

Als der Film zu Ende war und das Licht anging, blieben sie alle sitzen.

Das war's, sagte ich. Gehen wir. Der Film ist aus.

Haben wir gemerkt. Wir sind ja nicht blind.

Ihr müßt jetzt nach Hause.

Sie sagten, sie wollten bleiben. Sie wollten sich diesen Bleichnasenfilm noch mal ansehen.

Aber ich gehe, sagte ich.

Okay, gehen Sie ruhig.

Sie wandten sich ab, um sich noch einmal *Cold Turkey* anzusehen, diesen langweiligen Bleichnasenfilm.

In der nächsten Woche sagten die neunundzwanzig Mädchen, war das schon alles? Keine Ausflüge mehr? Sollen wir bloß immer hier rumhocken und über Substantive reden und das Zeug abschreiben, was Sie an die Tafel malen? Sonst nichts?

In meinem Fach lag ein Rundschreiben, in dem unseren Schülern der Besuch einer College-Aufführung von *Hamlet* auf Long Island angeboten wurde. Ich warf es in den Papierkorb. Neunundzwanzig Mädchen, die sich *Cold Turkey* gleich zweimal hintereinander ansahen, würden mit *Hamlet* nichts anfangen können.

Tags darauf wieder Fragen.

Wieso machen die anderen Klassen alle diese Theaterfahrt und wir nicht?

Na ja, es ist ein Stück von Shakespeare.

Ja, und?

Ich konnte ihnen ja nicht gut die Wahrheit sagen: Ich traue euch nicht zu, daß ihr bei Shakespeare auch nur ein Wort versteht. Ich sagte, es sei ein schwer verständliches Stück, das ihnen wahrscheinlich nicht gefallen würde.

Aha. Und worum geht's in dem Stück?

Es heißt *Hamlet*. Es handelt von einem Prinzen, der nach Hause kommt und erschüttert feststellt, daß sein Vater tot und seine Mutter schon mit dem Bruder seines Vaters verheiratet ist.

Kann mir denken, wie's weitergeht, sagte Serena.

Die anderen riefen, wie denn? Wie denn?

Der Bruder, der die Mutter geheiratet hat, versucht, den Prinzen umzubringen, stimmt's?

Ja, aber das kommt erst später.

Ein herablassender Blick von Serena. Klar kommt das später.

Alles kommt später. Wenn alles gleich am Anfang kommt, gibt's nix mehr, was später kommen könnte.

Donna fragte, wovon redest du?

Geht dich nichts an. Ich rede mit dem Lehrer über den Prinzen.

Handgreiflichkeiten lagen in der Luft. Ich mußte einschreiten. Ich sagte, Hamlet nimmt es seiner Mutter übel, daß sie seinen Onkel geheiratet hat.

Wow, sagten sie.

Hamlet denkt, sein Onkel hätte seinen Vater getötet.

Sag ich doch, sagte Serena. Wozu sag ich was, wenn Sie's dann noch mal sagen? Jetzt wissen wir immer noch nicht, warum wir nicht hinfahren. Die Weißen dürfen das Stück sehen, bloß weil der Prinz ein Weißer ist.

Okay, ich seh mal, was ich tun kann.

Sie stellten sich an, um in den Bus zu steigen. Vorbeikommenden Passanten und Autofahrern sagten sie, wir fahren nach Long Island, dieses Stück über eine Frau angucken, die den Bruder von ihrem toten Mann heiratet. Die puertoricanischen Jungen fragten, ob sie in meiner Nähe sitzen dürften. Sie wollten nicht bei den verrückten Mädchen sitzen, die pausenlos über Sex und so labern.

Kaum war der Bus losgefahren, machten die Mädchen ihre mitgebrachten Tüten auf, tauschten und futterten. Tuschelnd vereinbarten sie, daß die einen Preis kriegen sollte, die es schaffte, den Busfahrer mit einem Stück Brot zu treffen. Jede würde zehn Cent beisteuern, der Siegerin winkten also zwei Dollar achtzig. Aber der Fahrer beobachtete sie im Rückspiegel und sagte, nur zu. Nur zu, macht schon, aber dann waren eure schwarzen Ärschchen die längste Zeit in meinem Bus. Die Mädchen sagten, ja, ja, schon gut, auf ihre keck-verwegene Art. Und dann sagten sie nichts mehr, denn der Fahrer war ein Schwarzer, und sie wußten, daß sie dem nicht dumm kommen konnten.

In dem College verkündete ein Mann mit einer Flüstertüte, man erwarte, daß die Lehrer ihre Klassen zusammenhalten.

Der Konrektor von meiner Schule sagte mir, man verlasse sich darauf, daß ich in meiner Klasse für Ordnung sorge. Diese Klasse hat einen gewissen Ruf, sagte er.

Ich führte sie in den Saal und blieb im Mittelgang stehen, während sie sich stießen und schubsten und um die Plätze stritten. Die puertoricanischen Jungen fragten, ob sie weit von ihnen weg sitzen dürften. Als Serena sie Pico und Bello nannte, fingen die anderen zu kichern an und hörten nicht mehr auf, bis der Geist von Hamlets Vater erschien und alle in Angst und Schrecken versetzte. Der Geist ging auf schwarz verhüllten Stelzen, und die Mädchen waren hin und weg. Als der auf ihn gerichtete Scheinwerfer abgedunkelt wurde und er in der Kulisse verschwand, rief Claudia, die neben mir saß, Mann, ist der süß. Wo will der hin? Kommt er wieder, Mr. McCourt?

Ja, ja, sagte ich, peinlich berührt von dem indignierten Zischen ernsthafter Leute ringsum.

Claudia klatschte jedesmal, wenn der Geist wieder auftrat, und jammerte, wenn er abging. Der soll wiederkommen, sagte sie, der ist klasse.

Als das Stück aus war, die Darsteller sich verbeugten und kein Geist dabei war, sprang sie auf und rief zur Bühne hinauf, wo ist der Geist? Ich will den Geist. Wo ist der Geist?

Die anderen achtundzwanzig standen ebenfalls auf und riefen nach dem Geist, bis einer der Schauspieler verschwand und kurz darauf der Geist auf die Bühne kam. Die neunundzwanzig applaudierten und jubelten und sagten, mit dem möchten sie mal weggehen.

Der Geist legte seinen schwarzen Hut und sein schwarzes Gewand ab, um zu zeigen, daß er ein ganz normaler Student war, kein Grund zur Aufregung. Die neunundzwanzig stöhnten auf und schimpften, das ganze Stück sei eine einzige Verarschung, vor allem der getürkte Geist, und sie versicherten, nie wieder würden sie sich so ein getürktes Stück ansehen, nicht mal, wenn sie bei diesem Mr. McCourt mit seiner Rechtschreibung und dem anderen Englischkram sitzen müßten, nicht mal, wenn alle anderen Klassen hinfahren würden.

Auf der Heimfahrt schliefen alle ein, alle bis auf Serena, die hinter dem Busfahrer saß. Als sie ihn fragte, ob er Kinder habe, sagte er, er dürfe beim Fahren nicht sprechen. Das sei gegen die Vorschrift, aber ja, er habe Kinder und er wolle nicht, daß eins von ihnen später mal Busfahrer werde. Er schufte sich ab, um sie auf gute Schulen schicken zu können, und wenn sie nicht täten, was man ihnen sagt, würden sie ihn kennenlernen. Er sagte, als Schwarzer müsse man in diesem Land härter arbeiten, aber das mache einen letzten Endes nur stärker. Wenn du dich mehr reinknien und abstrampeln mußt, bekommst du stärkere Muskeln, und dann kann dich keiner mehr aufhalten.

Serena sagte, sie würde gern Friseuse werden, aber der Busfahrer meinte, dafür bist du zu schade. Willst du dich dein Leben lang hinstellen und nörgeligen alten Schachteln die Haare machen? Du bist intelligent. Du kannst aufs College gehen.

Ja? Meinen Sie wirklich, ich kann aufs College gehen?

Warum nicht? Du bist intelligent, und du sprichst gut. Also warum nicht?

Das hat mir noch niemand gesagt.

Na, ich sag's dir jedenfalls. Verkauf dich nicht zu billig.

Okay, sagte Serena.

Okay, sagte der Busfahrer. Er lächelte ihr im Rückspiegel zu, und wahrscheinlich lächelte sie zurück. Ich konnte ihr Gesicht nicht sehen.

Er war Busfahrer und schwarz, und als sie sich ihm so anvertraute, dachte ich mir, um wie viele Menschen es auf dieser Welt doch schade war.

Am nächsten Tag will Claudia wissen, wieso haben alle auf dem Mädchen rumgehackt?

Auf Ophelia?

Ja. Jeder hackt auf dem armen Mädchen rum, und dabei ist sie noch nicht mal schwarz. Warum? Der Typ, der andauernd diese Reden schwingt, hat wenigstens ein Schwert, um sich zu wehren, damit ihn keiner in den Fluß schmeißt.

Hamlet?

Ja, und wissen Sie was?

Ja?

Er war so fies zu seiner Mom, und dabei ist er ein Prinz und so. Warum hat sie ihm nicht einfach eine geknallt?

Serena, die Intelligente, meldet sich wie ein ordentliches Schulmädchen in einer ordentlichen Klasse. Ich starre ihre Hand an. Bestimmt wird sie den Paß verlangen. Sie sagt, Hamlets Mom ist eine Königin. Königinnen laufen nicht rum und teilen Ohrfeigen aus. Wenn du Königin bist, brauchst du Würde.

Sie sieht mich mit diesem direkten Blick an, der fast eine Herausforderung ist, die Augen weit offen und schön und unerschrocken, ein angedeutetes Lächeln. Diese schmale fünfzehnjährige Schwarze kennt ihre Macht. Ich spüre, wie ich rot werde, und erneut fängt die ganze Klasse zu kichern an.

Am folgenden Montag erscheint Serena nicht zum Unterricht. Die Mädchen sagen, sie wird nie mehr wiederkommen, weil nämlich ihre Mutter geschnappt worden ist, wegen Drogen und so, und jetzt muß Serena bei ihrer Großmutter in Georgia leben, wo, das sagen alle, Schwarze wie Nigger behandelt werden. Sie sagen, Serena hält's da bestimmt nicht lange aus. Sie wird in Null Komma nix in Schwierigkeiten kommen, weil sie den Weißen immer so freche Antworten gibt. Und dann hat sie das schlimme Wort gesagt, Mr. McCourt.

Ohne Serena veränderte sich die Klasse, ein Rumpf ohne Kopf. Maria hob die Hand und fragte mich, warum ich so komisch spreche. Ob ich verheiratet sei. Ob ich Kinder hätte. Was mir besser gefallen habe, *Hamlet* oder *Cold Turkey*. Warum ich Lehrer geworden sei.

Sie bauten Brücken, hielten sich aber den Rückzug offen. Ich beantwortete ihre Fragen und kümmerte mich nicht darum, ob ich ihnen zuviel von mir verriet. Bei wie vielen Priestern hatte ich gebeichtet, als ich so alt war wie diese Mädchen? Sie hörten mir zu, und nur das zählte.

Einen Monat nach Serenas Weggang gab es zwei schöne Augenblicke. Claudia hob die Hand und sagte, Mr. McCourt, Sie sind richtig nett. Die anderen nickten zustimmend, und die puertoricanischen Jungen lächelten im Hintergrund.

Dann meldete sich Maria. Mr. McCourt, ich hab einen Brief von Serena bekommen. Sie schreibt, es ist der erste Brief ihres Lebens, und sie hätt ihn nicht geschrieben, aber ihre Oma hat's ihr angeschafft. Sie hat ihre Oma vorher nicht gekannt, aber sie liebt sie, weil sie nicht lesen und schreiben kann, und Serena liest ihr jeden Abend aus der Bibel vor. Halten Sie sich fest, Mr. McCourt, sie schreibt, sie wird die High School fertigmachen und aufs College gehen und kleine Kinder unterrichten. Keine großen Kinder wie uns, wir sind ja die reinsten Nervensägen, sondern kleine Kinder, die nicht widersprechen, und sie sagt, es tut ihr leid, was sie in dieser Klasse gemacht hat, und ich soll Ihnen das ausrichten. Irgendwann mal schreibt sie Ihnen auch einen Brief.

In meinem Kopf ein Feuerwerk. Wie Silvester und Vierter Juli zusammen, nur tausendmal schöner.

11

Seit zehn Jahren Lehrer, achtunddreißig Jahre alt, und wenn ich mich selbst einschätzen sollte, würde ich sagen, du beißt dich durch, und gar nicht mal schlecht. Andere Lehrer stellen sich jeden Tag vor die Klasse und scheren sich einen Fiedlerfurz darum, was ihre Schüler von ihnen denken. Nur der Lehrstoff zählt. Solche Lehrer sind mächtig. Sie beherrschen das Klassenzimmer mit ihrer Persönlichkeit und einer allgegenwärtigen Drohung: dem Rotstift, der das gefürchtete F ins Zeugnis schreibt. Ihre Botschaft an die Schüler lautet: Ich bin euer Lehrer, nicht euer Berater, nicht euer Vertrauter und auch nicht euer Vater oder eure Mutter. Ich unterrichte ein Fach. Lernt, oder laßt es bleiben.

Ich denke mir oft, ich sollte ein strenger, disziplinierter Lehrer sein, durchorganisiert und zupackend, ein John Wayne der Pädagogik, ein irischer Schulmeister mit Zeigestab, Riemen und Rohrstock. Strenge Lehrer bieten vierzig Minuten lang ihre Waren feil. Verdaut den Stoff, Kinder, und denkt dran, daß ihr ihn am Prüfungstag wieder hochwürgen müßt.

Manchmal scherze ich: Setz dich auf deine vier Buchstaben, Junge, und sei still, sonst reiß ich dir den Kopf ab. Dann lachen sie, weil sie mich kennen. Ist er nicht süß? Wenn ich den harten Burschen spiele, hören sie höflich zu, bis der Anfall vorbei ist. Sie kennen mich. Ich sehe meine Klasse nicht als geschlossene Einheit. Ich habe Gesichter vor mir, die verschiedene Abstufungen von Interesse oder Gleichgültigkeit erkennen lassen. Gleichgültigkeit regt mich auf. Warum schwätzt der kleine Mistkerl mit seiner Nachbarin, statt mir zuzuhören? Entschuldige, James, aber hier läuft eine Unterrichtsstunde.

Ach ja, klar.

Es gibt Momente und Blicke. Sie sind vielleicht zu schüchtern, um einem zu sagen, das war eine gelungene Stunde, aber man sieht an der Art, wie sie hinausgehen und wie sie einen dabei ansehen, ob es ein Erfolg war oder etwas, was man getrost vergessen kann. Die anerkennenden Blicke wärmen einem das Herz auf der Fahrt nach Hause.

Egal, was sich im Klassenzimmer abspielte, es gab Regeln von den hohen Herren, die für die High Schools von New York zuständig waren:

Die Schüler dürfen nicht lärmen. Sie dürfen nicht in den Klassenzimmern oder auf den Gängen herumlaufen. In einer lauten Umgebung kann man nicht lernen.

Das Klassenzimmer ist kein Spielplatz. Niemand darf mit Gegenständen werfen. Will ein Schüler eine Frage stellen oder eine beantworten, muß er die Hand heben. Er darf nicht einfach drauflosreden. Das Tohuwabohu, das entstehen kann, wenn die Schüler einfach drauflosreden, macht einen schlechten Eindruck auf Beamte der Schulbehörde von Brooklyn oder auswärtige Lehrer, die zu Besuch an unserer Schule weilen.

Der Gebrauch des Toilettenpasses ist auf ein Minimum zu beschränken. Jeder kennt die gängigen Tricks mit dem Toilettenpaß. Ein Schüler, der den Paß bekommt, um auf die Toilette im ersten Stock zu gehen, wird schon mal dabei ertappt, wie er durchs Fenster in ein Klassenzimmer linst, in dem ein Mädchen sitzt, in das er sich verliebt hat und das ihn seinerseits anschmachtet. Dergleichen darf nicht geduldet werden. Manche Jungen und Mädchen benutzen den Paß, um sich im Kellergeschoß oder im Treppenhaus zu treffen, wo sie von wachsamen Konrektoren bei ihrem verbotenen Tun erwischt werden, die daraufhin Meldung erstatten und die Eltern anrufen. Andere benutzen den Paß, um in einem stillen Eckchen zu rauchen. Der Toilettenpaß berechtigt nur zum Aufsuchen der Toilette und darf nicht für andere Zwecke mißbraucht werden. Die Schüler sollten mit dem Paß nicht länger als fünf Minuten dem Unterricht fernbleiben. Tun sie es doch, hat der Lehrer das Rektorat zu informieren, das daraufhin den Hausmeister beauftragt, die einschlägigen Örtlichkeiten zu inspizieren und dafür zu sorgen, daß nichts Ungehöriges geschieht.

Rektoren wollen Ordnung, Routine, Disziplin. Sie patrouillieren durch die Gänge. Sie spähen durch die Türfenster in die Klassenzimmer. Sie wollen Jungen und Mädchen sehen, die über Bücher und Hefte gebeugt sitzen, Jungen und Mädchen, die schreiben, Jungen und Mädchen, die sich eifrig melden, um die Fragen der Lehrkraft zu beantworten.

Gute Lehrer führen ein strenges Regiment. Sie erhalten die Disziplin aufrecht, was unerläßlich ist an den berufsbildenden High Schools in New York, die nicht immer von den Problemen der Bandenbildung verschont bleiben. Man muß ein Auge auf die Banden haben. Diese können eine ganze Schule in den Griff kriegen, und dann gute Nacht.

Auch Lehrer lernen. Wer etliche Jahre im Klassenzimmer verbracht, vor Tausenden von Teenagern gestanden hat, vermag jeden, der das Zimmer betritt, instinktiv einzuschätzen. Er sieht die Seitenblicke. Er erkennt schon an der Atmosphäre, die in einer neuen Klasse herrscht, ob er eine nervtötende Gruppe vor sich hat oder eine, mit der man arbeiten kann. Er erkennt die Schüchternen, die er ermuntern, und die Großmäuler, die er zum Schweigen bringen muß. Er sieht schon allein daran, wie ein Junge dasitzt, ob er mitarbeiten oder sich als Störenfried betätigen wird. Es ist ein gutes Zeichen, wenn ein Schüler sich gerade hinsetzt, die Hände vor sich auf dem Tisch faltet, den Lehrer ansieht und lächelt. Es ist ein schlechtes Zeichen, wenn er sich zurücklehnt, die Beine unter dem Tisch hervorstreckt und aus dem Fenster, an die Decke oder über den Kopf des Lehrers schaut. Achtung, Ärger.

In jeder Klasse gibt es einen Quälgeist, dessen einziger Daseinszweck es ist, die Geduld des Lehrers auf die Probe zu stellen. Er sitzt meist in der letzten Reihe, damit er seinen Stuhl gegen die Rückwand kippen kann. Auf die Gefahren des Kippelns hat man die Klasse längst hingewiesen: Der Stuhl könnte wegrutschen, Kinder, und ihr könntet euch verletzen. Dann muß ich als Lehrer einen Bericht schreiben, für den Fall, daß die Eltern sich beschweren oder damit drohen, die Schule zu verklagen.

Andrew weiß, daß er dich mit seinem Kippeln ärgern oder zumindest deine Aufmerksamkeit auf sich ziehen kann. Dann kann er ein Spielchen spielen, mit dem er sich bei den Mädchen interessant macht. Du sagst, he, Andrew.

Er läßt sich Zeit. Das ist ein Showdown, Mann, die Mädchen sehen zu.

Hä?

Eine beliebte Lautäußerung von Teenagern. Eltern bekommen sie ständig zu hören. Sie bedeutet soviel wie, was willst du? Laß mich in Ruhe!

Der Stuhl, Andrew. Hör bitte auf damit.

Wieso, ich sitz hier doch bloß und tu nix.

Der Stuhl, Andrew, hat nicht ohne Grund vier Beine. Kippeln auf zwei Stuhlbeinen kann zu Unfällen führen.

Stille. High Noon im Klassenzimmer. Du weißt, daß du diesmal ziemlich gute Karten hast. Du spürst, daß Andrew in seiner Gruppe nicht beliebt ist, und er weiß, daß er keine Unterstützung bekommen wird. Er ist blaß und mager, ein Einzelgänger. Trotzdem sind alle gespannt. Sie mögen ihn vielleicht nicht, aber wenn du ihn schikanierst, werden sie sich gegen dich wenden. Wenn es heißt Schüler gegen Lehrer, halten sie zu ihrem Mitschüler. Und alles wegen eines gekippten Stuhls.

Du hättest es durchgehen lassen können. Keinem wäre etwas aufgefallen. Also, Lehrer, wo liegt das Problem? Ganz einfach. Andrew hat vom ersten Tag an gezeigt, daß er dich nicht leiden kann, und du kannst es nicht leiden, wenn einer dich nicht leiden kann, schon gar nicht, wenn der ein kleiner Scheißer ist, den die ganze Klasse nicht leiden kann. Andrew weiß, daß dir die Mädchen lieber sind. Natürlich sind dir die Mädchen lieber. Gebt mir fünf Klassen mit überwiegend Mädchen, und ich bin im Paradies. Abwechslung. Farbe. Spiele. Dramatik.

Andrew wartet. Die Klasse wartet. Der Stuhl steht immer noch schief. Oh, welche Versuchung, eines der Stuhlbeine zu packen und kurz zu ziehen. Sein Kopf würde an der Wand runterrutschen, und alle würden lachen.

Ich wende mich von Andrew ab. Ich weiß nicht, warum ich mich abwende und nach vorn gehe, und schon gar nicht weiß ich, was ich tun oder sagen werde, wenn ich am Pult angekommen bin. Sie sollen nicht denken, daß ich klein beigebe. Ich muß etwas tun. Andrews Kopf lehnt an der Wand, und er hat sein dünnes verächtliches Lächeln aufgesetzt.

Andrews wallendes rotes Haar geht mir genauso gegen den Strich wie seine feinen Züge. Und die Anmaßung, die in dieser Zartheit liegt. Manchmal, wenn ich mich für ein Thema erwärmt habe, die Klasse mir zuhört und ich richtig schön in Fahrt komme, richtig stolz auf mich bin, schaue ich nach hinten, sehe diesen kalten, starren Blick und frage mich, soll ich versuchen, ihn für mich zu gewinnen, oder ihn fertigmachen?

Eine innere Stimme sagt mir, mach was draus. Eine Lektion in Beobachtungsgabe. Tu so, als hättest du alles geplant. Und ich sage zur Klasse, also, was geht hier vor? Verständnislose Blicke. Sie sind verblüfft.

Du sagst, stellt euch vor, ihr seid Zeitungsreporter. Ihr seid vor ein paar Minuten hier reingekommen. Was habt ihr gesehen? Was habt ihr gehört? Welche Story steckt dahinter?

Michael antwortet. Keine Story. Bloß Andrew, der sich wieder mal wie ein Arschloch benimmt.

Andrews verächtliches Lächeln verschwindet, und ich spüre, daß er unsicher wird. Ich werde nicht mehr viel sagen müssen. Ich werde weiter solche Fragen stellen und seine Verurteilung der Klasse überlassen. Das wird ihm für immer dieses Lächeln austreiben, dem kleinen Scheißer, und er wird nie mehr kippeln.

Ich spiele den vernünftigen, sachlichen Lehrer. Eine solche Bemerkung, Michael, ist aber für den Leser nicht besonders informativ.

Schon, aber wer braucht denn hier Informationen? Würde vielleicht ein Typ von den *Daily News* hier reinmarschieren und dann einen Mordsartikel über Andrew und den Stuhl schreiben und daß der Lehrer stinksauer ist?

Seine Freundin meldet sich.

Ja, Diane?

Sie wendet sich an die Klasse. Mr. McCourt hatte gesagt ...

Hat gesagt, Diane.

Sie hält inne. Sie überlegt. Sie sagt, sehen Sie, Mr. McCourt, genau das läuft schief auf dieser Welt. Da will man wem andern helfen, und im nächsten Moment krittelt der an allem rum, was man sagt. Das kränkt einen. Ich meine, es ist völlig in Ordnung, daß Sie Andrew sagen, er soll seinen Stuhl richtig hinstellen, weil er sich seinen blöden Schädel aufschlagen könnte, aber es gibt keinen Grund, jemand, der was sagt, ständig zu verbessern. Sie können das ruhig machen, aber dann machen wir nie wieder den Mund auf. Wissen Sie, was ich jetzt mache? Ich sag Andrew, er soll mit dem Quatsch aufhören und sich ordentlich hinsetzen.

Sie ist sechzehn, groß und selbstsicher, und ihr blondes Haar hängt auf eine raffinierte Art über ihren Rücken herab, die mich an skandinavische Schauspielerinnen erinnert. Ich werde nervös, als sie nach hinten geht und sich vor Andrew hinstellt.

Also paß mal auf, Andrew. Du siehst doch, was hier läuft. Da ist diese große Klasse, über dreißig Leute, und Mr. McCourt da vorn, und du kippelst, und er sagt dir, du sollst damit aufhören, aber du hockst bloß da und grinst vor dich hin, Andrew, und keiner weiß, was du dir dabei denkst. Du hältst hier den ganzen Betrieb auf. Was ist eigentlich dein Problem? Der Lehrer wird dafür bezahlt, daß er unterrichtet, und nicht dafür, daß er dir sagt, du sollst dich ordentlich hinsetzen, als wärst du ein Erstkläßler. Stimmt doch, Andrew, oder?

Er kippelt immer noch, aber er schaut mich an, als wollte er mich fragen, was geht hier eigentlich ab? Was soll ich tun?

Er stellt seinen Stuhl gerade. Er steht auf und sieht Diane an. Siehst du? Du wirst mich nie vergessen, Diane. Du wirst diese ganze Klasse vergessen, du wirst den Lehrer vergessen, Mr. Wieheißternoch, aber ich kipple mit meinem Stuhl, und der Lehrer wird sauer, und jeder in der Klasse wird sich für immer an mich erinnern. Hab ich nicht recht, Mr. McCourt?

Ich hätte am liebsten die Maske des vernünftigen Lehrers fallengelassen und gesagt, was mir auf der Zunge lag, hör zu, du Schwachkopf, entweder du hörst ein für allemal mit dem blöden Gekippel auf, oder ich schmeiß dich aus dem Fenster, damit dich die Raben fressen.

Aber so darf man nicht reden. Irgendwer würde einen verpetzen. Man kennt seine Rolle: Wenn die kleinen Scheißer dich hin und wieder zur Weißglut treiben, dann leide, Mann, leide. Kein Mensch zwingt dich, in diesem elenden unterbezahlten Beruf zu bleiben, und keiner hindert dich, durch diese Tür in die Hochglanzwelt hinauszutreten, die Welt der mächtigen Männer und schönen Frauen, der Cocktailpartys und der seidenen Bettwäsche.

Schön und gut, Lehrer, und was würdest du machen in der großen weiten Welt der mächtigen Männer usw.? Also, geh wieder an die Arbeit. Sprich mit deiner Klasse. Diskutier das Kippelproblem. Es ist noch nicht ausgestanden. Die warten.

Herhören. Hört mir zu.

Sie lächeln. Da ist er wieder mit seinem ewigen Herhören, hört mir zu. Das rufen sie in der Pause einander zu, sie äffen mich nach, herhören, hört mir zu. Es bedeutet, daß sie einen mögen.

Ich sagte, ihr habt gesehen, was sich in diesem Raum abgespielt hat. Ihr habt Andrew mit seinem Stuhl kippeln sehen, und ihr habt gesehen, was passiert ist, als ich ihm sagte, er soll damit aufhören. Also habt ihr doch Stoff für eine Story, oder nicht? Es war ein Konflikt. Andrew gegen Lehrer. Andrew gegen die Klasse. Andrew gegen sich selbst. Ja, doch, durchaus, Andrew gegen sich selbst. Euch ist das eine oder andere aufgefallen, stimmt's? Oder vielleicht habt ihr euch auch nur gefragt, warum macht der Lehrer solchen Terror wegen Andrew mit seinem Stuhl? Oder, warum ist Andrew so eine Nervensäge? Müßtet ihr als Reporter darüber berichten, bekäme der Vorfall noch eine weitere Dimension: Andrews Motivation. Nur er selbst weiß, warum er mit dem Stuhl kippelt, und ihr dürft Vermutungen anstellen. Wir könnten über dreißig verschiedene Theorien in dieser Klasse haben.

Am nächsten Tag blieb Andrew nach Schulschluß zurück. Mr. McCourt, Sie haben an der NYU studiert, stimmt's?

Ja.

Tja, also, meine Mutter hat gesagt, sie hat Sie gekannt.

Ach ja? Schön zu wissen, daß sich jemand an mich erinnert.

Ich meine, sie hat Sie privat gekannt.

Noch einmal, ach ja?

Sie ist letztes Jahr gestorben. An Krebs. Sie hat June geheißen.

Mein Gott. Lange Leitung wäre untertrieben. Dämmerschlaf. Warum habe ich es nicht erraten? Warum habe ich sie nicht in seinen Augen wiedererkannt?

Sie hat immer wieder gesagt, sie würde Sie anrufen, aber die Scheidung hatte sie ziemlich mitgenommen, und dann kam der Krebs, und als ich ihr gesagt habe, daß ich in Ihrer Klasse bin, mußte ich ihr versprechen, Ihnen nie von ihr zu erzählen. Sie hat gemeint, Sie würden sowieso nicht mit ihr reden wollen.

Aber natürlich hätte ich mit ihr reden wollen. Ich hätte ewig mit ihr reden können. Wen hat sie geheiratet? Wer ist dein Vater?

Wer mein Vater ist, weiß ich nicht. Geheiratet hat sie Gus Peterson. Ich muß jetzt gehen und mein Schließfach ausräumen.

Mein Dad zieht nach Chicago, und ich gehe mit ihm und meiner Stiefmutter mit. Komisch, oder? Jetzt hab ich einen Stiefvater und eine Stiefmutter, und es ist trotzdem okay.

Wir gaben uns die Hand, und ich sah ihm nach, wie er den Korridor entlangging. Bevor er zu den Schließfächern abbog, drehte er sich um und winkte mir, und mir ging kurz die Frage durch den Kopf, ob ich die Vergangenheit einfach so ziehen lassen sollte.

Die Schulweisheit sagt: Drohe nie einem einzelnen oder einer Klasse, wenn du die Drohung nicht wahrmachen kannst. Und sei vor allem nicht so blöd, Benny »Bumbum« Brandt zu drohen, der an der Schule berühmt dafür ist, daß er den schwarzen Gürtel in Karate besitzt.

Nachdem er vier Tage hintereinander gefehlt hat, kommt er ins Klassenzimmer geschlendert, mitten in einer Stunde über Fremdwörter im Englischen: Amen, Pasta, Chef, Sushi, Limousine und die Wörter, bei denen das Kichern losgeht, Rendezvous, Dessous, Bidet.

Ich könnte Bumbum ignorieren, einfach weitermachen und ihn an seinen Platz gehen lassen. Aber ich weiß, die anderen warten gespannt und denken, wieso müssen wir jedesmal eine Entschuldigung bringen, wenn wir gefehlt haben, und Bumbum kommt einfach reingelatscht und setzt sich hin? Sie haben recht, ich denke genauso, und ich muß beweisen, daß ich kein Weichling bin.

Moment mal. Es soll sarkastisch klingen.

Er bleibt an der Tür stehen. Ja?

Ich spiele mit einem Stück Kreide, um Überlegenheit zu demonstrieren. Ich schwanke zwischen Wohin willst du? und Glaubst du, du kannst hier so einfach reinspazieren? Der erste Satz könnte wie eine normale Frage klingen, mit einem leisen Unterton von Autorität. Der zweite Satz könnte als Herausforderung ausgelegt werden und Ärger machen. Wie auch immer, der Ton macht die Musik. Ich entscheide mich für eine neutralere Version.

Moment mal. Hast du eine Bescheinigung? Nach längerem Fehlen braucht man eine Bescheinigung vom Rektorat.

Hier spricht der Lehrer. Er repräsentiert die Autorität: das Rektorat am Ende des Gangs, das Bescheinigungen jeder Art ausstellt, den Rektor, den Schulrat, den Bürgermeister, den Präsidenten, Gott. Diese Rolle liegt mir nicht. Ich bin hier, um Englisch zu unterrichten, nicht, um Bescheinigungen einzusammeln.

Brandt fragt: Und, wen juckt's? Es klingt fast freundlich, nach aufrichtiger Neugier, aber durch die Klasse geht ein erschrockenes Raunen.

Ach du Scheiße, sagt Ralphie Boyce.

High-School-Lehrer werden von ihren Vorgesetzten ermahnt, keine Gossensprache im Unterricht zu dulden. Solche Sprache ist respektlos und könnte zum Zusammenbruch von Recht und Ordnung führen. Ich würde Ralphie gern rügen, aber ich kann nicht, denn was mir im selben Moment durch den Kopf geht, ist, ach du Scheiße.

Brandt steht mit dem Rücken zur Tür, die hinter ihm ins Schloß gefallen ist. Er macht einen friedfertigen Eindruck.

Woher kommt die plötzliche Sympathie, die ich für diesen ungeschlachten zukünftigen Klempner aus der Delancey Street in Manhattan empfinde? Liegt es daran, daß er so geduldig dasteht und abwartet, im Blick fast etwas wie Milde? Er wirkt so vernünftig und bedächtig. Also, warum nicht einfach die Lehrernummer vergessen und ihm sagen, schon gut, Brandt, setz dich hin. Vergessen wir diesmal die Bescheinigung, aber versuch das nächste Mal dran zu denken. Doch ich habe mich schon zu weit vorgewagt. Seine Klassenkameraden sind Zeugen, irgend etwas muß geschehen.

Ich werfe die Kreide in die Luft und fange sie auf. Brandt schaut zu. Ich mache einen Schritt auf ihn zu. Das soll nicht mein

Todestag werden, aber die Klasse wartet, und ich muß eine Antwort geben auf seine Frage: Und, wen juckt's?

Ich werfe die Kreide hoch, vielleicht zum letzten Mal in meinem Leben, und sage, mich.

Er nickt, wie um zu sagen, gebongt. Sie sind der Lehrer, Mann.

Die Sympathie meldet sich wieder, und es drängt mich, ihm auf die Schulter zu klopfen, ihm zu sagen, vergiß die ganze Sache und setz dich einfach, Brandt.

Ich werfe die Kreide noch einmal hoch, aber sie fällt auf den Boden. Es ist absolut unumgänglich, daß die Kreide aufgehoben wird. Ich bücke mich nach ihr und sehe dicht vor mir, einladend, Brandts Fuß, er bietet sich mir förmlich an. Ich packe ihn. Ein Ruck, und Brandt fällt nach hinten, schlägt sich den Kopf am Messing-Türknauf an, rutscht auf den Boden und bleibt friedlich liegen, als überlegte er, wie es jetzt weitergeht. Wieder das Raunen in der Klasse. Wow.

Er reibt sich den Hinterkopf. Bereitet er sich auf einen blitzschnellen Hieb, Handkantenschlag, Tritt vor?

Scheiße, Mr. McCourt, ich hab nicht gewußt, daß Sie Karate können.

Es sieht so aus, als hätte ich gewonnen, und ich bin am Zug. Okay, Benny, du kannst dich setzen.

Darfst.

Was?

Alle Lehrer sagen, du darfst dich setzen. Bumbum korrigiert mich. Bin ich im Tollhaus?

Okay. Du darfst dich setzen.

Sie wollen also keine Bescheinigung oder so?

Nein. Ist schon gut.

Also haben wir um nichts gekämpft?

Auf dem Weg zu seinem Platz zertritt Bumbum die Kreide und sieht mich an. War das Absicht? Sollte ich es ansprechen? Nein. Eine innere Stimme sagt mir: Mach mit deinem Unterricht weiter. Hör auf, dich wie ein Teenager zu benehmen. Der Junge könnte dich in zwei Teile zerbrechen. Lehrer, mach weiter mit deiner Stunde über Fremdwörter im Englischen.

Brandt tut so, als sei nie etwas gewesen zwischen uns, und ich schäme mich so, daß ich mich am liebsten bei der ganzen Klasse und besonders bei ihm entschuldigen würde. Ich mache mir Vorwürfe, weil das, was ich getan habe, so billig war. Jetzt bewundern sie mich wegen meiner vermeintlichen Karatekünste. Ich mache den Mund auf und plappere drauflos.

Stellt euch vor, wie unsere Sprache ohne die französischen Wörter wäre. Dann könntet ihr euern Chauffeur nicht mehr anweisen, mit der Limousine vorzufahren. Ihr könntet in kein Restaurant gehen. Keine Cuisine mehr, kein Gourmet, keine Sauce, kein Menü, kein Chef, kein Parfum. Und ihr könntet keine Dessous mehr kaufen, sondern nur noch Unterwäsche.

Tuschel, tuschel. Kicher, kicher. Oh, Mr. McCourt, was Sie aber auch immer sagen.

So bringe ich sie von dem Zwischenfall ab. Ich fühle mich als Sieger an allen Fronten, bis ich zu Brandt hinüberschaue. In seinen Augen glaube ich zu lesen, okay, Mr. McCourt. Wahrscheinlich hatten Sie's nötig, eine gute Figur zu machen, also soll's mir recht sein.

Er war intelligent genug, um die staatliche Prüfung in Englisch zu bestehen. Er hätte einen passablen Aufsatz schreiben und eine ausreichende Note bekommen können, aber er zog es vor zu scheitern. Er ignorierte die Liste der vorgeschlagenen Themen, gab seinem Aufsatz den Titel »Zwitscher« und schrieb dreihundertfünfzigmal »zwitscher, zwitscher, zwitscher, zwitscher, zwitscher, zwitscher...«

Zufällig treffe ich Bumbum nach seinem Abschluß auf der Delancey Street und frage ihn: Was sollte denn das mit dem Zwitschern?

Weiß ich nich. Ich hab manchmal so verrückte Anwandlungen, und dann ist mir alles egal. Ich hab in dem Klassenzimmer gesessen, und alles ist mir so blöd vorgekommen, dieser Aufsichtslehrer, der uns eingeschärft hat, daß wir nicht beim Nachbarn abschreiben dürfen, und auf dem Fenstersims hat ein Vogel gesessen und vor sich hingezwitschert, und da hab ich mir gesagt, okay, Scheiße, was soll's, und hab hingeschrieben, was der Vogel von sich gegeben hat. Mit vierzehn hat mich mein Vater in so ein Studio geschickt, damit ich Kampfsport lerne. Der Japaner hat mich eine Stunde lang draußen auf einer Bank sitzen lassen, und als ich ihn gefragt hab, he, Mister, was ist mit meiner Stunde?, hat er gesagt, ich soll nach Hause gehen. Nach Hause? Immerhin hat er ja Geld für die Stunde bekommen. Er hat gesagt, geh heim. Ich hab ihn gefragt, soll ich nächste Woche wiederkommen?, aber er hat nicht geantwortet. Nächste Woche bin ich wieder hin, und er fragt mich, was willst du? Ich sag ihm noch mal, daß ich Kampfsport lernen will. Da sagt er mir, ich soll die Toilette saubermachen. Ich hab nicht kapiert, was das jetzt mit Kampfsport zu tun hat, hab aber nichts gesagt. Ich hab das Klo geputzt. Er sagt, ich soll mich auf die Bank setzen, Schuhe und Socken ausziehen und meine Füße betrachten, sie nicht aus den Augen lassen. Haben Sie sich schon mal Ihre Füße angesehen? Bei mir ist ein Fuß größer als der andere. Er kommt raus und sagt, zieh deine Schuhe an, aber keine Socken, und geh nach Hause. Es ist immer leichter geworden, seine Anordnungen zu befolgen. Ich hab mir nichts mehr draus gemacht. Manchmal hab ich auf der Bank gesessen und nichts gemacht, und dann bin ich wieder nach Hause, hab ihn aber trotzdem bezahlt. Ich hab's meinem Vater erzählt, aber der hat nur doof geguckt. Es hat sechs Wochen gedauert, bis der Japaner mich für die erste Stunde reingeholt hat. Ich mußte eine Viertelstunde mit dem Gesicht an der Wand stehen, und er ist ständig mit so einer Art Schwert auf mich losgegangen und hat mich dabei angebrüllt. Am Ende von der Lektion sagte er, ich bin in die Schule aufgenommen, allerdings muß ich vor dem Heimgehen noch das Klo putzen, für den Fall, daß ich mir jetzt groß was einbilde. Ich hab also gewußt, was los war, wie Sie mir an dem Tag das Bein weggezogen haben. Ich hab gewußt, Sie müssen Ihren Arsch retten, und damit hab ich leben können, weil ich diese Welt nicht brauche und Sie ein ganz guter Lehrer sind und es mir scheißegal war, was die andern in der Klasse denken. Wenn Sie wieder mal das Bedürfnis haben, den großkotzigen Lehrer zu spielen, sollten Sie nach Hause gehen und Ihr Klo putzen.

Die traurige Wahrheit über die öffentlichen Schulen Amerikas: Je weiter man sich vom Klassenzimmer entfernt, um so mehr Geld und berufliches Ansehen heimst man ein. Man erwirbt die Lehrerlaubnis und unterrichtet zwei, drei Jahre. Dann belegt man Kurse in Verwaltung, Schulleitung und Studienberatung, und mit den neuen Befähigungsnachweisen bezieht man ein Büro mit Klimaanlage, Privattoilette, langer Mittagspause, Sekretärinnen. Man braucht sich nicht mehr mit großen Klassen aufsässiger Kinder rumzuschlagen. Man versteckt sich in seinem Büro und braucht die kleinen Scheißer nie mehr zu sehen.

Und ich war achtunddreißig, hatte keinerlei Ehrgeiz, in der Schulhierarchie aufzusteigen, schwamm so im amerikanischen Traum mit, sah der Midlife-crisis entgegen, ein gescheiterter Englischlehrer an der High School, den, so dachte ich jedenfalls, nur seine Vorgesetzten, die Rektoren und ihre Assistenten, am Vorwärtskommen hinderten.

Ich hatte Angst, und ich wußte nicht, was mir eigentlich fehlte. Alberta sagte, warum machst du nicht deinen Doktor, damit endlich was aus dir wird?

Na gut, sagte ich.

Die New York University hätte mich zur Promotion angenommen, aber meine Frau meinte, warum gehst du nicht nach London oder Dublin?

Willst du mich loswerden?

Sie lächelte.

Als ich sechzehn war, machte ich mit einem Freund einen Tagesausflug nach Dublin und stand mit dem Rücken an einer grauen Steinmauer, um mir eine Parade anzusehen. Die graue Mauer gehörte zum Trinity College, und ich wußte nicht, daß das als ausländisches Territorium galt: englisch und protestantisch. Ein Stück weiter die Straße runter hielten Gitterzäune und ein riesiges Tor mich und meinesgleichen davon ab, das Gelände zu betreten. Davor standen Statuen von Edmund Burke und Oliver Goldsmith. Ach, sagte ich, da ist er ja, gleich da drüben, der Mann, der »Das verödete Dorf« geschrieben hat, das ich in der Schule hatte auswendig lernen müssen.

Mein Freund aus Limerick, der sich in der Welt besser auskannte als ich, sagte, schau dir Oliver und die anderen noch mal gut an, denn einer wie du wird nie durch das Tor da gehen. Der Erzbischof hat gesagt, jeder Katholik, der aufs Trinity geht, wird automatisch exkommuniziert.

Von da an fühlte ich mich jedesmal, wenn ich in Dublin war, zum Trinity hingezogen. Ich stand vor dem Tor und bewunderte den eleganten Schwung, mit dem die Studenten ihre flatternden Trinity-Schals über die Schulter warfen. Ich bewunderte ihren Akzent, der englisch klang. Ich begehrte die schönen protestantischen Mädchen, die mich keines Blickes würdigten. Sie würden Männer ihres Standes heiraten, allesamt Protestanten mit Pferden, und wenn sich einer wie ich erdreisten sollte, eine von ihnen zu heiraten, würde er im hohen Bogen aus der katholischen Kirche rausfliegen und für immer verdammt sein.

Amerikanische Touristen in ihren knallbunten Sachen schlenderten in dem College ein und aus, und ich hätte gern den Mut gehabt, auch einmal hineinzugehen, aber wenn der Mann am Tor mich gefragt hätte, was ich hier wollte, hätte ich keine Antwort gewußt.

Sechs Jahre später kam ich wieder nach Irland, in meiner amerikanischen Army-Uniform, die mir, wie ich hoffte, einiges Ansehen einbringen würde. Das tat sie auch, solange ich den

Mund nicht aufmachte. Ich versuchte, mir einen zur Uniform passenden amerikanischen Akzent zuzulegen. Es funktionierte nicht. Kellnerinnen eilten beflissen herbei und zeigten mir einen Tisch, aber kaum hatte ich den ersten Satz gesagt, sagten sie, *arrah*, Jaysus, du bist ja gar kein Yank, aber schon gleich gar nicht. Du bist ein Ire wie jeder andere auch. Wo bist du her? Ich gab mich als GI aus Alabama aus, aber eine Bedienung in Bewley's Café in der Grafton Street sagte, wenn du aus Alabama bist, dann bin ich die Königin von Rumänien. Ich geriet ins Stottern und gab zu, daß ich aus Limerick war, und sie entsagte jedem Anspruch auf den rumänischen Thron. Sie meinte, es sei im Bewley's gegen die Vorschrift, mit Gästen ein Gespräch anzufangen, aber ich sähe aus wie einer, der ein Gläschen vertragen könnte. Ich prahlte damit, wie ich in Bayern jede Menge Bier und Schnaps getrunken hätte, und sie meinte, wenn das so sei, dann könnte ich sie ja zu einem Sherry in McDaid's Pub hier ganz in der Nähe einladen.

Ich fand sie nicht attraktiv, aber es war sehr schmeichelhaft, daß eine Bedienung in Bewley's Café mit mir einen trinken gehen wollte.

Ich ging in McDaid's Bar und wartete auf sie. Die Trinker starrten mich an und stießen sich gegenseitig an wegen meiner amerikanischen Uniform, und mir wurde unbehaglich. Der Barmann glotzte ebenfalls, und als ich ein Pint Stout bestellte, fragte er: Ist das ein General, der uns hier die Ehre gibt, oder was?

Mir entging der Sarkasmus, und als ich erwiderte, nein, ich bin Corporal, prusteten sie alle los, und ich kam mir vor wie der letzte Idiot.

Ich war verwirrt. Ich bin in Amerika geboren. Ich bin in Irland aufgewachsen. Ich bin zurück nach Amerika. Ich trage die amerikanische Uniform. Ich fühle mich als Ire. Die müßten doch merken, daß ich Ire bin. Sie sollten mich nicht auslachen.

Als die Bedienung aus dem Bewley's kam, sich zu mir an die

Wand setzte und einen Sherry bestellte, ging das mit dem Starren und den Rippenstößen schon wieder los. Der Barmann zwinkerte und sagte etwas von einem »neuen Opfer«. Er kam hinter dem Tresen hervor und fragte mich, ob ich noch ein Bier möchte. Natürlich wollte ich noch ein Bier. Mir wurde ganz heiß, weil die mich ständig beobachteten, und von einem Blick in den großen Spiegel wußte ich, daß meine Augen feuerrot waren.

Die Bedienung sagte, wenn der Barmann mir noch ein Pint bringe, könnte sie sich auch noch einen Sherry genehmigen nach ihrem anstrengenden Arbeitstag im Bewley's. Sie hieß Mary. Sie sagte, falls ich glaubte, hochnäsig auf sie herabschauen zu können, weil sie nur eine Kellnerin sei, dann sollte ich mir das ganz schnell abschminken. Schließlich sei ich nichts weiter als ein Landei, ein westirischer Tölpel, der sich für was Besseres hält, weil er sich mit einer amerikanischen Uniform rausgeputzt hat. Der Sherry machte sie redselig, und je mehr sie redete, um so mehr wurde an den anderen Tischen gekichert. Sie sagte, im Bewley's arbeite sie nur vorübergehend. Sie müsse nur noch abwarten, bis der Nachlaß ihrer Großmutter geregelt sei, dann würde sie in der Grafton Street ein kleines Geschäft aufmachen und exklusive Mode an bessere Leute verkaufen.

Ich verstand nichts von exklusiver Mode, aber ich fragte mich, wie sie sich in einem solchen Geschäft machen würde. Sie war dick, ihre Augen verschwanden fast in ihren Gesichtsfalten, sie hatte mehrere Kinne, die lebhaft schwabbelten. Sie quoll nach allen Seiten über. Es zog mich nicht zu ihr hin, und ich wußte nicht, was ich tun sollte. Ich sah, daß die Leute sich über mich lustig machten, und in meiner Verzweiflung stieß ich unvermittelt hervor, ich müsse jetzt gehen.

Was? fragte sie.

Ich muß … Ich muß mir das Trinity College ansehen. Innen. Ich muß durch das Tor gehen. Aus mir sprach mein drittes Glas Stout.

Das ist eine protestantische Einrichtung, sagte sie.

Ist mir gleich. Ich muß durch das Tor gehen.

Habt ihr das gehört? rief sie durchs Lokal. Er will ins Trinity rein.

Du lieber Himmel, sagte einer, und ein anderer, heilige Mutter Gottes.

Na schön, General, sagte der Barmann. Nur zu. Geh zum Trinity, und schau's dir von innen an, aber vergiß nicht, am Samstag zur Beichte zu gehen.

Hast du's gehört? fragte Mary. Beichte am Samstag, aber keine Angst, Kleiner. Ich nehm dir jederzeit die Beichte ab. Komm, trink aus, und wir gehen zum Trinity.

O Gott. Sie will mitkommen. Der Wackelpudding Mary will mit mir in meiner amerikanischen Uniform die Grafton Street entlanggehen. Die Leute werden sagen, seht euch den Yank an. Fällt dem nichts Besseres ein, als sich mit so einer fetten Nudel abzugeben, wo doch Dublin die hübschesten Mädchen der Welt hat?

Ich sagte ihr, sie solle sich keine Umstände machen, aber sie ließ nicht locker, und der Barmann meinte, bis Samstag würde ich mehr als einen Grund haben, zur Beichte zu gehen, weil deine Süße da, die kennt keine Gnade.

Warum stellte ich mich nicht auf die Hinterbeine? Sollte ich vielleicht mit diesem schnatternden Fettkloß am Arm zum ersten Mal im Leben durch die Tore des Trinity College schreiten?

Ich sollte, und ich tat es.

Den ganzen Weg die Grafton Street hinunter quatschte sie jeden an, der uns auch nur kurz musterte, na, was ist? Habt ihr noch nie einen Yank gesehen?, bis eine Frau mit einem Tuch um die Schultern ihr entgegnete: Doch, haben wir schon, aber noch nie einen, der so tief gesunken ist, daß er sich mit einer wie dir abgeben muß. Mary kreischte, wenn sie nicht was Wichtigeres vorhätte, würde sie der Tuchtante die Augen auskratzen.

Die Vorstellung, durchs Trinity-Tor zu gehen, machte mich

nervös. Der Uniformierte würde bestimmte fragen, was ich hier zu suchen hätte, aber er beachtete uns gar nicht, nicht einmal, als Mary sagte, einen wunderschönen guten Abend, mein Bester.

Da stand ich nun endlich auf dem Kopfsteinpflaster, innerhalb des Tors, und traute mich keinen Schritt weiter. Oliver Goldsmith war hier gegangen. Jonathan Swift war hier gegangen. All die reichen Protestanten aus allen Jahrhunderten waren hier gegangen. Ich hatte es durch das Tor geschafft, und das genügte mir.

Mary zog mich am Arm. Es wird dunkel. Willst du den ganzen Abend hier rumstehen? Komm, ich kipp noch um, wenn ich nicht bald einen Sherry kriege. Und hinterher gehen wir auf mein hübsches kleines Zimmer, und wer weiß, was dann noch alles passiert, wer weiß. Sie kicherte und zog mich an ihren ausladenden, weichen, wabbelnden Körper, und ich hätte am liebsten ganz Dublin mitgeteilt, nein, nein, die gehört nicht zu mir.

Wir gingen die Nassau Street entlang, und sie blieb vor dem Yates-Laden an der Ecke stehen, um den Schmuck in der Auslage zu bewundern. Wunderschön, sagte sie. Wunderschön. Ach, der Tag wird kommen, an dem ich einen von diesen Ringen am Finger trage.

Sie ließ meinen Arm los und zeigte auf einen Ring im Schaufenster, und da rannte ich los. Die ganze Nassau Street zurück rannte ich und hörte nur von fern, wie sie kreischte, ich sei ein dreckiger Limerick-Windhund von einem Yank.

Am nächsten Tag ging ich wieder ins Bewley's und entschuldigte mich bei ihr für mein Benehmen. Sie sagte, schon gut. Man weiß nie, was einem nach ein paar Sherrys oder Bierchen so alles einfällt. Sie sagte, um sechs habe sie Feierabend, und wenn ich möchte, könnten wir irgendwo Fisch mit Pommes essen und hinterher in ihrem Zimmer Tee trinken. Nach dem Tee meinte sie, so spät könnte ich wohl nicht mehr in mein Hotel in der Nähe der Grafton Street zurück, und von ihr aus könne ich gern dableiben und morgen früh mit ihr den Bus nehmen. Sie suchte das Etagenklo auf, und ich zog mich bis auf die Unterwäsche aus. Sie kam in einem wallenden Nachthemd zurück. Sie kniete vor dem Bett nieder, bekreuzigte sich und bat Gott, sie vor jeglicher Unbill zu bewahren. Sie sagte Gott, es sei ihr bewußt, daß sie sich in Versuchung begebe, aber der da in ihrem Bett sei ja gewiß ein unschuldiger Knabe.

Sie wälzte sich ins Bett und quetschte mich gegen die Wand, und als ich ihr das Nachthemd hochstreifen wollte, schlug sie mir auf die Finger. Sie sagte, sie wolle nicht dafür verantwortlich sein, daß ich meine Seele verlöre, aber wenn ich vor dem Einschlafen ein Bußgebet spräche, wäre ihr wohler. Während ich betete, zog sie sich unter der Bettdecke das Nachthemd aus und drückte mich an sich. Sie flüsterte mir zu, das Gebet müsse ich später beenden, und ich sagte, klar, mach ich, versprochen, während ich mich in den gewaltigen Speckberg ihres Körpers hineinwühlte und meine Buße vollendete.

Damals war ich zweiundzwanzig, und jetzt, mit achtunddreißig, bewarb ich mich am Trinity College. Sie schrieben zurück, ja, sie würden meine Bewerbung in Erwägung ziehen, vorausgesetzt, ich legte noch in Amerika den GRE-Eignungstest ab. Ich tat es und setzte mich und meine Umwelt in höchstes Erstaunen, weil ich in Englisch neunundneunzig von hundert möglichen Punkten erreichte. Das bedeutete, daß ich mich durchaus mit den klügsten Köpfen aus ganz Amerika messen konnte, und der Gedanke gab mir solchen Auftrieb, daß ich in Gage and Tollner's Restaurant in Brooklyn ging, mir Seebarsch mit gebackener Kartoffel leistete und so viel Wein trank, daß ich hinterher nicht mehr wußte, wie ich nach Hause gekommen war. Alberta übte Nachsicht und hielt mir am Morgen danach keine Standpauke, weil ich ja nach Dublin an eine berühmte Universität gehen und sie mich die nächsten zwei Jahre kaum sehen würde – soviel Zeit gestand einem Trinity für die Abfassung und Verteidigung einer Doktorarbeit zu.

Im Prüfungsfach Mathematik erzielte ich bei dem Test wahrscheinlich die niedrigste Punktzahl aller Zeiten.

Alberta buchte mir eine Koje auf der *Queen Elizabeth*. Es war die vorletzte Atlantiküberquerung des Ozeanriesen in östlicher Richtung. An Bord feierten wir ein bißchen, weil sich das so gehörte. Wir tranken Champagner, und als die Besucher von Bord gehen mußten, gab ich ihr einen Kuß, und sie gab mir auch einen. Ich sagte, sie werde mir fehlen, und sie sagte, ich würde ihr fehlen, aber ich bin mir nicht sicher, ob einer von uns beiden die Wahrheit sagte. Ich war beschwipst von dem Champagner, und als das Schiff ablegte, winkte ich, ohne zu wissen, weshalb. Das ist mein Leben, dachte ich. Winken, ohne zu wissen, weshalb. Eine tiefsinnige Erkenntnis, über die ich weiter nachdenken wollte, aber ich bekam Kopfschmerzen davon und machte etwas anderes.

Das Schiff fuhr in den Hudson ein und nahm Kurs auf die Narrows. Als wir an Ellis Island vorbeikamen, stand ich natürlich auf Deck und winkte. Alle anderen winkten der Freiheitsstatue zu, aber mein Winken galt Ellis Island, dem Ort der Hoffnung und der Verzweiflung.

Ich dachte daran, wie ich vor vierunddreißig Jahren als Knirps von fast vier Jahren hier gewinkt und gewinkt hatte, auf der Fahrt nach Irland, und jetzt war ich wieder hier und winkte, aber was machte ich hier, wo wollte ich hin und was sollte das Ganze?

Wenn man allein ist und noch ein bißchen benebelt vom Champagner, läuft man auf dem Schiff herum, erkundet es. Ich bin auf der *Queen Elizabeth* und fahre nach Dublin, ins Trinity College, wenn's recht ist. Hast du bei all deinem Kommen und Gehen, bei all deinem Winken je gedacht, daß du dich dereinst auf die Seite des Feindes schlagen würdest? Trinity College, das Protestantencollege, stets loyal gegenüber dieser oder jener Majestät, und was hat Trinity jemals für die Sache der Freiheit getan? Aber tief drinnen in deiner schniefenden kleinen Seele hast du sie immer als überlegen empfunden, nicht wahr, die Protestanten hoch zu Roß, mit ihrem vornehmen Zungenschlag und ihrem hochnäsigen Getue.

Oliver St. John Gogarty war auch ein Trinity-Mann, und obwohl ich über ihn gearbeitet und jede Zeile von ihm gelesen hatte, deren ich habhaft werden konnte, weil ich dachte, ein wenig von seiner Begabung und seinem Stil würde auf mich abfärben, war alles für die Katz. Einmal zeigte ich meine Dissertation Stanley Garber, einem Lehrer an der McKee, und gestand ihm meine Hoffnungen. Er schüttelte den Kopf und sagte: Wissen Sie was, McCourt? Vergessen Sie Gogarty. Im Grunde Ihres Herzens werden Sie immer der kleine Hosenscheißer aus dem Armenviertel von Limerick bleiben. Zum Teufel noch mal, finden Sie heraus, wer Sie selbst sind. Steigen Sie aufs Kreuz, und leiden Sie selbst. Ersatz funktioniert nicht, Kollege.

Wie können Sie so reden, Stanley? Das mit dem Kreuz. Sie sind doch Jude.

Stimmt. Aber sehen Sie uns an. Wir haben versucht, uns den Gojim anzupassen. Wir wollten uns assimilieren, aber die haben uns nicht gelassen. Und was ist das Ende vom Lied? Reiberei, Mann, und Reiberei bringt Leute wie Marx und Freud und Einstein und Stanley Garber hervor. Gott sei Dank sind Sie nicht assimiliert, McCourt, und vergessen Sie Gogarty. Sie sind nicht Gogarty. Sie sind Sie selbst. Verstehen Sie? Wenn Sie in diesem Moment umfallen und Ihre Seele aushauchen, werden die Sterne trotzdem weiter ihre Bahnen ziehen, und Sie sind ein Stäubchen im All. Suchen Sie sich Ihren eigenen Weg, oder Sie landen irgendwann in einem Häuschen auf Staten Island und beten Ave-Marias mit irgendeiner Maureen.

Ich konnte nicht darüber nachdenken, weil vor meinen Augen eine Frau, die ich kannte, die imposante zentrale Treppe der *Queen Elizabeth* herabstieg. Sie sah mich und meinte, wir sollten ein Glas miteinander trinken. Ich erinnerte mich, daß sie eine Privatkrankenschwester für reiche New Yorker war, und fragte mich, was sie sonst noch sein mochte. Sie sagte, sie sei sehr enttäuscht, weil ihre Freundin im letzten Moment ihre Reisepläne geändert habe, und jetzt sitze sie, die Schwester, allein in einer Erster-Klasse-Kabine mit zwei Betten und der Aussicht auf fünf einsame Reisetage. Der Drink löste meine Zunge, und ich erzählte ihr von meiner Einsamkeit und sagte, wir könnten einander doch Gesellschaft leisten, obwohl es kompliziert werden könne, weil sie erster Klasse reise und ich unterhalb der Wasserlinie.

Oh, das wär grandios, sagte sie. Sie war Halbirin und redete manchmal so.

Wäre ich nüchtern gewesen, hätte ich es mir vielleicht überlegt, aber so erlag ich der Versuchung und vergaß meine Koje tief im Bauch des Schiffes.

Am dritten Tag der Überfahrt schlich ich mich zum Frühstück in den Speisesaal, wo ich mich noch nie hatte blicken lassen. Der Kellner sagte fragend, ja, Sir?, und ich war verlegen, weil ich nicht wußte, wo ich mich hinsetzen sollte.

Sir, Sie waren noch nie hier?

Nein.

Weil er ein Kellner war, verkniff er sich die naheliegende Frage. Ebenso der Zahlmeister, der mir mitteilte, ich sei offiziell für nicht an Bord erklärt worden. Man habe angenommen, ich sei aus einer Laune heraus mit meinen Freunden wieder an Land gegangen. Er wartete offensichtlich auf eine Erklärung, aber ich konnte ihm ja nicht gut von meinen Erster-Klasse-Erlebnissen mit der Privatschwester erzählen. Er sagte, doch, ja, sie hätten einen Platz für mich, und willkommen zum Frühstück.

In besagter Kabine unter der Wasserlinie waren zwei Kojen. Meinen Kabinengenossen traf ich auf Knien an, im Gebet. Er erschrak, als er mich sah. Er war ein Methodist aus Idaho, der nach Heidelberg fuhr, um dort Theologie zu studieren, also konnte ich nicht damit prahlen, daß ich die letzten drei Nächte mit einer Privatschwester aus New York in einer Erster-Klasse-

Kabine verbracht hatte. Ich entschuldigte mich dafür, daß ich ihn beim Beten gestört hatte, aber er meinte, ihn könne man nie beim Beten unterbrechen, denn sein ganzes Leben sei ein Gebet. Ich fand das sehr schön gesagt und wünschte mir, mein Leben wäre auch ein Gebet. Prompt bekam ich Gewissensbisse und fühlte mich nichtswürdig und sündig. Er hieß Ted. Er wirkte geradeheraus und fröhlich, er hatte schöne Zähne und einen militärisch exakten Bürstenschnitt, und sein weißes Hemd war makellos gestärkt und gebügelt. Er war mit sich und der Welt im reinen. Gott war in seinem Himmel, einem methodistischen Himmel, und alles war in bester Ordnung. Ich war eingeschüchtert. Wenn sein Leben ein Gebet war, was war dann meines? Eine einzige Sünde? Sollten wir mit einem Eisberg zusammenstoßen, würde Ted auf Deck stehen und »Näher, mein Gott, zu Dir« singen, und ich würde das Schiff nach einem Priester durchstöbern, der mir die letzte Beichte abnehmen konnte.

Ted fragte mich, ob ich religiös sei, ob ich in die Kirche ginge. Er sagte, ich sei herzlich eingeladen, nachher am methodistischen Gottesdienst teilzunehmen, aber ich murmelte, hin und wieder gehe ich zur Messe. Er meinte, er verstehe das. Aber wie war das möglich? Was weiß ein Methodist von den Leiden eines Katholiken, zumal eines irischen Katholiken? (Das behielt ich natürlich für mich. Ich wollte seine Gefühle nicht verletzen. Er war so aufrichtig.) Er fragte, ob ich mit ihm beten wolle, und ich murmelte wieder, ich wisse keine protestantischen Gebete, und außerdem müsse ich mich duschen und umziehen. Er bedachte mich mit einem durchdringenden Blick, wie Schriftsteller das nennen, und ich hatte das Gefühl, daß er mich bis auf den Grund durchschaute. Er war erst vierundzwanzig, aber er hatte schon einen Glauben, eine Vision, ein Ziel. Vielleicht hatte er schon einmal von Sünde gehört, aber man sah ihm an, daß er selbst frei davon war, rein in jeder Hinsicht.

Ich sagte Ted, nach dem Duschen würde ich die katholische

Kapelle aufsuchen und an der Messe teilnehmen. Er sagte, wozu brauchen Sie eine Messe? Wozu brauchen Sie einen Priester? Sie haben Ihren Glauben, Ihre Bibel, zwei Knie und einen Fußboden, auf dem Sie niederknien können.

Das ärgerte mich jetzt. Warum können die Leute einen nicht in Frieden lassen? Warum meinen die Leute immer, sie müßten einen wie mich bekehren?

Nein, ich hatte keine Lust, niederzuknien und mit dem Methodisten zu beten. Schlimmer noch, ich wollte auch nicht zur Messe oder zur Beichte gehen oder sonstwas, wenn ich statt dessen auch einfach hinaufsteigen, auf Deck herumwandern, mich in einen Stuhl setzen und zusehen konnte, wie der Horizont sich hob und senkte.

Ach, zur Hölle damit, sagte ich, nahm meine Dusche und dachte an Horizonte. Ich fand Horizonte besser als Menschen. Sie drangsalierten keine anderen Horizonte. Als ich rauskam, war Ted verschwunden, und seine Habe lag säuberlich gestapelt auf seinem Bett.

Oben auf Deck kam die Privatschwester angerauscht, am Arm eines untersetzten grauhaarigen Mannes in einem marineblauen zweireihigen Blazer mit einem rosa Ascot-Halstuch, das sich über seinem Adamsapfel bauschte. Sie tat so, als hätte sie mich nicht gesehen, aber ich starrte sie so hartnäckig an, daß sie sich zur Andeutung eines Nickens gezwungen sah. Sie segelte weiter, und ich fragte mich, ob sie absichtlich mit dem Hintern wackelte, um mich zu quälen.

Wackel, soviel du willst. Ist mir doch egal.

Aber es war mir nicht egal. Ich fühlte mich verraten, abgehängt. Wie konnte diese Krankenschwester nach unseren drei Tagen zu einem alten Knacker überlaufen, der die Sechzig schon hinter sich hatte? Schon vergessen, wie wir im Bett gesessen und Weißwein aus der Flasche getrunken hatten? Wie ich ihr in der Badewanne den Rücken geschrubbt hatte? Was sollte ich jetzt mit mir anfangen in den zwei Tagen bis zur Ankunft in

Irland? Ich würde auf der oberen Koje liegen und mir anhören müssen, wie der Methodist unter mir seufzte und betete. Der Schwester war das egal. Sie lief mir absichtlich auf verschiedenen Decks über den Weg, um mich zu ärgern, und wenn ich an sie und den alten Mann dachte, wurde mir übel von der Vorstellung, wie dieser welke, faltige Körper neben ihrem lag.

Die nächsten zwei Tage herrschte Düsternis auf hoher See. Ich stand an der Reling und spielte mit dem Gedanken, mich in den Atlantik zu stürzen, hinab auf den Grund zu all den Schiffen, die im Krieg versenkt worden waren, Schlachtschiffe, U-Boote, Zerstörer, Frachter, und ich überlegte, ob schon jemals ein Flugzeugträger versenkt worden war. Das lenkte mich eine Weile von meinem Elend ab, das Nachdenken über Flugzeugträger und die Leichen, die dort unten herumschwammen und gegen die Schotten stießen, aber mein Elend holte mich wieder ein. Wenn man auf einem Schiff herumläuft und nichts zu tun hat, als ab und zu einer Privatschwester zu begegnen, mit der man drei Tage zusammen war und die es jetzt mit einem alten Mann im zweireihigen Blazer treibt, neigt man dazu, sehr wenig oder gar nichts von sich selbst zu halten. Wäre ich in den Atlantik gesprungen, hätte ihr das wenigstens zu denken gegeben, aber das hätte mir nichts genützt, weil ich es nicht mehr mitgekriegt hätte.

Ich stand also an der Reling, das Schiff zog seine Bahn, und ich dachte an mein Leben und daran, was für ein Jammerlappen ich war. (Das war zu der Zeit eines meiner Lieblingswörter, und es stimmte.) Jammerlappen. Seit meiner Ankunft in New York bis zu diesem Tag auf der *Queen Elizabeth* hatte ich nichts anderes getan, als mich ziellos von einer Beschäftigung zur nächsten treiben zu lassen: auswandern, Gelegenheitsarbeiten verrichten, in Deutschland und New York saufen, Frauen nachlaufen, vier Jahre an der New York University verschlafen, eine Lehrerstelle aufgeben und die nächste annehmen, heiraten und mir wünschen, wieder ledig zu sein, noch einen trinken, in eine pädagogische Sackgasse geraten, nach Irland fahren in der Hoffnung, das Leben würde endlich mal ein Einsehen haben.

Gern hätte ich zu einer dieser lustigen Reisegruppen gehört, an Land oder auf See, die Pingpong und Shuffleboard spielen und dazwischen einen trinken oder sonstwas machen, aber dafür fehlte mir die Begabung. Im Geiste übte ich. Oh, hi, würde ich sagen. Wie geht's? Und die anderen würden sagen, gut, danke, möchten Sie nicht ein Glas mit uns trinken? Ich würde Warum nicht? sagen und mich dabei betont nonchalant geben. (Das war damals auch eines meiner Lieblingswörter, weil ich erstens so sein wollte und mir zweitens der Klang gefiel.) Nach ein paar Drinks würde sich die gewünschte Nonchalance schon einstellen. Auf meine unwiderstehlich irische Art würde ich der Mittelpunkt jeder Party sein, aber ich wollte dann doch nicht von der Reling und dem Trost lassen, der darin lag, allem ein Ende zu machen.

Die Achtunddreißig ging mir nicht aus dem Kopf. Ein alternder Lehrer auf der Fahrt nach Dublin, und immer noch Student. War das vielleicht etwas für einen ausgewachsenen Mann?

Ich zwang mich, in einem Liegestuhl Platz zu nehmen, und hielt eine atlantische Krisensitzung mit mir selbst ab, mit geschlossenen Augen, um mir den Anblick des Ozeans und den der Privatschwester zu ersparen. Was ich nicht ausblenden konnte, waren das Klicken ihrer Stöckel und das polternde amerikanische Lachen von Mr. Ascot Uralt.

Besäße ich auch nur ein Mindestmaß an Intelligenz, abgesehen von bloßen Regungen des Selbsterhaltungstriebs, hätte ich eine schmerzliche Bestandsaufnahme meines Lebens versucht. Aber Introspektion war nicht meine Stärke. Zwar machte mir in puncto Gewissenserforschung nach den vielen Jahren Beichte in Limerick keiner was vor, aber hier ging es um etwas anderes. Hier war Mutter Kirche keine Hilfe. In diesem Liegestuhl erfuhr ich die Grenzen des Katechismus. Allmählich begriff ich, daß ich nichts verstand, und das Grübeln und meine allgemeine Misere verursachten mir Kopfschmerzen. Ich stand mit achtunddreißig vor einem Scherbenhaufen und wußte nicht, was ich anders machen sollte. So wenig Ahnung hatte ich. Heute weiß ich, daß man ständig dazu ermuntert wird, alles und jeden, nur nicht sich selbst, für alles verantwortlich zu machen: die Eltern, die unglückliche Kindheit, die Kirche, die Engländer.

In New York hatten mir mehrere Leute, vor allem jedoch Alberta gesagt, du brauchst Hilfe. Sie sagten, du bist offensichtlich gestört. Du solltest zu einem Seelenklempner gehen.

Alberta ließ nicht locker. Sie sagte, mit mir könne man nicht leben, und vereinbarte für mich einen Termin bei einem Psychoanalytiker in der East Ninety-sixth Street, der Straße der Seelenklempner. Der Mann hieß Henry, und ich fing schon auf dem falschen Fuß an, als ich ihm sagte, er sehe aus wie Jeeves. Er fragte, wer ist Jeeves? und war nicht erbaut, als ich ihm von dieser Wodehouse-Figur erzählte. Er zog ganz wie Jeeves die Brauen hoch, und ich kam mir blöd vor. Außerdem wußte ich nicht, was das alles sollte, was ich in dieser Praxis verloren hatte. Aus den Psychologievorlesungen an der NYU wußte ich, daß der Mensch als geistiges Wesen in mehrere Teile zerfällt, das Bewußtsein, das Unbewußte, das Unterbewußte, das Ich, das Es, die Libido und vielleicht noch ein paar andere Ecken und Winkel, in denen Dämonen lauerten. So weit reichte mein Wissen, wenn man es überhaupt so nennen kann. Dann fragte ich mich, warum ich Geld, das dringend anderweitig gebraucht wurde, dafür ausgab, diesem Menschen gegenüberzusitzen, der auf Kinnhöhe in ein Notizbuch kritzelte und hin und wieder innehielt, um mich wie ein biologisches Präparat zu beäugen.

Er sprach nur selten, und ich hatte das Gefühl, die Pausen ausfüllen zu müssen, sonst hätten wir nur dagesessen und einander angestiert. Nie sagte er wenigstens, und wie fühlen Sie sich dabei?, wie man es so oft im Kino sieht. Wenn er sein Notizbuch zuklappte, wußte ich, daß die Sitzung vorbei war und ich ihm sein Honorar hinblättern mußte. Am Anfang hatte er mir gesagt, er werde mir nicht den vollen Honorarsatz berechnen. Ich bekäme den Arme-Lehrer-Rabatt. Ich hätte ihm am liebsten gesagt, ich sei kein Fürsorgefall, aber ich sprach nur selten aus, was mir durch den Kopf ging.

Sein Verhalten flößte mir Unbehagen ein. Er kam immer ins Wartezimmer und blieb stehen. Das war für mich das Zeichen, mich zu erheben und ins Behandlungszimmer zu gehen. Er gab mir nie die Hand, grüßte nicht einmal. Ich fragte mich, ob es meine Aufgabe war, guten Tag zu sagen oder ihm die Hand zu reichen, und wie er es beurteilen würde, wenn ich es täte. Würde er sagen, das sei nur Ausdruck eines übermächtigen Minderwertigkeitsgefühls? Ich wollte ihm keine Argumente dafür liefern, mich als Irren einzustufen, wie es unter meinen Vorfahren einige gegeben hatte. Ich wollte ihn mit meinem lässigen Auftreten, meiner Logik und, soweit möglich, meinem Esprit beeindrucken.

In der ersten Stunde beobachtete er mich, während ich überlegte, wie ich mich verhalten sollte. Würde das auf eine Art Beichte hinauslaufen? Auf Gewissenserforschung? Sollte ich mich in den hohen Sessel setzen oder mich, wie man es aus Filmen kennt, auf die Couch legen? Wenn ich mich in den Sessel setzte, mußte ich ihn fünfzig Minuten lang ansehen, streckte ich mich dagegen auf der Couch aus, konnte ich zur Decke schauen und seinem Blick ausweichen. Ich setzte mich in den Sessel, und er nahm in seinem Sessel Platz, und ich war erleichtert, als ich kein Zeichen der Mißbilligung an ihm wahrnahm.

Nach ein paar Besuchen hätte ich gern aufgehört und wäre in eine Bar an der Third Avenue gegangen, um mir mit dem einen oder anderen Bierchen einen gemütlichen Nachmittag zu machen. Ich hatte nicht den Mut dazu, oder ich war nicht zornig genug, noch nicht. Woche um Woche saß ich in dem Sessel und plapperte vor mich hin, zum Teil sogar zweimal die Woche, weil ich, wie er sagte, mehr Zuwendung brauchte. Ich wollte ihn fragen, warum, aber mir dämmerte, daß seine Methode darin bestand, mich dazu zu bringen, aus eigener Kraft die Erklärung zu finden. Wenn das so ist, dachte ich mir, wieso bezahle ich ihn dann? Warum kann ich nicht im Central Park sitzen, die Bäume und die Eichhörnchen betrachten und darauf warten, daß meine Probleme von allein an die Oberfläche kommen? Oder in einer Kneipe sitzen, das eine oder andere Bier trinken, in mich hineinschauen, mein Gewissen erforschen? Damit würde ich mir Hunderte von Dollar sparen. Ich hätte es gern rundheraus ausgesprochen, Herr Doktor, was fehlt mir? Warum bin ich hier? Ich hätte gern eine Diagnose für das viele Geld, das ich Ihnen bezahle, auch wenn ich es als armer Lehrer billiger bekomme. Wenn Sie mein Leiden irgendwie benennen können, dann könnte ich mich vielleicht schlau machen und mir überlegen, wie ich zu kurieren wäre. Ich kann nicht Woche um Woche hierherkommen und ununterbrochen über mein Leben reden, ohne zu wissen, ob ich am Anfang, in der Mitte oder am Ende bin.

Aber so hätte ich nie mit dem Mann reden können. So bin ich nicht erzogen worden. Es wäre unhöflich gewesen, und womöglich hätte ich ihn damit gekränkt. Ich wollte einen guten Eindruck machen, wollte nicht, daß er mich bemitleidete. Sicher würde er merken, wie vernünftig und ausgeglichen ich war, trotz meiner Eheprobleme und meiner Ziellosigkeit in der Welt allgemein.

Er kritzelte immer weiter in sein Notizbuch, und obwohl er es sich nie anmerken ließ, war ich überzeugt, daß er richtig Spaß mit mir hatte. Ich erzählte ihm von meinem Leben in Irland und im Klassenzimmer. Ich gab mir die größte Mühe, anschaulich und unterhaltsam zu sein, ihn zu überzeugen, daß mit mir alles zum besten stand. Auf keinen Fall wollte ich ihn irgendwie aus der Fassung bringen. Aber wenn alles zum besten stand, wozu war ich dann überhaupt hier? Ich wollte ihm eine Reaktion entlocken, ein einziges dünnes Lächeln, ein einziges kleines Wort, das mir gezeigt hätte, daß er meine Mühen zu würdigen wußte. Nichts. Er gewann. Jedesmal.

Dann erschreckte er mich. Er sagte, aha, ließ sein Notizbuch in den Schoß sinken und sah mich durchdringend an. Ich brachte keinen Ton heraus. Womit hatte ich dieses Aha ausgelöst?

Ich glaube, Sie sind auf eine Goldmine gestoßen, sagte er.

Oh, schon wieder eine Goldmine. Der Fachbereichsleiter an der Modeschule hatte mir schon gratuliert, weil ich mit meiner Lektion über die Satzteile auf eine Goldmine gestoßen war.

Alles, was ich vor dem Aha gesagt hatte, war, daß ich außerhalb meiner Unterrichtsstunden an der High School eher schüchtern sei, menschenscheu. In Gruppen könne ich mich nur schwer überwinden, überhaupt etwas zu sagen, außer ich hatte schon ein paar Gläser intus, ganz im Gegensatz zu meiner Frau oder meinem Bruder, die jederzeit auf Leute zugehen und sich sofort lebhaft an einem Gespräch beteiligen konnten. Das war die Goldmine.

Nach dem Aha sagte er, hmm. Sie könnten von der Teilnahme an einer Gruppe profitieren. Es könnte ein Schritt vorwärts sein, wenn Sie mit anderen Menschen interagieren. Wir haben hier eine kleine Gruppe. Sie wären die Nummer sechs.

Ich wolle nicht die Nummer sechs sein. Ich wußte nicht, was interagieren bedeutete. Was immer es auch war, ich wollte das nicht machen. Wie konnte ich ihm klarmachen, daß das meiner Meinung nach alles reine Zeit- und Geldverschwendung war? Auf jeden Fall mußte ich höflich bleiben. Sechs Wochen Geplapper in dem Sessel, und ich fühlte mich schlechter denn je. Wann würde ich in der Lage sein, so selbstverständlich wie Alberta und Malachy auf Menschen zuzugehen und mit ihnen zu plaudern?

Meine Frau fand das eine gute Idee, obwohl es dadurch wöchentlich teurer würde. Sie meinte, mir fehlten gewisse soziale Fertigkeiten, ich sei noch ein bißchen ungehobelt, Gruppenarbeit könnte den großen Durchbruch bringen.

Damit gab sie den Anstoß zu einem Streit, der vier Stunden dauerte. Wer war sie, mir an den Kopf zu werfen, ich sei ungehobelt wie irgendein Mick frisch vom Schiff runter mit Kot an den Schuhen? Ich sagte ihr, ich dächte nicht daran, stundenlang mit einem Haufen New Yorker Schwachköpfe zusammenzusitzen, die über ihr Leben jammern und ihre intimsten Geheimnisse ausposaunen. Schlimm genug, daß ich als Junge meine Sünden Priestern ins Ohr flüstern mußte, die mir gähnend das Versprechen abnahmen, nie wieder zu sündigen, um den armen Jesus nicht zu kränken, der da oben am Kreuz für meine Sünden Qualen litt. Jetzt wollten Alberta und der Psychoheini, daß ich wieder alles ausplauderte. Nein.

Sie sagte, sie habe es satt, sich ständig Geschichten über meine ach so unglückliche katholische Kindheit anzuhören. Ich konnte es ihr nicht verdenken. Ich hatte meine unglückliche Kindheit genauso satt, hatte genug davon, daß sie mir über den Atlantik gefolgt war und ständig darum bettelte, bekanntgemacht zu werden. Alberta sagte, wenn ich meine Therapie nicht fortsetzte, würde ich in ernste Schwierigkeiten geraten.

Therapie? Wieso Therapie?

Die machst du doch schon, und wenn du nicht dabeibleibst, ist diese Ehe am Ende.

Das war verlockend. Wenn ich wieder ledig wäre, könnte ich mich frei in Manhattan bewegen. Ich hätte sagen können, also gut, dann ist die Ehe zu Ende, aber ich ließ es sein. Selbst wenn ich frei wäre, welche Frau, die ihre fünf Sinne beisammen hat, hätte mich genommen, einen haltlosen, ungehobelten Pädagogen, der einem Jeeves in der East Ninety-sixth Street sein Leben erzählte? Ich dachte an das irische Sprichwort »Zwist ist besser als Einsamkeit« und blieb.

Die Leute in der Gruppe sagten schockierende Sachen. Es war die Rede von Sex mit Vätern, Müttern, Brüdern, Schwestern, Onkeln auf Besuch, der Frau eines Rabbiners, einem Irish Setter, Sex mit einem Glas Hühnerleber, Sex mit einem Mann, der den Kühlschrank reparieren kam, tagelang blieb und seine Kleider so lange auf dem Küchenfußboden liegen ließ. Das waren

Sachen, die man höchstens einem Priester anvertrauen würde, aber diese Gruppenleute hatten keine Hemmungen, ihre Geheimnisse vor versammelter Mannschaft auszubreiten. Ich wußte einiges über Sex. Ich hatte das Kamasutra gelesen, *Lady Chatterley* und de Sades *Die hundertzwanzig Tage von Sodom,* aber das waren nur Bücher, der Phantasie ihrer Autoren entsprungen, dachte ich. D. H. Lawrence und der Marquis höchstselbst wären schockiert gewesen, hätten sie in dieser Gruppe gesessen.

Wir saßen im Halbkreis, uns gegenüber Henry, der eifrig in sein Notizbuch kritzelte und gelegentlich nickte. Eines Tages trat dann Stille ein, als ein Mann erzählte, daß er immer zur Messe gehe und die Hostie mit nach Hause nehme, um auf sie zu masturbieren. Er sagte, das sei seine Art, sich von der römisch-katholischen Kirche zu lösen, und dieser Akt sei so aufregend, daß er ihn oft nur zum Vergnügen wiederhole. Er sei sich bewußt, daß ihm kein Priester auf der Welt die Absolution für diese ungeheuerliche Lästerung erteilen würde.

Das war meine vierte Sitzung mit dieser Gruppe, und ich hatte noch kein Wort gesagt. In diesem Moment wäre ich am liebsten aufgestanden und gegangen. Mit meinem katholischen Glauben war es nicht mehr weit her, aber ich hätte nie daran gedacht, eine Hostie zu meiner sexuellen Befriedigung zu benutzen. Warum trat dieser Mensch nicht einfach aus der Kirche aus und damit basta?

Henry sah mir an, was ich dachte. Er hörte auf zu kritzeln und fragte mich, ob ich etwas zu diesem Mann sagen wolle, und ich spürte, wie mir das Blut ins Gesicht schoß. Ich schüttelte den Kopf. Eine Rothaarige sagte, ach, komm schon. Du warst jetzt schon viermal hier und hast noch kein Wort gesagt. Sollen wir uns hier bloßstellen, damit du dich jedesmal still und heimlich davonmachen und unsere Geheimnisse deinen Freunden in der Kneipe erzählen kannst?

Der Mann mit der Hostiengeschichte sagte, genau, ich stell

mich hier an den Pranger, Kumpel, und deshalb möchten wir auch mal was von dir hören. Was denkst du dir eigentlich? Daß du hier auf deinem Hintern sitzen kannst, und wir machen die ganze Arbeit?

Henry fragte Irma, die junge Frau links von mir, wie sie über mich denke, und ich war überrascht, als sie mir daraufhin die Schulter massierte und sagte, sie spüre Kraft. Sie sagte, sie wäre gern Schülerin in meiner Klasse, ich müsse ein guter Lehrer sein.

Hast du das gehört, Frank? fragte Henry. Kraft.

Alle warteten darauf, daß ich etwas sagte. Ich fand es nur recht und billig, auch etwas beizusteuern. Ich hab mal in Deutschland mit einer Prostituierten geschlafen, sagte ich.

Na ja, sagte die Rothaarige. Aber wenigstens zeigt er guten Willen.

Ja, toll, sagte der Hostienmann.

Erzähl uns davon, sagte Irma.

Ich war mit ihr im Bett.

Und? fragte die Rothaarige.

Nichts weiter. Ich bin mit ihr ins Bett gegangen. Ich hab ihr vier Mark gezahlt.

Henry rettete mich. Die Zeit ist um. Bis nächste Woche.

Ich ging nicht mehr hin. Ich dachte, vielleicht würde er anrufen, um sich zu erkundigen, warum ich aufgehört hatte, aber Alberta sagte, das dürfen die nicht. Man muß selbst eine Entscheidung treffen, und wenn man nicht mehr hingeht, heißt das, daß man kränker ist denn je. Sie sagte, ein Therapeut könne nicht zaubern, und wenn ich meine seelische Gesundheit aufs Spiel setzen wolle, tja, dein Blut komme über dich.

Was?

Das ist aus der Bibel.

Ich komme aus dem Büro von Professor Walton, dem Dekan der anglistischen Fakultät am Trinity College. Er sagte, ja, durchaus, zu meiner Bewerbung um Zulassung zur Promotion, und ja, durchaus, zu meinem Thema, »Irisch-amerikanische literarische Beziehungen, 1889–1911«. Warum ausgerechnet diese Zeitspanne? 1889 veröffentlichte William Butler Yeats seinen ersten Gedichtband, und 1911 wurden in Philadelphia die Darsteller des Abbey Theater nach einer Aufführung von *Der Held der westlichen Welt* mit Gegenständen beworfen. Professor Walton sagte, interessant. Mein Doktorvater werde Professor Brendan Kenneally sein, sagte er, ein vorzüglicher junger Dichter und Gelehrter aus der Grafschaft Kerry. Jetzt war es amtlich: Ich war ein Trinity-Mann, ein Erhabener, wandelnd in marmornen Hallen. Ich versuchte, durchs Vordertor hinauszugehen wie einer, der es gewohnt ist, durch dieses Tor hinauszugehen. Ich ging ganz langsam, damit die amerikanischen Touristen mich bemerkten. Zu Hause in Minneapolis würden sie ihren Leuten erzählen, sie hätten einen leibhaftigen nonchalanten Trinity-Mann gesehen.

Wird man am Trinity College zur Promotion zugelassen, kann man dieses Ereignis auch feiern, indem man die Grafton Street entlang zu McDaid's Pub geht, in dem man vor langer Zeit einmal mit Mary aus Bewley's Café gesessen hat. Ein Mann an der Bar sagte, aus Amerika rübergekommen, was? Woran er das sehe. An der Kleidung. Einen Yank erkennt man immer an der Kleidung, sagte er. Ich fand ihn nett und erzählte ihm vom Trinity, meinem wahr gewordenen Traum. Sofort wurde er feindselig. Jaysus, is das 'n trauriger Scheißtag, wenn einer nach Dublin kommen muß, um auf so eine Scheißuniversität zu gehen. Die haben die doch massenweise in Amerika, oder isses so, daß die dich nicht haben wollen, und bist du Protestant oder so was?

Sollte das ein Witz sein? Ich würde mich an die Art der Dubliner Männer erst noch gewöhnen müssen.

Mir dämmerte, daß ich ein Außenseiter war, ein Ausländer, ein zurückgekehrter Yank und zu allem Übel aus Limerick. Ich hatte gedacht, ich würde als siegreicher Held wiederkommen, ein in die Heimat zurückgekehrter Yank mit College-Abschlüssen, Bachelor und Master, ein Mann, der fast zehn Jahre an den High Schools von New York überlebt hatte. Ich nahm irrtümlich an, ich würde in die Nestwärme der Dubliner Pubs passen. Ich dachte, ich würde mich in einem so hochgeistigen literarischen Kreis bewegen, daß amerikanische Gelehrte, die an seiner Peripherie entlangstreiften, jedes meiner Bonmots an die Akademiker zu Hause weitergäben, die mich dann einladen würden, vor den unwiderstehlichen Studentinnen am Vassar und am Sarah Lawrence Vorträge über die literarische Szene in Irland zu halten.

Es sollte nicht sein. Sofern es hier einen Kreis gab, gehörte ich jedenfalls nie dazu. Ich streifte nur die Peripherie.

Ich blieb zwei Jahre in Dublin. Meine erste Adresse war Seaview Terrace nicht weit von der Ailesbury Road, wo Anthony Trollope gewohnt hatte, als er als berittener Postinspektor Irland durchstreifte und jeden Morgen dreitausend Wörter schrieb. Meine Vermieterin vertraute mir an, sein Geist gehe hier immer noch um, und sie sei überzeugt, daß in den Mauern dieses alten Hauses das Manuskript eines bedeutenden Romans versteckt sei. Daß der Geist von Mr. Trollope in der Tat hier residierte, merkte ich daran, daß das Fett um meine Spiegeleier mit Speck plötzlich gerann, wenn er seine mitternächtliche Runde machte. Ich suchte das ganze Zimmer nach dem Manuskript ab, bis sich die Nachbarn darüber beschwerten, daß ich zu jeder Tages- und Nachtstunde die Wände abklopfte.

Ich scheiterte in Dublin. Ich begann jeden Tag mit den besten Vorsätzen. Ich trank meinen Morgenkaffee im Bewley's und arbeitete in der Nationalbibliothek oder der Bibliothek des Trinity College. Mittags sagte ich mir, ich sei hungrig, und schlenderte auf ein Sandwich in ein benachbartes Pub: Neary's, McDaid's oder das Bailey. Ein Sandwich muß mit einem Pint runtergespült werden, aber mit einem Flügel kann bekanntlich kein

Vogel fliegen. Ein zweites Pint löste mir vielleicht die Zunge und verhalf mir so zu einem Schwatz mit anderen Gästen, und schon bald hatte ich das Gefühl, mich blendend zu unterhalten. Wenn die Pubs zur heiligen Nachmittagsstunde zumachten, ging ich wieder auf einen Kaffee ins Bewley's. Es war ein einziges Hinausschieben. Wochen vergingen, und meine Erforschung der literarischen Beziehungen zwischen Irland und Amerika führten zu nichts. Ich sagte mir, ein Ignorant wie ich, der keine Ahnung von der amerikanischen und nur lückenhafte Kenntnisse von der irischen Literatur hatte, müsse sich erst um Hintergrundwissen bemühen. Und das hieß, Bücher über die Geschichte beider Länder lesen. Wenn ich über irische Geschichte las, schrieb ich alle Hinweise auf Amerika säuberlich auf Karteikarten. Las ich über amerikanische Geschichte, notierte ich jeden Hinweis auf Irland auf Karteikarten.

Aber damit nicht genug, ich mußte jetzt auch die wichtigsten Autoren lesen und feststellen, wie sie ihre Kollegen auf der anderen Seite des Atlantiks beeinflußt hatten oder von ihnen beeinflußt worden waren. Sicher hatte Yeats amerikanische Verbindungen und Einflüsse. Sicher war Edmund Dowden vom Trinity College einer der ersten Europäer, die sich für Walt Whitman einsetzten, aber was sollte ich mit alldem anfangen? Was sollte ich schreiben? Und würde sich irgendwer einen Fiedlerfurz darum scheren?

Ich machte auch andere Entdeckungen und folgte Fährten, die mich weit weg führten vom amerikanischen Transzendentalismus und der irischen Renaissance. Ich las Berichte von Iren, die beim Bau des Erie-Kanals und der Pacific Railroad und im Sezessionskrieg hackten und gruben und kämpften und sangen. Iren kämpften oft auf verschiedenen Seiten gegen ihre eigenen Brüder und Vettern. Es schien, als hätten die Iren überall, wo es Krieg gab, auf beiden Seiten gekämpft, sogar in Irland. In der Schule in Limerick hatten wir mehrmals die lange, traurige Geschichte von Irlands Martyrium unter der angelsächsischen

Knute gehört, aber kaum ein Wort über die Iren in Amerika und wie sie bauten und kämpften und sangen. Jetzt las ich von irischer Musik in Amerika, dem Einfluß und Einfallsreichtum der Iren in der amerikanischen Politik, von den Heldentaten der Irischen Brigade, von den Millionen, die John F. Kennedy den Weg ins Oval Office ebneten. Ich las, wie viele Yankees überall in Neuengland die Iren diskriminierten und wie die Iren zurückschlugen und Bürgermeister, Gouverneure und Parteichefs wurden.

Ich hatte einen eigenen Stapel Karteikarten für die Geschichte der Iren in Amerika, und er wurde erheblich dicker als der für die literarischen Beziehungen. All das reichte aus, mich von den Pubs zur Mittagszeit fernzuhalten, aber auch von der Arbeit, die ich eigentlich in die Erforschung der irisch-amerikanischen literarischen Beziehungen hätte stecken müssen.

Ob ich wohl mein Thema wechseln konnte? Würde das College mir erlauben, über die Iren in Amerika zu arbeiten, ihre Rolle in Politik, Musik, Militär, Unterhaltung?

Professor Walton meinte, bei den Anglisten sei das nicht möglich. Offenbar ziehe es mich ja mehr zur Geschichte, und dafür wäre die Erlaubnis der historischen Fakultät erforderlich, doch man würde sie mir wahrscheinlich nicht erteilen, da ich ja nie Geschichte studiert hätte. Ich hatte schon ein Jahr am Trinity verbracht, und mir blieb nur noch ein weiteres Jahr für die Vollendung meiner Dissertation über die irisch-amerikanischen literarischen Beziehungen. Der Professor meinte, um das zu schaffen, müsse einer schon hart am Wind segeln.

Wie konnte ich meiner Frau in New York gestehen, daß ich ein Jahr mit der Erkundung der Gräben und Eisenbahndämme der irisch-amerikanischen Geschichte vertrödelt hatte, wo ich doch eigentlich meine literarischen Kenntnisse hätte vertiefen müssen?

Ich harrte in Dublin aus und unternahm halbherzige Versuche, so etwas wie eine Dissertation zusammenzubasteln. Wenn ich zum Mittagessen in ein Pub ging und mir mit einem Bier einen klaren Kopf verschaffte, würden neue Einsichten und Geistesblitze doch bestimmt nicht ausbleiben. Mein Geld wanderte über den Tresen. Das Bier nahm den entgegengesetzten Weg. Sonst tat sich nichts.

Ich setzte mich auf eine Bank in St. Stephen's Green und begehrte die Büromädchen Dublins. Ob eine von ihnen mit mir nach Coney Island, Far Rockaway oder zu den Hamptons durchbrennen würde?

Ich beobachtete die Enten im Teich und beneidete sie. Sie mußten den ganzen Tag nur quaken, paddeln und den Schnabel aufmachen, wenn ein Leckerbissen daherkam. Sie brauchten sich keine Sorgen über die Dissertation zu machen, die mich schier umbrachte. Wie und warum war ich da reingeraten? Mein Gott, ich hätte in New York sein können, zufrieden mit meinem Schicksal, meine fünf Stunden täglich halten, heimfahren, ein Bier trinken, ins Kino gehen, ein Buch lesen, der Frau schöntun und ab ins Bett.

Aber nein, Frankie, die Rotznase aus dem Armenviertel von Limerick, bildet sich ein, er muß sich über seinen Stand erheben, die soziale Stufenleiter erklimmen, sich unter bessere Leute mischen, das Niveau des Trinity College erreichen.

Das hast du jetzt von deinem armseligen Ehrgeiz, Frankie. Warum läufst du nicht gleich rüber in das Geschäft und kaufst dir einen Trinity-Schal? Vielleicht hebt das ja deine Laune und hilft dir beim Abfassen der großen bahnbrechenden Untersuchung der irisch-amerikanischen literarischen Beziehungen von 1889 bis 1911.

Es gibt ja angeblich eine Tätigkeit, die man »sich zusammenreißen« nennt. Ich versuchte es, aber es war nichts zum Zusammenreißen da.

Das zweite Jahr in Dublin verläpperte sich. Ich konnte dort meine Nische nicht finden. Ich hatte weder die Persönlichkeit noch das Selbstvertrauen, um mich in eine Gruppe zu drängen, einer von den Jungs zu werden, eine Lokalrunde zu schmeißen und witzige Bemerkungen zu machen, wie man sie angeblich in irischen Pubs hört.

Ich saß in der Bibliothek und vermehrte meinen Karteikartenbestand. Von der Trinkerei wurde ich nicht gerade klarer im Kopf. Ich lief stundenlang durch die Stadt, die eine Straße rauf, die andere runter. Ich lernte eine Frau kennen, eine Protestantin, und wir gingen ins Bett. Sie verliebte sich in mich, und ich wußte nicht, warum.

Ich lief durch die Straßen von Dublin und hielt Ausschau nach der Tür. Ich hatte die Vorstellung, daß es in jeder Stadt einen Eingang für den Außenseiter und den Reisenden gibt. In New York waren das für mich Schulen, Kneipen und Freundschaften. In Dublin fand ich keine Tür, und schließlich wurde mir klar, was mir fehlte: Ich hatte Heimweh nach New York. Anfangs wehrte ich mich gegen dieses Gefühl. Geh weg. Laß mich in Ruhe. Ich liebe Dublin. Schau dir die Geschichte an. Auf Schritt und Tritt stößt man hier auf die Vergangenheit. Als Kind in Limerick hatte ich von Dublin geträumt. Ja, aber, ja, aber ja, wie mein Onkel Pa Keating gesagt hätte, du gehst auf die Vierzig zu, also wird's langsam Zeit, entweder zu scheißen oder vom Topf runterzugehen.

Bevor ich das Trinity verließ, warf Professor Walton einen Blick auf meine Karteikarten und sagte, o weh, o weh.

Im Januar 1971 kehrte ich nach New York zurück, als gescheiterter Doktorand. Alberta war schwanger. Die Empfängnis hatte im Sommer zuvor stattgefunden, während unseres vierzehntägigen Aufenthalts auf Nantucket. Ich sagte ihr, ich könne meine Forschungsarbeit in der Forty-second Street Library in New York fortsetzen. Sie war beeindruckt von meinem Koffer voller Karteikarten, wollte aber wissen, wozu die gut seien.

Jeden Samstag saß ich im südlichen Lesesaal der Bibliothek in der Forty-second Street. Eigentlich hätte ich im nördlichen

Lesesaal sitzen müssen, in der Literaturabteilung, aber ich fand die *Lebensbeschreibungen der Heiligen* im südlichen Teil, und die waren so spannend, daß ich nicht an ihnen vorbeikam. Dann stieß ich auf Berichte über den Bau der Transcontinental Railroad. Die Iren und die Chinesen hatten sich, aus entgegengesetzten Richtungen vorstoßend, einen Wettlauf geliefert, die Iren hatten getrunken und sich ihre Gesundheit ruiniert, während die Chinesen Opium rauchten und sich ausruhten, die Iren hatten wahllos alles in sich hineingestopft, während die Chinesen sich von den Speisen nährten, die sie kannten und liebten, die Chinesen hatten nie bei der Arbeit gesungen, die Iren dagegen ununterbrochen, nicht daß es ihnen viel genützt hätte, den armen verrückten Iren.

Alberta nahm Mutterschaftsurlaub, und ich machte die Vertretung. Aber einen Monat nachdem ich wieder an der Seward Park High School angefangen hatte, starb der Rektor an einem Herzinfarkt. Im Aufzug lernte ich den neuen Rektor kennen, und das war ebenjener Fachbereichsleiter, der mich an der Modeschule gefeuert hatte. Ich fragte ihn, verfolgen Sie mich?, und sein verkniffener Mund verriet mir, daß meine Tage abermals gezählt waren.

Ein paar Wochen danach besiegelte ich mein Schicksal. In Anwesenheit anderer Lehrer fragte mich der Rektor, nun, Mr. McCourt, sind Sie denn schon Vater geworden?

Nein, noch nicht.

Und, was wäre Ihnen lieber, ein Junge oder ein Mädchen?

Ach, das ist mir gleich.

Hauptsache, es wird kein Neutrum, sagte er.

Wenn doch, dann erziehe ich es so, daß es später mal Rektor wird.

Der Brief, in dem stand, daß man mich »freistellen« müsse, ließ nicht lange auf sich warten. Unterzeichnet war er von Konrektor (geschäftsführend) Mitchel B. Schulich.

Ein Versager auf der ganzen Linie, war ich nach wie vor auf der Suche nach meinem Platz in dieser Welt. Als ambulanter Aushilfslehrer zog ich von einer Schule zur anderen. High Schools heuerten mich tageweise als Vertretung für erkrankte Lehrer an. Manche brauchten mich auch, wenn ein Lehrer längere Zeit bei Gericht als Geschworener Dienst tun mußte. Ich unterrichtete nicht nur Englisch, sondern jedes Fach, für das gerade ein Lehrer fehlte: Biologie, Kunsterziehung, Physik, Geschichte, Mathematik. Aushilfslehrer wie ich schwebten irgendwo an den Rändern der Realität. Täglich fragte mich jemand, und wer sind Sie heute?

Mrs. Katz.

Aha.

Und das war ich tatsächlich: Mrs. Katz oder Mr. Gordon oder Ms. Newman. Ich selbst war ich nie. Ich war immer Aha.

Im Klassenzimmer hatte ich null Autorität. Manchmal sagten mir Konrektoren, was ich zu unterrichten hätte, aber die Schüler paßten nicht auf, und ich konnte nichts tun. Diejenigen, die überhaupt zum Unterricht erschienen, ignorierten mich und schwätzten, baten um den Paß, legten den Kopf auf den Tisch und dösten, ließen Papierflieger fliegen, lernten für andere Fächer.

Ich entdeckte, wie ich verhindern konnte, daß sie überhaupt erschienen: Wenn man ein leeres Klassenzimmer haben will, muß man sich einfach nur vor die Tür stellen und grimmig dreinschauen. Dann halten sie einen für fies und suchen ihr Heil in der Flucht. Nur die Chinesen kamen immer. Offenbar schärften die Eltern ihnen ein, daß sie nicht schwänzen durften. Sie setzten sich in die hinteren Reihen, lernten und ignorierten hartnäckig meine zarten Andeutungen, daß auch sie verschwinden könnten. Rektoren und ihre Assistenten wurden unwirsch, wenn sie mich im fast leeren Klassenzimmer am Pult sitzen und die Zeitung oder ein Buch lesen sahen. Sie meinten, ich solle doch unterrichten. Dafür hätte man mich schließlich geholt.

Würde ich ja gerne, sagte ich, aber das hier wäre eigentlich eine Physikstunde, und ich hab nur die Lehrerlaubnis für Englisch. Sie wußten, wie albern die Frage war, aber sie waren Vorgesetzte und mußten sie stellen: Wo sind die Schüler? Jeder, in jeder Schule, kannte die Regel: Wenn du einen Aushilfslehrer siehst, Baby, dann nichts wie weg.

TEIL III

Neues Leben in Raum 205

12

Ein Jahr nach meiner Rückkehr aus Dublin machte mich unsere alte Freundin R'lene Dahlberg mit Roger Goodman bekannt, dem Leiter des Fachbereichs Englisch an der Stuyvesant High School. Er fragte mich, ob ich mir vorstellen könnte, etwa einen Monat lang vertretungsweise den Unterricht von Joe Curran zu übernehmen, der sich von irgend etwas erholen mußte. Die Stuyvesant galt als die beste High School der Stadt, als das Harvard der High Schools, die Schule, auf die mehrere Nobelpreisträger sowie kein Geringerer als James Cagney gegangen sind, eine Schule, deren Absolventen und Absolventinnen die besten Universitäten des Landes offenstanden. Dreizehntausend Bewerber unterzogen sich Jahr für Jahr der Stuyvesant-Aufnahmeprüfung, und die Schule schöpfte die besten siebenhundert ab.

Jetzt unterrichtete ich dort, wo ich niemals einer der siebenhundert gewesen wäre.

Als Joe Curran nach ein paar Monaten wiederhergestellt war, bot Roger Goodman mir eine Dauerstellung an. Ich sei bei den Schülern beliebt, sagte er, ein vitaler, mitreißender Lehrer und eindeutig ein Gewinn für seinen Fachbereich. Das Lob war mir peinlich, aber ich sagte ja und danke. Ich nahm mir fest vor, nur zwei Jahre zu bleiben. In der ganzen Stadt rissen sich die Lehrer darum, an der Stuyvesant zu unterrichten, aber ich wollte in die Welt hinaus. Am Ende eines Schultages hat man den Kopf voll mit lärmenden Teenagern, ihren Sorgen, ihren Träumen. Sie verfolgen einen bis zum Abendessen, ins Kino, ins Bad, ins Bett.

Man versucht, nicht mehr an sie zu denken. Geht weg. Geht

weg. Ich lese ein Buch, die Zeitung, die Schrift an der Wand. Geht weg.

Ich wollte etwas Wichtiges, Erwachsenes tun, in Besprechungen sitzen, meiner Sekretärin diktieren, mit prominenten Leuten an langen Mahagoni-Konferenztischen sitzen, zu Kongressen fliegen, mich in schicken Bars entspannen, mit hinreißenden Frauen ins Bett gehen, sie davor und danach mit geistreichem Bettgeflüster unterhalten, in New York arbeiten und in Connecticut wohnen.

Als 1971 meine Tochter zur Welt kam, verblaßten meine Phantasien vor ihrer herzerfrischenden Realität, und ich fing an, mich in der Welt zu Hause zu fühlen. Jeden Morgen gab ich Maggie das Fläschchen, wechselte ihre Windel, tauchte ihren Po in der Spüle in warmes Seifenwasser, verzichtete auf die Zeitungslektüre, weil sie zuviel Zeit beansprucht hätte, fuhr im überfüllten Zug stehend von Brooklyn nach Manhattan, ging die Fifteenth Street entlang zur Stuyvesant, schlängelte mich durch den Pulk der wartenden Schüler zur Eingangstür, stürmte hinein, sagte guten Morgen zum Wachmann, stempelte meine Karte ab, nahm einen Stapel Unterlagen aus meinem Fach, begrüßte nach mir eintreffende Kollegen, öffnete die Tür zu meinem leeren Klassenzimmer, Raum 205, öffnete mit der langen Stange die Fenster, setzte mich hin und schaute über die leeren Bankreihen, sammelte mich ein paar Minuten vor der ersten Stunde, dachte an meine Tochter, wie sie heute früh in der Spüle gebrabbelt hatte, sah zu, wie in dem einfallenden Sonnenstrahl der Staub tanzte, nahm die Anwesenheitsliste aus der Schublade und legte sie aufs Pult, wischte die Tafel ab, auf der noch Anmerkungen aus dem Französischkurs für Erwachsene vom Abend zuvor standen, öffnete die Tür und begrüßte die hereinströmenden Schüler meiner ersten Klasse.

Roger Goodman sagte, ich müsse unbedingt die Erstellung von Satzdiagrammen unterrichten. Er bewunderte die Klarheit und euklidische Schönheit dieser Methode. Ich sagte ah, denn ich hatte keine Ahnung von Satzdiagrammen. Solche Dinge verriet er mir beim Mittagessen im Gas House gleich um die Ecke.

Roger war klein und kahlköpfig, doch die Kahlheit wurde aufgewogen durch buschige schwarzgraue Brauen und einen gestutzten Bart, der ihm etwas augenzwinkernd Koboldhaftes verlieh.

Er aß mit den Lehrern. Damit war er die große Ausnahme unter den Konrektoren, die mich immer an die Cabots und die Lodges erinnerten, den Inbegriff puritanischer Yankee-Elite.

In Boston, dem Sitz von Geld und Macht,
Wo die Cabots nur mit den Lodges reden
Und Gott mit den Lodges lacht.

Manchmal kam Roger auch nachmittags ins Gas House, um ein Glas mit uns zu trinken. Er war kein bißchen eingebildet, immer gut aufgelegt, immer aufbauend, ein Vorgesetzter, bei dem man sich wohl fühlte. Er hatte keine Allüren, intellektuelle Überheblichkeit war ihm fremd, und er mokierte sich über bürokratisches Kauderwelsch. »Pädagogische Strategieplanung« hätte er vermutlich nicht aussprechen können, ohne dabei in sich hineinzulachen.

Er vertraute mir. Er war offenbar der Meinung, daß ich auf allen vier Jahrgangsstufen unterrichten könne. Er fragte mich sogar, was ich unterrichten wolle, und ging mit mir in das Magazin, in dem Bücher nach Jahrgangsstufen geordnet waren. Es war ein berauschender Anblick: Bücher über Bücher in Regalen bis an die sieben Meter hohe Decke und auf Wägelchen gestapelt, bereit zum Transport in die Klassenzimmer. Da gab es Anthologien der englischen, der amerikanischen und der Weltliteratur, Stöße von *Der scharlachrote Buchstabe, Der Fänger im Roggen, Der bemalte Vogel, Moby Dick, Dr. med. Arrowsmith, Griff in den Staub, Geborgen im Schoße der Nacht,*

Introduction to Poetry von X. J. Kennedy. Es gab Wörterbücher, Lyrik-Anthologien, Sammlungen von Kurzgeschichten und Theaterstücken, Lehrbücher über Journalismus und Grammatik.

Nehmen Sie sich, was Sie wollen, sagte Roger, und wenn Sie noch irgend etwas anderes brauchen, können wir es bestellen. Lassen Sie sich Zeit. Denken Sie heute abend darüber nach. Kommen Sie, gehen wir ins Gas House zum Mittagessen.

Schule, Bücher, Mittagessen. Für Roger war alles eins. Er setzte nicht jedesmal einen anderen Hut auf. Wenn die Lehrer nach Schulschluß Schlange standen, um sich per Stechkarte abzumelden und nach Hause zu eilen, ließ er seine Augenbrauen spielen und lud einen um die Ecke zu einem Abschiedstrunk ein. Schließlich müsse sich ein Mann stärken für die lange Fahrt zu seiner Wohnung am anderen Ende von Brooklyn. Manchmal fuhr er mich auch heim, an Drei-Martini-Tagen langsam und bedächtig. Dann thronte er auf dem Kissen, das er sich unterlegen mußte, um übers Armaturenbrett schauen zu können, und hielt das Lenkrad fest, als müsse er einen Schlepper im Hafen steuern. Am nächsten Tag gestand er dann, daß er sich kaum an die Fahrt erinnerte.

Zum erstenmal in meiner Lehrerlaufbahn fühlte ich mich im Klassenzimmer als mein eigener Herr. Ich konnte unterrichten, was ich wollte. Wenn Außenstehende den Kopf durch die Tür steckten, spielte das keine Rolle. Nach seinen seltenen Unterrichtsbesuchen schrieb Roger enthusiastische Berichte. Mein Widerstand gegen jeden auf der Welt, der eine oder zwei Stufen über mir stand, wurde von ihm gebrochen. Ich sagte ihm, was ich in meinen Klassen machte, und bekam nur Unterstützung. Ab und zu ließ er eine Bemerkung darüber fallen, wie wichtig Satzdiagramme seien, und dann versprach ich ihm, es zu versuchen. Nach einer Weile war es nur noch ein Witz.

Ich versuchte es, aber vergeblich. Ich malte senkrechte, waagrechte und schräge Linien, und dann stand ich hilflos an der

Tafel, bis ein chinesischer Schüler sich erbot, meine Stelle einzunehmen und dem Lehrer beizubringen, was der Lehrer hätte wissen müssen.

Meine Schüler waren geduldig, aber ich merkte an den Blikken, die sie wechselten, und an dem regen Austausch von Zetteln, daß ich mich in einem Grammatikdschungel befand. An der Stuyvesant hatten sie es nicht nur mit der englischen, sondern auch mit der spanischen, französischen, deutschen, hebräischen, italienischen und lateinischen Grammatik zu tun.

Roger hatte Verständnis. Er sagte, vielleicht sind Satzdiagramme nicht Ihre Stärke. Er meinte, manche hätten einfach nicht die Veranlagung dazu. R'lene Dahlberg habe sie. Und Joe Curran natürlich. Aber der sei auch auf der Boston Latin gewesen, einer Schule zweieinhalb Jahrhunderte älter als die Stuyvesant und, so behauptete er, noch viel renommierter. An der Stuyvesant zu unterrichten sei für Curran eigentlich ein Abstieg. Er könne Satzdiagramme in Griechisch und Latein und wahrscheinlich auch in Französisch und Deutsch erstellen. Das ist eben die Ausbildung, die man an der Boston Latin bekommt. Jesse Lowenthal sei ebenfalls ein Könner, aber das sei auch kein Wunder. Er war der älteste Lehrer des Fachbereichs, mit seinen eleganten Dreiteilern, der goldenen Uhrkette über der Weste, seiner Goldrandbrille, seinen Manieren aus der guten alten Zeit und seiner Gelehrsamkeit. Jesse wollte nicht in Pension gehen, doch als es dann doch soweit war, nahm er sich vor, seine Tage mit dem Studium des Griechischen zu verbringen und mit Homer auf den Lippen ins Jenseits hinüberzugleiten. Für Roger war es ein beruhigender Gedanke, daß er in seinem Fachbereich einen festen Stamm von Lehrern hatte, die aus dem Stegreif Satzdiagramme erstellen konnten.

Roger fand es betrüblich, daß Joe Curran solche Probleme mit dem Alkohol hatte. Sonst hätte er Jesse stundenlang aus dem Gedächtnis mit Homer und, falls Jesse dem gewachsen war, mit Vergil und Horaz unterhalten können, und sogar mit dem einen, den Joe aufgrund seines eigenen gewaltigen Zorns über alle anderen stellte, mit Juvenal.

In der Lehrerkantine sagte mir Joe, lesen Sie Ihren Juvenal, damit Sie verstehen, was mit unserem jämmerlichen Scheißland los ist.

Roger sagte, das mit Jesse sei jammerschade. Da steht er nun vor seinem Lebensabend mit weiß der Himmel wieviel Berufsjahren auf dem Buckel. Er hat nicht mehr die Kraft für fünf Stunden pro Tag. Er hat gebeten, sein Pensum auf vier Stunden herabzusetzen, aber nein, o nein, der Rektor sagt nein, der Schulrat sagt nein, die ganze bürokratische Hierarchie hinauf sagen alle nein, und Jesse sagt ade. Hallo, Homer. Hallo, Ithaka. Hallo, Troja. So ist Jesse. Wir verlieren einen großartigen Lehrer, und Mann, Diagramme konnte der zeichnen! Was der mit einem Satz und einem Stück Kreide gemacht hat, da blieb einem die Spucke weg. Wunderschön.

Wenn man die Jungen und Mädchen an der Stuyvesant High School bat, dreihundertfünfzig Wörter über irgendein Thema zu schreiben, konnte es passieren, daß sie fünfhundert ablieferten. Sie hatten Wörter im Überfluß.

Bat man alle Schüler in seinen fünf Klassen, pro Nase dreihundertfünfzig Wörter zu schreiben, und multiplizierte dann 175 mit 350, ergab das 61 250 Wörter, die man abends und am Wochenende lesen, korrigieren, beurteilen und benoten mußte. Und das auch nur, wenn man so klug war, pro Woche nur eine Arbeit aufzugeben. Man mußte Rechtschreibfehler, falsche Grammatik, schlechte Gliederung, schwache Übergänge und allgemeine Flüchtigkeitsfehler korrigieren. Man mußte Vorschläge zum Inhalt machen und einen Kommentar zur Erläuterung der Note schreiben. Man erinnerte die Schüler, daß es keine Pluspunkte für Arbeiten gab, die mit Ketchup, Mayonnaise, Kaffee, Cola, Tränen, Fettflecken oder Schuppen verziert waren. Man gab ihnen den eindringlichen Rat, die Arbeiten an einem Schreibtisch oder einem normalen Tisch zu verfassen und nicht im Zug, im Bus, auf einer Rolltreppe oder im Trubel von Joes Pizzeria nebenan.

Rechnet man für jede einzelne Arbeit nur fünf Minuten, kommt man schon bei einer Arbeit pro Klasse und Woche auf einen Zeitaufwand von vierzehn Stunden und fünfunddreißig Minuten, also gut zwei Schultage. Ade, Wochenende.

Man zögert, Buchbesprechungen aufzugeben. Die sind länger und mit Plagiaten durchsetzt.

Jeden Tag trug ich Bücher und Klassenarbeiten in einer braunen Kunstledertasche nach Hause, mit dem Vorsatz, mich gemütlich im Sessel niederzulassen und die Arbeiten zu lesen, aber nach einem Tag mit fünf Klassen und hundertfünfundsiebzig Teenagern hatte ich nicht die geringste Neigung, auch noch den Abend mit ihren Elaboraten zu verbringen. Herrgott noch mal, das kann warten. Ich hatte mir ein Glas Wein oder eine Tasse Tee verdient. Die Arbeiten würde ich mir später vornehmen. Jawohl, eine schöne Tasse Tee und die Zeitung oder ein Spaziergang um den Block oder ein paar Minuten mit meiner kleinen Tochter, damit sie mir erzählen konnte, wie es in der Schule gewesen war und was sie mit ihrer Freundin Claire gemacht hatte. Und die Zeitung mußte ich wenigstens überfliegen, um auf dem laufenden zu bleiben. Ein Englischlehrer sollte wissen, was sich in der Welt tut. Man wußte nie, wann einer der Schüler eine Frage zur Außenpolitik oder zu einem neuen Off-Broadway-Stück stellen würde. Keine angenehme Vorstellung, da vorne zu stehen und den Mund auf- und zuzuklappen, ohne daß was herauskommt.

So sieht das Leben des Englischlehrers an der High School aus.

Die Tasche stand in einer Ecke neben der Küche auf dem Boden, nie ganz außer Sicht oder aus dem Sinn, ein Tier, ein Hund, der auf Zuwendung wartet. Sie ließ mich nicht aus den Augen. Ich wollte sie aber auch nicht in einem Schrank verstecken, aus Angst, ich könnte völlig vergessen, daß ich noch Arbeiten korrigieren mußte.

Sie noch vor dem Abendessen zu lesen hatte keinen Sinn. Lieber auf nachher verschieben, beim Abspülen helfen, meine Tochter ins Bett bringen, und dann ran an die Arbeit. Hol die Tasche her, Mann. Setz dich auf die Couch, wo du die Sachen ausbreiten kannst, leg dir eine Platte auf oder mach das Radio an. Nichts, was ablenkt. Nur akustischer Sirup. Musik, bei der man Arbeiten benoten kann. Mach's dir auf der Couch gemütlich.

Leg erst noch ein Weilchen den Kopf zurück, bevor du den ersten Aufsatz liest, den du auf dem Schoß hast, »Mein Stiefvater, der Mistkerl«. Schon wieder Teenagerangst. Schließ einen Moment die Augen. Ah ... laß dich treiben, Lehrer ... Du schwebst. Ein leises Schnarchen weckt dich. Blätter auf dem Boden. Jetzt aber. Den Aufsatz überfliegen. Gut geschrieben. Auf den Punkt gebracht. Klar gegliedert. Bitter. Oh, was dieses Mädchen da über ihren Stiefvater schreibt, daß er ein bißchen zu vertraut mit ihr umgeht. Lädt sie ins Kino und zum Abendessen ein, wenn die Mutter Überstunden macht. Und wie er sie ansieht. Mutter sagt, ach, das ist ja nett, aber sie hat so einen Ausdruck in den Augen, und dann Stille. Die Verfasserin fragt sich, was sie tun soll. Fragt sie mich, ihren Lehrer? Und sollte ich etwas tun? Soll ich reagieren, ihr aus dem Dilemma helfen? Wenn es überhaupt ein Dilemma gibt. Soll ich meine Nase in Familienangelegenheiten stecken, wo sie nicht hingehört? Vielleicht hat sie alles nur erfunden. Was, wenn ich etwas sage, und sie geht damit zu Stiefvater oder Mutter? Ich könnte diesen Aufsatz objektiv lesen und benoten, der Verfasserin zur Klarheit ihres Stils und der Entwicklung ihres Themas gratulieren. Dafür bin ich doch da, oder? Ich darf mich nicht in jede kleine familiäre Streitigkeit einmischen, schon gar nicht an der Stuyvesant, wo man dazu neigt, »die Dinge beim Namen zu nennen«. Meine

Kollegen sagen mir, daß die Hälfte der Schüler eine Therapie macht und die andere Hälfte sich daran ein Beispiel nehmen sollte. Ich bin kein Sozialarbeiter und kein Therapeut. Ist das ein Hilferuf oder wieder nur eine Teenagerphantasie? Nein, nein, zu viele Probleme in diesen Klassen. An den anderen Schulen waren die Kinder nie so. Die haben die Schulstunde nicht zur Gruppentherapie umfunktioniert. Die Stuyvesant ist da anders. Ich könnte den Aufsatz einem Beratungslehrer zeigen. Hier, Sam, kümmern Sie sich da mal drum. Tue ich es nicht, und irgendwann kommt raus, daß der Stiefvater das Mädchen mißbraucht hat, so daß alle Welt erfährt, daß ich nichts unternommen habe, dann werden mich hohe Herren der Schulaufsicht zu sich bestellen: Konrektoren, Rektoren, Schulräte. Und Erklärungen verlangen. Wie konnten Sie, ein erfahrener Lehrer, da untätig bleiben? Womöglich würde mein Name sogar auf Seite drei der Boulevardzeitungen prangen.

Streich ein paar Sachen rot an. Gib ihr 98 Punkte. Der Stil ist phantastisch, aber sie macht Rechtschreibfehler. Beglückwünsche sie zu ihrer aufrichtigen und reifen Ausdrucksweise, und sag ihr, Janice, du hast die allerbesten Anlagen, und ich hoffe, in den nächsten Wochen noch mehr solche Arbeiten von dir zu sehen.

Über das Privatleben von Lehrern haben sie Vorstellungen, die ich ihnen ausreden möchte. Ich sage ihnen, sucht euch einen eurer Lehrer aus – oder eine Lehrerin –, aber sagt niemandem den Namen. Schreibt ihn auch nicht auf. Und jetzt überlegt mal. Was macht dieser Lehrer so jeden Tag nach Schulschluß? Wo geht er hin?

Ihr wißt es. Nach der Schule fährt der Lehrer gleich nach Hause. Er nimmt eine Tasche voller Arbeiten mit, die er korrigieren muß. Vielleicht trinkt er mit seiner Frau eine Tasse Tee. O nein, ein Glas Wein trinkt der Lehrer nie. Das ist nicht der Stil von Lehrern. Die gehen nie aus. Vielleicht mal ins Kino, am Wochenende. Sie essen zu Abend. Bringen die Kinder ins Bett.

Sie schauen Nachrichten, bevor sie sich noch einmal hinsetzen, um Arbeiten zu korrigieren. Um elf dann noch eine Tasse Tee oder ein Glas warme Milch, zum Einschlafen. Dann ziehen sie ihren Schlafanzug an, geben der Frau einen Kuß und schlafen ein.

Schlafanzüge von Lehrern sind immer aus Baumwolle. Was sollte ein Lehrer mit einem Seidenpyjama anfangen? Und nein, sie schlafen auch nie nackt. Wenn man Nacktheit andeutet, erschrecken die Schüler. Mann, kannst du dir irgendwelche Lehrer an unserer Schule nackt vorstellen? Das löst immer schallendes Gelächter aus, und ich frage mich, ob sie dasitzen und sich Mr. McCourt nackt vorstellen.

Woran denken Lehrer zuletzt, bevor sie einschlafen?

Vor dem Einschlafen denken all diese Lehrer, wohlig warm in ihren Baumwollpyjamas, nur daran, was sie am nächsten Tag unterrichten werden. Lehrer sind gut, anständig, pflichtbewußt und gewissenhaft, und sie würden nie ein Bein über den Menschen legen, der neben ihnen liegt. Vom Bauchnabel abwärts ist der Lehrer tot.

Im dritten Jahr an der Stuyvesant High School, 1974, bietet man mir an, der neue Lehrer für Kreatives Schreiben zu werden. Roger Goodman sagt, Sie schaffen das.

Ich habe keine Ahnung, wie man schreibt oder gar Schreiben unterrichtet. Keine Sorge, sagt Roger. Hierzulande unterrichten das Hunderte von Lehrern und Professoren, und die meisten von ihnen haben noch nie eine Zeile veröffentlicht.

Sie dagegen, sagt Bill Ince, Rogers Nachfolger, Sie haben hier und da eigene Texte veröffentlicht. Ich entgegne, nach den paar Sachen in der *Village Voice*, in *Newsday* und in einer eingegangenen Dubliner Zeitschrift sei ich noch längst nicht prädestiniert, Kreatives Schreiben zu unterrichten. Bald würden alle merken, daß ich mich dabei anstelle wie die Kuh beim Harfenspiel. Doch mir fiel ein, was meine Mutter immer gesagt hatte: Gott helfe uns, aber manchmal muß man seinen Arm riskieren.

Ich bringe es nie über mich zu sagen, daß ich Kreatives Schreiben oder Literatur unterrichte, zumal ich ständig selbst weiterlerne. Statt dessen sage ich immer, daß ich einen Kurs halte oder eine Klasse leite.

Ich habe die üblichen fünf Stunden täglich, drei »reguläre« Englischstunden und zwei in Kreativem Schreiben. Ich bin Klassenlehrer von siebenunddreißig Schülern mit den dazugehörigen administrativen Aufgaben. In jedem Halbjahr werden mir andere Aufsichtspflichten zugewiesen: Kontrollgänge in Fluren und Treppenhäusern, Kontrolle der Knabentoiletten auf Rauchen, Vertretung abwesender Lehrer, Verhinderung von Drogenhandel, Einschreiten gegen Übergriffe jeder Art, Überwachung der Schülerkantinen, Kontrollen im Eingangsbereich, um sicherzustellen, daß jeder, der kommt oder geht, einen gültigen Paß hat. Wo dreitausend aufgeweckte Teenager unter einem Dach versammelt sind, kann man nicht vorsichtig genug sein. Irgend etwas hecken sie immer aus. Das gehört dazu.

Allgemeines Stöhnen, als ich ankündige, daß wir *Eine Geschichte aus zwei Städten* lesen werden. Wieso können wir nicht *Der Herr der Ringe* oder *Der Wüstenplanet* lesen, überhaupt Science-fiction? Warum nicht?

Genug. Ich ließ eine Tirade los, über die Französische Revolution, die Verzweiflung der von Tyrannei und Armut ausgelaugten Menschen. Ich war eins mit den unterdrückten Franzosen und genoß meine gerechte Empörung in vollen Zügen. Auf die Barrikaden, *mes enfants.*

Sie hatten den gewissen Blick, der soviel besagt wie, jetzt geht das wieder los. Schon wieder ein Lehrer, der eine Riesenmacke hat.

Aber euch ist das ja egal, höhnte ich. In diesem Moment gibt es Milliarden von Menschen, die nicht jeden Morgen aus ihren warmen weißen Laken kriechen und sich auf warmen weißen

Toiletten erleichtern. Es gibt Milliarden, die kein kaltes und warmes fließendes Wasser kennen, keine parfümierte Seife, so wenig wie Shampoo, Pflegespülung oder luxuriöse Badetücher mit faustdickem Flor.

Ihre Gesichter sagten, ach, laßt ihn doch reden. Man hat keine Chance, wenn Lehrer so drauf sind. Da kann man nichts machen. Widersprich ihm, und er holt den roten Füller raus und macht den kleinen roten Eintrag, der dir deine Note versaut. Dann meckert dein Dad, was ist denn das?, und du mußt ihm erklären, daß der Lehrer eine Macke hat wegen der armen Leute oder so. Dein Dad glaubt dir nicht, und du kriegst hundert Jahre Hausarrest aufgebrummt. Also hältst du am besten die Klappe. Bei Eltern und Lehrern ist Mundhalten immer die beste Politik. Hört ihn euch bloß an.

Nachher geht ihr heim in eure komfortablen Wohnungen und Häuser, geht an den Kühlschrank, macht ihn auf, werft einen Blick rein, findet nichts, was euch behagt, fragt Mom, ob ihr euch eine Pizza bestellen dürft, obwohl es in einer Stunde Abendbrot gibt. Sie sagt, natürlich, Schatz, weil ihr es schwer genug habt, wo ihr doch jeden Tag in die Schule gehen und mit Lehrern klarkommen müßt, die euch Dickens lesen lassen, da habt ihr euch eine kleine Belohnung doch wirklich verdient.

Noch während meiner Suada sah ich, daß ich für sie nichts anderes war als die typische Nervensäge, der man nicht trauen konnte. Merkten sie, daß es mir Spaß machte? Der Lehrer als Demagoge. Sie konnten nichts dafür, daß sie bürgerlich und saturiert waren, und was tat ich anderes, als die alte irische Tradition der Mißgunst hochzuhalten? Also mach mal halblang, Mac.

In der vordersten Reihe, vor meiner Nase, meldet sich Sylvia. Sie ist schwarz, zierlich und durchgestylt.

Mr. McCourt.

Ja.

Mr. McCourt.

Ja, was?

Sie vergaloppieren sich, Mr. McCourt. Kriegen Sie sich wieder ein, entspannen Sie sich. Wo bleibt Ihr gutes altes irisches Lächeln?

Ich wollte ihr über den Mund fahren: Das Leid der armen Menschen in Frankreich, das die Revolution auslöste, sei nichts zum Lächeln, aber allgemeines Gelächter und Applaus für Sylvia brachten mich zum Schweigen.

Ja, Sylvia. Zeig's ihm, Mädel.

Sie lächelte zu mir auf. Ach, diese großen braunen Augen. Ich kam mir schwach und töricht vor. Ich schlich mich zu meinem Stuhl und ließ sie den Rest der Stunde ihre Witze reißen. Ach, wie sie sich bessern würden. Sie würden sich Charles Dickens' würdig erweisen. Als erstes würden sie auf die Pizza am Nachmittag verzichten. Das gesparte Geld würden sie den Nachkommen der armen Menschen in der Französischen Revolution spenden. Oder sie würden es den Pennern auf der First Avenue schenken, vor allem dem Mann, der beleidigt war, wenn man ihm weniger als fünf Dollar anbot.

Als die Stunde vorbei war, blieb Ben Chan zurück. Mr. McCourt, darf ich mit Ihnen reden?

Er kenne aus eigener Erfahrung, was ich über Armut gesagt hätte. Die anderen hätten keine Ahnung. Aber das sei nicht ihre Schuld, und ich sollte nicht wütend werden. Er sei zwölf gewesen, als er vor vier Jahren nach Amerika kam. Er habe kein Wort Englisch gekonnt, aber er habe gebüffelt und sei in Englisch und Mathematik so gut geworden, daß er die Aufnahmeprüfung an der Stuyvesant geschafft habe. Er sei glücklich, hier zu sein, und seine ganze Familie sei stolz auf ihn. Die Menschen daheim in China seien stolz auf ihn. Er habe es mit vierzehntausend anderen aufnehmen müssen, um an diese Schule zu kommen. Sein Vater arbeite sechs Tage die Woche, täglich zwölf Stunden, in einem Restaurant in Chinatown. Seine Mutter arbeite downtown in einer Fabrik. Jeden Abend mache sie Essen für die ganze Familie – die fünf Kinder, ihren Mann und sich selbst. Dann helfe sie ihnen noch, ihre Kleider für den nächsten Tag herzurichten. Jeden Monat lasse sie die Kleineren Sachen von den Älteren anprobieren, um zu sehen, ob sie ihnen paßten. Sie sage immer, wenn einmal alle groß seien und keinem mehr die Sachen der älteren Geschwister paßten, würde sie die Kleider für die nächste Familie aus China aufheben oder sie gleich rüberschicken. Amerikaner könnten sich überhaupt nicht vorstellen, wie begeistert eine chinesische Familie sei, wenn sie etwas aus Amerika geschickt bekommt. Seine Mutter sorge dafür, daß die Kinder sich an den Küchentisch setzten und ihre Hausaufgaben machten. Er könne seine Eltern nicht mit so albernen Namen wie Mom oder Dad rufen. Das wäre respektlos. Sie lernten jeden Tag neue englische Wörter, damit sie mit den Lehrern reden und mit den Kindern mithalten könnten. Ben sagte, in seiner Familie respektiere jeder jeden, und sie würden nie über einen Lehrer lachen, der über die armen Menschen in Frankreich redet, weil das genausogut in China oder sogar in Chinatown hier mitten in New York sein könnte.

Ich sagte, die Geschichte seiner Familie sei eindrucksvoll und bewegend, und ob es nicht eine Huldigung an seine Mutter wäre, sie aufzuschreiben und im Unterricht vorzulesen.

O nein, das könne er niemals tun, unter keinen Umständen.

Warum nicht? Seine Mitschüler würden doch bestimmt etwas daraus lernen und dann mehr zu schätzen wissen, was sie alles hätten.

Er sagte, nein, er könne niemals über seine Familie schreiben oder vor anderen über sie sprechen, weil sein Vater und seine Mutter sich schämen würden.

Ben, ich fühle mich geehrt, daß du mir von deiner Familie erzählt hast.

Ach, ich wollte Ihnen nur etwas sagen, was ich keinem in der Klasse sagen würde, nur für den Fall, daß es Ihnen nach dieser Stunde schlechtgeht.

Danke, Ben.

Ich danke Ihnen, Mr. McCourt, und machen Sie sich keine Gedanken wegen Sylvia. Sie mag Sie nämlich.

Am nächsten Tag blieb Sylvia nach der letzten Stunde zurück. Mr. McCourt, wegen gestern. Ich hab's nicht bös gemeint.

Ich weiß, Sylvia. Du wolltest helfen.

Die andern haben es auch nicht bös gemeint. Die müssen sich nur die ganze Zeit von Erwachsenen und von Lehrern anschreien lassen. Aber ich hab verstanden, was Sie gemeint haben. Ich muß mir jeden Tag allerhand anhören, wenn ich durch meine Straße in Brooklyn gehe.

Was denn?

Tja, es ist nämlich so. Ich wohne in Bedford-Stuyvesant. Kennen Sie Bed-Stuy?

Ja. Ein Schwarzenviertel.

Aus meiner Straße schafft's kein Schwein aufs College. Ups. Was ist?

Ich hab »kein Schwein« gesagt. Wenn meine Mutter hört, daß ich »kein Schwein« sag, läßt sie mich hundertmal schreiben, »Ich darf nicht kein Schwein sagen.« Und dann muß ich es noch hundertmal sagen. Was ich sagen will: Wenn ich nach Hause gehe, hänseln mich die Kids auf der Straße immer. Ah, da kommt sie ja. Da kommt unsre Bleichnase. He, Doc, wenn du dich am Arm kratzt, kommt's dann weiß? Die nennen mich Doc, weil ich will nämlich Ärztin werden. Natürlich tun mir die armen Franzosen leid, aber wir in Bed-Stuy haben auch unsere Probleme.

Was für eine Ärztin möchtest du werden?

Kinderärztin oder Psychiaterin. Ich möchte an die Kinder rankommen, bevor sie auf der Straße landen und von allen Seiten hören, daß sie nichts taugen, weil ich seh nämlich Kinder bei uns in der Nachbarschaft, die trauen sich nicht zu zeigen, wie schlau sie sind, und in Null Komma nix bauen sie irgendwelchen Mist auf leeren Grundstücken oder in ausgebrannten

Häusern. Es gibt nämlich einen Haufen, ich mein, es gibt ziemlich viele schlaue Kinder in schlechten Wohnvierteln.

Mr. McCourt, erzählen Sie uns morgen eine von Ihren irischen Geschichten?

Für dich, Fräulein Doktor, würde ich ganze Bände vortragen. Diese Geschichte ist mir im Gedächtnis geblieben wie ein Stein, für immer. Als ich vierzehn war, hab ich als Telegrammbote gearbeitet, daheim in Irland. Eines Tages hatte ich ein Telegramm für das Stift zum Guten Hirten, eine Gemeinschaft von Nonnen und weltlichen Frauen, die Spitze herstellten und eine Wäscherei betrieben. In Limerick erzählte man sich, die weltlichen Angestellten in der Wäscherei seien verworfene Weibsbilder, die Männer auf die schiefe Bahn lockten. Telegrammboten durften nicht die Vordertür benutzen, also klopfte ich an einer Seitentür. Das Telegramm, das ich überbrachte, erforderte eine Antwort, und die Nonne, die an die Tür gekommen war, hieß mich hereinkommen und warten, aber nur bis hierher und nicht weiter. Sie legte die Spitze, an der sie arbeitete, auf einen Stuhl, und als sie den Gang entlang verschwand, riskierte ich einen Blick auf das Muster, einen kleinen Spitzen-Putto, der über einem irischen Kleeblatt schwebte. Ich weiß nicht, woher ich den Mut nahm, die Nonne anzusprechen, aber als sie wiederkam, sagte ich, das ist eine sehr schöne Arbeit, Schwester.

Da hast du recht, Junge, und merk dir eins: Die Hände, die das gemacht haben, haben noch nie das Fleisch eines Mannes berührt.

Die Nonne starrte mich an, als ob sie mich haßte. Die Priester predigten am Sonntag immer Liebe, aber diese Nonne hatte wahrscheinlich die Predigt versäumt, und ich nahm mir vor, falls ich wieder einmal ein Telegramm für das Stift zustellen müßte, würde ich es unter der Tür durchschieben und mich davonmachen.

Sylvia sagte, diese Nonne, warum war die so fies? Was hatte die für ein Problem? Was ist so schlimm daran, das Fleisch eines

Mannes zu berühren? Jesus war auch ein Mann. Die ist wie der fiese Priester bei James Joyce, der ständig von der Hölle redet. Glauben Sie den ganzen Quatsch, Mr. McCourt?

Ich weiß nicht, was ich glaube, außer daß ich nicht auf dieser Welt bin, um Katholik oder Ire oder Vegetarier oder sonstwas zu sein. Das weiß ich bestimmt, Sylvia.

Als ich in meinen Klassen das *Porträt des Künstlers als junger Mann* durchnahm, stellte sich heraus, daß sie die Sieben Todsünden nicht kannten. Lauter leere Blicke. Ich schrieb an die Tafel: Hochmut, Habsucht, Wollust, Zorn, Völlerei, Neid, Trägheit. Wenn ihr die nicht kennt, wie wollt ihr dann euern Spaß haben?

Aber, was, bitte schön, hat das mit kreativem Schreiben zu tun, Mr. McCourt?

Alles. Man muß nicht arm und katholisch und irisch sein, um unglücklich zu sein, aber wenn man es ist, dann hat man etwas, worüber man schreiben kann, und man hat eine Ausrede für seine Trinkerei. Moment. Das nehme ich zurück. Streicht das mit der Trinkerei.

Als meine Ehe zerbrach, war ich neunundvierzig, Maggie acht. Ich war pleite und übernachtete nacheinander bei verschiedenen Freunden in Brooklyn und Manhattan. Die Arbeit an der Schule zwang mich, meine Sorgen zu vergessen. Im Gas House oder in der Lion's Head Bar konnte ich in mein Bier heulen, aber im Klassenzimmer mußte ich funktionieren.

Bald wollte ich beim Lehrer-Pensionsfonds ein Darlehen aufnehmen und eine möblierte Wohnung mieten. Bis dahin bot mir Yonk Kling an, bei ihm in seiner Mietwohnung in der Hicks Street nicht weit von der Atlantic Avenue zu wohnen.

Yonk war Maler und Restaurator und in den Sechzigern. Er kam aus der Bronx, wo sein Vater ein politisch radikaler Arzt war. Jeder Revolutionär oder Anarchist, der in New York durchkam, konnte damit rechnen, bei Dr. Kling ein Abendessen und ein Bett zu bekommen. Im Zweiten Weltkrieg arbeitete Yonk bei der Kriegsgräberfürsorge. Nach einer Schlacht durchsuchte er das Gelände nach Leichen oder Leichenteilen. Er sagte mir, er habe nie kämpfen wollen, aber das sei noch schlimmer gewesen, und er habe oft überlegt, ob er sich nicht zur Infanterie versetzen lassen sollte, wo man einfach seinen Mann erschoß und weitermachte. Da brauchte man nicht die Erkennungsmarken der Gefallenen in die Hand zu nehmen oder die Bilder von Frau und Kindern in ihren Brieftaschen anzusehen.

Yonk hatte immer noch Alpträume, und sein bestes Heil- oder Vorbeugemittel war ein ordentlicher Schluck Brandy, den er im Schlafzimmer stets vorrätig hatte. Am Flüssigkeitsspiegel in der Flasche konnte ich die Häufigkeit seiner Alpträume ablesen.

Er malte in seinem Zimmer. Er ging vom Bett zum Stuhl zur Staffelei, und alles gehörte zusammen. Nach dem Aufwachen blieb er im Bett liegen, rauchte eine Zigarette und studierte die Leinwand, an der er tags zuvor gearbeitet hatte. Er trug seine Kaffeetasse aus der Küche ins Schlafzimmer, setzte sich auf einen Stuhl und schaute weiter die Leinwand an. Ab und zu betupfte er das Bild, um etwas zu korrigieren oder zu entfernen. Den Kaffee trank er nie aus. In der ganzen Wohnung standen halbvolle Kaffeetassen herum. Wenn der Kaffee kalt wurde, gerann er und bildete in halber Höhe einen Ring.

Es gab eine Szene, die er immer und immer wieder auf verschieden großen Leinwänden malte: Eine Gruppe von Frauen mit pastellfarbenen Kopftüchern und langen, fließenden Seidengewändern stand an einem Strand und schaute aufs Meer hinaus. Ich fragte ihn, ob jemand ertrunken sei oder ob sie auf etwas warteten. Er schüttelte den Kopf. Er wisse es nicht. Wie auch? Er habe die Frauen einfach da hingestellt und denke nicht daran, sich in ihre Angelegenheiten einzumischen. Das sei es ja, was ihm an bestimmten Malern und Schriftstellern so mißfalle. Sie mischten sich ein und zeigten auf alles mit dem Finger, als könnte man nicht selber sehen oder lesen. Nicht so van Gogh. Schau dir van Gogh an. Da ist eine Brücke, eine Sonnenblume, ein Zimmer, ein Gesicht, ein Paar Schuhe. Die Schlüsse mußt du selber ziehen. Van Gogh erklärt dir nichts.

Er hatte noch zwei andere Themen: Rennpferde und tanzende Chassidim. Die Pferde zeigte er in der Kurve. Dort ist der Pferdekörper am geschmeidigsten, sagte er. Jeder kann ein Pferd am Start oder beim Einlauf malen. Das ist bloß Pferd pur von der Nüster bis zum Schwanz, aber wenn sie um die Kurve kommen, Mann, da legen sie sich rein, brechen aus, passen sich der Kurve an, suchen sich ihre Spur für die Gerade.

Die Chassidim waren wilde Gesellen: sechs Männer in langen schwarzen Mänteln und schwarzen Hüten, mit wehenden Haaren und Bärten. Man hörte förmlich die Klarinette schrillen und die Fiedel zirpen und singen.

Yonk sagte, Religion könne ihm persönlich gestohlen bleiben, die jüdische ebenso wie jede andere, aber wenn jemand seinen Weg zu Gott tanzen könne wie diese Männer, dann sei er dabei.

Auf der Aqueduct-Rennbahn schaute ich ihm beim Schauen zu. Er war anscheinend der einzige auf dem Rennplatz, der sich für die lahmen Kracken interessierte, wie er sie nannte, diejenigen, die am Ende des Feldes durchs Ziel gingen. Siegerpferde, die in den Absattelring geführt wurden, ignorierte er. Siegen war Siegen, aber Verlieren machte einen nachdenklich. Bevor ich Yonk kannte, sah ich nichts als Gruppen von Pferden, die alle in dieselbe Richtung liefen und sich die Lunge aus dem Leib rannten, bis eines von ihnen siegte. Mit seinen Augen sah ich ein ganz anderes Aqueduct. Ich verstand nichts von Kunst oder der Gedankenwelt eines Künstlers, aber ich wußte, daß er Bilder von Roß und Reiter im Kopf hatte, wenn er nach Hause fuhr.

Wenn es Abend wurde, lud er mich auf einen Brandy in sein Eckzimmer ein, und wir schauten die Atlantic Avenue hinunter zum Wasser. Lastwagen ächzten die Avenue herauf und schalteten an der roten Ampel keuchend und zischend herunter, und die Krankenwagen des Long Island College Hospital heulten Tag und Nacht. Wir sahen die rot blinkende Neonreklame für Montero's Bar, ein Treffpunkt für die Matrosen von Frachtern und Containerschiffen und die Straßenmädchen, die ihnen die Ankunft in Brooklyn versüßten.

Die Kneipe und das Haus an der Atlantic Avenue gehörten Pilar Montero und ihrem Mann Joe. Pilar hatte eine leerstehende Wohnung über der Bar und erbot sich, sie mir für zweihundertfünfzig Dollar monatlich zu vermieten. Außerdem könne ich ein Bett und ein paar Tische und Stühle von ihr haben, und ich bin sicher, du wirst dich da oben wohl fühlen, Frankie. Sie möge mich, sagte sie, seit ich einmal gesagt hätte, daß ich die spanische Dudelsackmusik der irischen vorzöge, und außerdem sei ich keiner von den Iren, die nichts anderes im Sinn hätten, als sich zu prügeln.

Die Wohnung ging auf die Atlantic Avenue hinaus. Vor meinem Fenster blinkte unentwegt die Neonreklame der Montero Bar, so daß mein vorderes Zimmer abwechselnd grellrot und schwarz war, während unten aus der Jukebox die Village People »YMCA« sangen und stampften.

Meinen Schülern konnte ich natürlich nicht sagen, daß ich über einer der letzten Hafenkneipen von Brooklyn wohnte, daß mich jeden Abend das Gegröle betrunkener Matrosen nervte, daß ich mir Watte in die Ohren stopfte, um das Gekreisch und Gelächter der Frauen nicht hören zu müssen, die ihre Gunst verkauften, und daß mich das Gewummer in der Kneipe unter mir und die Village People mit ihrem »YMCA« allnächtlich in meinem Bett durchrüttelten.

13

Zu Beginn jedes Halbjahrs sagte ich den neuen Schülern im Fach Kreatives Schreiben, wir sitzen hier im selben Boot. Ich weiß nicht, wie ihr darüber denkt, aber ich nehme dieses Fach ernst, und eins weiß ich ganz bestimmt: Am Ende des Halbjahrs wird mindestens einer in diesem Raum etwas dazugelernt haben, und dieser eine, meine kleinen Freunde, werde ich sein.

Ich hielt es für geschickt, wie ich mich da als der Eifrigste von allen darstellte, mich absetzte von der Masse, den Faulenzern, den Opportunisten, den Gleichgültigen.

Englisch war Pflichtfach, Kreatives Schreiben ein Wahlfach. Man konnte es nehmen, man konnte es aber auch lassen. Sie nahmen es. Scharenweise strömten sie in meinen Unterricht. Der Raum war rappelvoll. Sie saßen auf den Fensterbänken. Eine Kollegin, Pam Sheldon, lästerte: Warum lassen die ihn nicht gleich im Yankee-Stadion unterrichten? So beliebt war ich.

Woher diese Begeisterung für »Kreatives Schreiben«? Hatten die Jungen und Mädchen plötzlich das Bedürfnis, sich auszudrücken? War es mein meisterhafter Unterricht, mein Charisma, mein irischer Charme? Die alte Geschichte mit der skurrilen Sprache?

Oder hatte es sich herumgesprochen, daß dieser McCourt immer vom Hundertsten ins Tausendste kam und dann gute Noten wie Erdnüsse verteilte?

Ich wollte nicht in den Ruf eines Lehrers kommen, bei dem es alles umsonst gab. Ich mußte mein Image aufpolieren. Straffen. Organisieren. Konzentrieren. Andere Lehrer flößten den Schülern Respekt ein. Oben im vierten Stock unterrichtete Phil

Fisher Mathematik und versetzte alle, die ihm unter die Augen kamen, in Angst und Schrecken. Man hörte so manches. Wenn jemand mit dem Stoff zu kämpfen hatte oder wenig Interesse zeigte, brüllte er, jedesmal, wenn du den Mund aufmachst, wächst die Summe menschlicher Ignoranz. Oder, jedesmal, wenn du den Mund aufmachst, schrumpft die Summe menschlicher Weisheit. Es war ihm unbegreiflich, daß ein menschliches Gehirn Schwierigkeiten mit Trigonometrie oder Infinitesimalrechnung haben konnte. Fassungslos fragte er sich, warum diese kleinen Schwachköpfe keinen Sinn für die schlichte Schönheit der Mathematik hatten.

Am Schuljahresende prahlten die kleinen Schwachköpfe dann mit den guten Noten, die sie von ihm bekommen hatten. Ein Phil Fisher konnte einem nicht gleichgültig sein.

Ed Marcantonio war Leiter des Fachbereichs Mathematik. Sein Klassenzimmer lag meinem genau gegenüber. Er gab dieselben Kurse wie Phil Fischer, aber seine Stunden waren wahre Oasen der Vernunft und der Ernsthaftigkeit. Er stellte eine Aufgabe, und in den nächsten vierzig Minuten führte oder drängte er die Klasse zu einer eleganten Lösung. Wenn die Stunde aus war, schwebten seine Schüler geradezu durch die Gänge, und wenn sie Eds Kurs bestanden, wußten sie, daß sie es sich verdient hatten.

Halbwüchsige schätzen es nicht unbedingt, wenn man sie auf einem Meer der Spekulation und der Ungewißheit aussetzt. Es tut ihnen gut zu wissen, daß Tirana die Hauptstadt von Albanien ist. Sie mögen es nicht, wenn Mr. McCourt fragt: Warum war Hamlet so gemein zu seiner Mutter, oder warum hat er den König nicht getötet, als er Gelegenheit dazu hatte? Nichts dagegen, daß man das für den Rest der Stunde diskutiert und von allen Seiten beleuchtet, aber man wüßte schon gern die Antwort, bevor das verdammte Klingeln ertönt. Bei McCourt kannst du das vergessen, Mann. Der stellt Fragen, macht Vorschläge, stiftet Verwirrung, und wenn du weißt, daß es jetzt jeden Moment läuten wird, kriegst du dieses Gefühl im Bauch, komm schon, komm schon, wie ist denn jetzt die Antwort?, aber er fragt weiter, was meint ihr?, was meint ihr?, und es läutet, und du bist schon auf dem Gang draußen und hast immer noch keinen Schimmer, und dann siehst du die anderen aus deiner Klasse, und die tippen sich an die Stirn und fragen sich, wo dieser Mensch herkommt. Du siehst die Kids aus Marcantonios Klasse mit diesem seligen Lächeln durch den Gang schweben, das besagt, wir haben die Antwort. Wir haben die Lösung. Du wünschst dir, McCourt hätte ein Mal, ein einziges Mal nur, auch die Antwort auf irgendwas, aber nein, er läßt dich wieder mal mit dem Problem allein. Vielleicht ist das ja drüben in Irland so üblich, aber irgendwer sollte ihm mal stecken, daß wir hier in Amerika sind und daß wir Antworten wollen. Vielleicht weiß er ja die Antworten selber nicht und überläßt deshalb immer alles der Klasse.

Ich wollte mit Fishers Leidenschaft und Marcantonios Souveränität unterrichten. Es war schmeichelhaft zu wissen, daß Hunderte in meine Kurse wollten, aber ich machte mir Gedanken über ihre Beweggründe. Ich wollte nicht als ein Lehrer gelten, bei dem einem nichts passieren kann. Ach, beim McCourt, das ist lauter Wischiwaschi. Da reden wir bloß die ganze Zeit. Laber, laber, laber. Wenn du bei dem kein A kriegst, Mann, dann gehörst du wirklich zu den Armen im Geiste.

Yonk Kling genehmigte sich bei Montero einen Nachmittagsbrandy. Er sagte, du siehst scheiße aus.

Danke, Yonk.

Trink einen Brandy.

Geht nicht. Ich muß eine Million Arbeiten korrigieren. Ich nehm ein Glas Rioja, Pilar.

Ist doch alles bestens, Frankie. Du magst die spanische Dudelsackmusik. Du magst den Rioja. Such dir ein nettes spanisches Mädchen. Und bleib das ganze Wochenende im Bett.

Ich setzte mich auf dem Barhocker zurecht und erzählte Yonk meine Geschichte. Ich glaube, ich bin zu harmlos. Vor harmlosen Lehrern hat niemand Respekt. Ein Lehrer an der Stuyvesant hatte mal den Beinamen Notenverschenker. Ich will sie dazu bringen, daß sie sich ihre Noten verdienen. Respekt haben. Die schreiben sich zu Hunderten für meine Kurse ein. Das treibt mich um, daß die Kids sagen könnten, ich sei harmlos. Neulich ist eine Mutter zu mir in die Schule gekommen und hat mich bekniet, ihre Tochter in meine Klasse aufzunehmen. Die Mutter war geschieden und hat mir angeboten, in einem Ferienort meiner Wahl ein Wochenende mit mir zu verbringen. Ich hab nein gesagt.

Yonk schüttelte den Kopf und meinte, manchmal sei ich nicht gerade der Hellste, irgendwo stecke ein verklemmter Spießer in mir, und wenn ich nicht endlich ein bißchen aus mir herausginge, sehe er schwarz für die Jahre, die vor mir lägen. Mensch, überleg doch mal. Du hättest rundum Freude schenken können. Ein heißes Wochenende mit der Mutter, eine rosige Schriftstellerzukunft für ihr Gör. Was ist eigentlich los mit dir?

Hätte keinen Respekt gebracht.

Zum Teufel mit dem Respekt. Trink noch einen Rioja. Nein. Pilar, gib ihm was von dem spanischen Brandy, auf meine Rechnung.

Na gut, aber dann ist wirklich Schluß, Yonk. Die vielen Arbeiten. Hundertsiebzig Aufsätze, jeder dreihundertfünfzig Wörter lang, wenn ich Glück habe, fünfhundert, wenn nicht. Ich ertrinke.

Er meinte, eigentlich stünden mir zwei Brandys zu, und er kapiere nicht, wie ich das überhaupt schaffte. Ihr Lehrer, einer wie der andere, ich kapier nicht, wie ihr das macht. Wenn ich Lehrer wäre, würde ich den kleinen Scheißern nur eins sagen: Haltet die Klappe. Haltet einfach die Klappe. Aber sag, hast du die Kleine in deine Klasse aufgenommen?

Ja.

Und das Angebot der Mutter steht noch?

Nehm ich an, ja.

Du sitzt hier und trinkst spanischen Brandy, obwohl du dich an einem Ferienort deiner Wahl aalen und deine professionelle Unschuld verlieren könntest?

Nach fünfzehn Jahren an vier verschiedenen High Schools – McKee, Textil- und Modeindustrie, Seward Park, Stuyvesant – und dem College in Brooklyn entwickle ich die Instinkte eines Hundes. Wenn im September und im Februar die neuen Klassen kommen, rieche ich ihre chemische Zusammensetzung. Ich achte darauf, wie sie schauen, und sie achten darauf, wie ich schaue. Ich kann die verschiedenen Typen unterscheiden: die Eifrigen, die Willigen, die Lässigen, die Abwartenden, die Gleichgültigen, die Feindseligen, die Opportunisten, die bloß kommen, weil sie gehört haben, daß ich Noten verschenke, die Verliebten, die nur hier sind, weil sie mit ihrem Schatz in einer Klasse sein wollen.

An dieser Schule muß man ihre Aufmerksamkeit gewinnen, sie herausfordern. Da sitzen sie, Reihe um Reihe, frische, intelligente Gesichter, die zu mir aufschauen, erwartungsvoll, bereit, mir die Chance zu geben, mich zu bewähren. Vor der Stuyvesant war ich mehr Aufseher als Lehrer. Ich vergeudete meine Zeit mit Routine und Disziplin, sagte ihnen, sie sollten sich hinsetzen und ihre Hefte aufschlagen, lehnte Forderungen nach dem Paß ab, ging auf ihre Beschwerden ein. Hier gab es kein ruppiges Verhalten mehr.

Keine Klagen, weil jemand schubst oder geschubst wird. Keine fliegenden Pausenbrote. Keine Entschuldigung dafür, daß ich nicht unterrichte.

Wenn du's nicht bringst, verlieren sie den Respekt. Beschäftigungstherapie ist eine Beleidigung. Sie merken es, wenn du ins Schwafeln gerätst oder die Zeit totschlägst.

Am Broadway verwöhnt das Publikum die Schauspieler mit

Höflichkeit und Applaus. Die Leute haben viel Geld für ihre Karte bezahlt. Sie drängen sich am Bühneneingang und bitten um Autogramme. Lehrer an öffentlichen High Schools treten fünfmal pro Tag auf. Ihr Publikum verkrümelt sich, sobald die Glocke läutet, und um Autogramme werden sie nur für die Jahrbücher bei der Abschlußfeier gebeten.

Manche Kinder kann man eine Zeitlang an der Nase herumführen, aber sie merken es, wenn man die Maske aufsetzt, und man weiß, daß sie es merken. Sie zwingen einen zur Wahrheit. Widerspricht man sich, rufen sie, he, da haben Sie aber letzte Woche was anderes gesagt. Man steht vor Jahren der Erfahrung und der kollektiven Wahrheit, und wenn man sich partout hinter der Lehrermaske verstecken will, entgleiten sie einem. Auch wenn sie sich selbst und alle Welt belügen, vom Lehrer erwarten sie Ehrlichkeit.

An der Stuyvesant beschloß ich, es immer zuzugeben, wenn ich eine Antwort nicht wußte. Ich weiß es eben nicht, Freunde. Nein, ich habe Beda den Ehrwürdigen nie gelesen. Vom Transzendentalismus hab ich nur eine verschwommene Vorstellung. John Donne und Gerard Manley Hopkins können einem schwer im Magen liegen. Ich weiß nicht genug über den Louisiana Purchase. Ich hab im Schopenhauer geblättert und bin über Kant eingeschlafen. Und mit Mathematik dürft ihr mir gar nicht erst kommen. Was misogyn bedeutet, wußte ich mal, aber ich hab's wieder vergessen. Dafür weiß ich, was Ususfructus ist. Tut mir leid, aber die *Feenkönigin* konnte ich nicht zu Ende lesen. Irgendwann versuch ich's noch mal, aber erst muß ich mit den metaphysischen Dichtern klarkommen.

Ich werde mich nicht auf meine Unwissenheit herausreden. Ich werde mich nicht hinter meinen Bildungslücken verstecken. Ich werde ein Förderprogramm für mich selbst entwickeln, um ein besserer Lehrer zu werden: diszipliniert, traditionsbewußt, beschlagen, einfallsreich, mit Antworten stets bei der Hand. Ich werde mich in Geschichte, Kunst, Philosophie und Archäologie vertiefen. Ich werde das Gepränge der englischen Sprache und Literatur durcheilen, von den Angeln, Sachsen, Jüten und Normannen über die Elisabethaner, die Neoklassizisten, die Romantiker, die Viktorianer, die Edwardianer und die Antikriegsdichter bis zu den Strukturalisten, den Modernisten und den Postmodernisten. Ich werde mir eine Idee aussuchen und ihre Geschichte nachzeichnen, von einer Höhle in Frankreich bis zu dem Raum in Philadelphia, in dem Franklin und die anderen an der Verfassung der USA gebosselt haben. Wahrscheinlich werde ich ein bißchen angeben und mir damit einigen Spott einhandeln, aber wer kann es einem schlechtbezahlten Lehrer verdenken, daß er nachweisen will, wie gefährlich Halbbildung sein kann?

Die Schüler versuchten ständig, mich vom traditionellen Englischunterricht abzulenken, aber ich kannte ihre Tricks. Ich erzählte immer noch Geschichten, aber inzwischen verstand ich mich darauf, sie mit Gestalten wie der Frau aus Bath, Tom Sawyer, Holden Caulfield oder Romeo und seiner Reinkarnation in der *West Side Story* zu verknüpfen. Von Englischlehrern wird immer verlangt, den Bezug zum wirklichen Leben herzustellen.

Allmählich fand ich meine Stimme und meinen eigenen Unterrichtsstil. Ich lernte, mich im Klassenzimmer wohl zu fühlen. Wie Roger Goodman ließ mir auch mein neuer Vorgesetzter Bill Ince jede erdenkliche Freiheit, Ideen zu Schriftstellerei und Literatur auszuprobieren, meine eigene Atmosphäre im Klassenzimmer zu schaffen und zu tun, was ich wollte, ohne bürokratisches Störfeuer gewärtigen zu müssen. Meine Schüler waren reif und tolerant genug, mich meinen Weg ohne Rückgriff auf die Maske oder den Rotstift suchen zu lassen.

Vor allem mit zwei Dingen kann man sich die Aufmerksamkeit amerikanischer Teenager sichern: Sex und Essen. Mit Sex muß man vorsichtig sein. Irgend etwas sickert immer zu den Eltern durch, und dann wird man zum Rapport befohlen, um zu erklären, warum man zuläßt, daß die Schüler Geschichten über Sex lesen. Man entgegnet, das geschehe durchaus mit Geschmack und im Sinne der romantischen und nicht etwa der biologischen Seite der Liebe. Aber das reicht nicht.

Kenny DiFalco rief von hinten, ob ich Marzipan möge. Er hielt etwas Weißes hoch und sagte, er habe es selbst gemacht. Ich erwiderte auf gute Lehrerart, es sei gegen die Vorschriften, im Klassenzimmer zu essen oder zu trinken, und was denn Marzipan überhaupt sei. Probieren Sie's mal, sagte er. Es war köstlich. Ein Chor von Stimmen verlangte nun ebenfalls nach Marzipan, aber Kenny sagte, er habe keins mehr. Morgen werde er sechsunddreißig Stück Marzipan mitbringen, natürlich selbstgemacht. Als nächster sagte Tommy Esposito, er werde ein paar Kleinigkeiten aus dem Restaurant seines Vaters mitbringen. Wahrscheinlich Reste, aber garantiert alles einwandfrei und warm. Das löste eine Lawine von Angeboten aus. Eine Koreanerin versprach, etwas mitzubringen, was ihre Mutter mache, Kimchee, eingelegter Kohl, so scharf, daß er einem den Gaumen verbrennt. Kenny meinte, wenn so viel Eßbares zu erwarten sei, sollten wir einfach den Unterricht vergessen, uns morgen auf dem Stuyvesant Square gleich neben der Schule treffen und alles im Gras ausbreiten. Außerdem sollten wir daran denken, Plastikutensilien und Servietten mitzubringen. Tommy sagte nein, die Fleischbällchen seines Vaters werde er nie und nimmer mit Plastikbesteck essen. Er sei bereit, sechsunddreißig Gabeln mitzubringen, und die dürften wir natürlich auch für andere Gerichte benutzen. Außerdem schlug er vor, Mr. McCourt von der Pflicht zu entbinden, etwas mitzubringen. Es sei schon bitter genug, Kinder unterrichten zu müssen, auch ohne daß man sie obendrein noch verköstigt.

Am nächsten Tag blieben im Park die Leute stehen, um zu sehen, was wir machten. Ein Arzt aus dem Beth Israel Hospital meinte, er habe noch nie so ein kulinarisches Aufgebot gesehen. Als wir ihm Probehäppchen und -schlückchen anboten, ver-

drehte er die Augen und summte vor Behagen, bis er den Kimchee probierte und um einen Schluck kaltes Wasser für seinen
verbrannten Gaumen bitten mußte.

Statt die Sachen im Gras anzurichten, verteilten wir sie auf
Parkbänke. Es gab jüdische Spezialitäten (Kreplach, Matzen,
Gefilte Fisch), italienische (Lasagne, Tommys Fleischbällchen,
Ravioli, Risotto), chinesische, koreanische, einen riesigen Hackbraten für sechsunddreißig Personen, zubereitet aus Rind-
fleisch, Kalbfleisch, Kartoffeln und Zwiebeln. Ein Polizeiauto
kam vorbei. Die Polizisten wollten wissen, was wir da veran-
stalteten. Es sei nicht erlaubt, ohne amtliche Erlaubnis einen
Jahrmarkt im Park abzuhalten. Ich erklärte ihnen, das Ganze
sei eine Wortschatzübung, und sie sollten sich mal ansehen,
was meine Schüler da alles lernten. Die Polizisten meinten, auf
der katholischen Schule hätten sie nie solche Wortschatzübungen gemacht, das sehe ja alles ganz köstlich aus, und ich forderte sie auf, auszusteigen und sich den einen oder anderen Leckerbissen zu gönnen. Als der Arzt aus dem Beth Israel sie vor dem
Kimchee warnte, sagten sie, immer her damit, es gebe in Vietnam und Thailand kein einziges scharfes Gericht, das sie nicht
probiert hätten. Sie löffelten es auf, schnappten nach Luft und
verlangten nach etwas Kaltem. Bevor sie wieder einstiegen,
fragten sie, wie oft wir künftig solche Wortschatzübungen zu
machen gedächten.

Obdachlose kamen herbei und mischten sich unter die Klasse, und wir gaben ihnen das Wenige, was übrig war. Einer
spuckte sein Stück Marzipan wieder aus und sagte, was 'n das
für 'n Scheißzeug? Ich bin zwar ein Penner, aber verarschen laß
ich mich deswegen noch lange nicht.

Ich stellte mich auf eine Bank, um meine neue Idee zu ver-
künden. Ich mußte das Geschnatter der Schüler übertönen, das
Grummeln und Jammern der Obdachlosen, die Bemerkungen
neugieriger Passanten, das Hupen und Kreischen von der Second
Avenue.

Hört mal her! Hört ihr mir zu? Ich möchte, daß morgen jeder ein Kochbuch mitbringt. Ja. Ein Kochbuch. Was? Ihr habt kein Kochbuch zu Hause? Tja, dann müssen wir eine Exkursion zu der Familie einplanen, die kein eigenes Kochbuch besitzt. Wir sammeln für euch. Also nicht vergessen, morgen ein Kochbuch.

Mr. McCourt, warum müssen wir Kochbücher mitbringen?

Das weiß ich noch nicht. Vielleicht weiß ich es morgen. Ich hab da was im Kopf, was sich zu einer Idee auswachsen könnte.

Mr. McCourt, nichts für ungut, aber manchmal sind Sie richtig ein bißchen unheimlich.

Sie brachten die Kochbücher mit. Sie fragten, was hat das damit zu tun, daß wir schreiben lernen sollen?

Das werdet ihr schon sehen. Schlagt euer Buch irgendwo auf. Wenn ihr es schon durchgesehen habt und auf ein Lieblingsrezept gestoßen seid, schlagt das auf. David, lies deins vor.

Was?

Lies dein Rezept vor.

Was, hier vor der Klasse?

Ja. Nur zu, David. Ist doch keine Pornographie. Wir haben nicht den ganzen Tag Zeit. Wir müssen uns Dutzende von Rezepten ansehen.

Aber Mr. McCourt, ich hab noch nie im Leben ein Kochrezept gelesen. Ich hab noch nie im Leben ein Kochbuch aufgemacht. Ich habe noch nicht mal ein Ei gekocht.

In Ordnung, David. Heute wird dein Gaumen zum Leben erweckt. Heute erweitert sich dein Wortschatz. Heute wirst du zum Gourmet.

Eine Hand. Was ist ein Gourmet?

Noch eine Hand. Ein Gourmet ist jemand, der gutes Essen und guten Wein und überhaupt die angenehmen Dinge des Lebens zu schätzen weiß.

Ein ungläubiges Raunen geht durchs Klassenzimmer, und es gibt lächelnde Gesichter und bewundernde Blicke für James, denn er ist der letzte, von dem man erwartet hätte, daß er irgend etwas außer Hot dogs und Pommes kennt.

David liest ein Rezept für Coq au vin vor. Sein Vortrag ist monoton und unsicher, aber sein Interesse nimmt sichtlich zu, während er sich durch das Rezept arbeitet und Zutaten entdeckt, von denen er noch nie gehört hat.

David, ich möchte, daß du und die ganze Klasse Datum und Uhrzeit sowie die Tatsache notiert, daß du in Raum 205 der Stuyvesant High School das erste Kochrezept deines Lebens vor deinen Klassenkameraden vorgelesen hast. Nur der Himmel weiß, wohin dich das führen wird. Merkt euch bitte, daß sich hier und heute zum erstenmal in der Geschichte der Menschheit eine Literaturklasse versammelt hat, um Kochrezepte zu lesen. David, sicher ist dir aufgefallen, daß stürmischer Applaus ausgeblieben ist. Du hast das Rezept vorgelesen wie eine Seite aus dem Telefonbuch. Aber laß den Kopf nicht hängen. Du hast dich auf Neuland vorgewagt und wirst beim nächsten Mal dem Rezept sicher in vollem Umfang gerecht werden. Noch jemand?

Ein Wald von Händen. Ich rufe Brian auf. Ich weiß, daß es ein Fehler ist, und höre schon seinen abfälligen Kommentar. Er ist genau so ein kleiner Miesling wie Andrew der Kippler, aber ich als Lehrer bin über solche Dinge erhaben, reif und bereit, mein Ego hintanzustellen.

Ja, Brian.

Er schaut Penny an, seine Nachbarin. Er ist schwul, sie ist lesbisch. Sie verheimlichen es nicht. Sie brauchen kein Comingout. Er ist klein und dick. Sie ist groß und schlank, und sie hält den Kopf, wie um zu fragen, wollen Sie da jetzt den großen Hit draus machen? Ich will nicht den großen Hit draus machen. Warum haben die beiden sich gegen mich verbündet? Ich weiß, sie können mich nicht leiden, und warum kann ich mich nicht einfach damit abfinden? Natürlich kann einen nicht jeder der mehreren Hundert Schüler mögen, die man jedes Jahr hat. Lehrer wie Phil Fisher kümmern sich einen Dreck darum, ob man sie mag oder nicht. Phil würde sagen, ich unterrichte Differentialrechnung, ihr hoffnungslosen Strohköpfe. Wenn ihr nicht aufpaßt und nicht lernt, fallt ihr durch, und dann könnt ihr später mal Schizophrenen die Grundrechenarten beibringen. Würden alle Kids in der Klasse ihn verachten, würde Phil sie seinerseits verachten und ihnen Differentialrechnung einbleuen, bis sie sie im Schlaf herbeten könnten.

Ja, Brian?

Oh, er ist ein ganz Lässiger, dieser Brian. Erst lächelt er noch mal Penny zu. Er läßt sich Zeit. Er wird mich am Spieß braten.

Ich weiß nicht, Mr. äh McCourt, soll ich jetzt vielleicht heimgehen und äh meinen Eltern sagen, daß wir in einer Klasse an der Stuyvesant High School rumsitzen und äh Rezepte aus Kochbüchern vorlesen? Andere Klassen lesen amerikanische Literatur, aber wir müssen äh wie die letzten Hirnis rumhocken und Rezepte lesen.

Ich bin wütend. Am liebsten würde ich Brian mit einer ätzenden Bemerkung fertigmachen, aber James, der Gourmetkenner, übernimmt. Darf ich was sagen? Er sieht Brian an. Du hockst immer bloß da und krittelst an allem rum. Was ist eigentlich los mit dir? Bist du an deinem Stuhl festgeklebt?

Natürlich bin ich nicht an meinem Stuhl festgeklebt.

Weißt du, wo das Sekretariat ist?

Ja.

Also, wenn dir nicht paßt, was wir hier machen, warum hebst du dann nicht deinen Arsch vom Stuhl, gehst ins Sekretariat und wechselst in eine andere Klasse? Kein Mensch hält dich hier. Hab ich nicht recht, Mr. McCourt? Wechsel die Klasse, sagt James. Hau ab hier. Geh *Moby Dick* lesen, wenn du das verkraftest.

Susan Gilman meldet sich grundsätzlich nicht. Dazu hat sie es zu eilig. Zwecklos, ihr zu sagen, daß es gegen die Vorschrift ist, einfach loszuplappern. Das wischt sie weg. Was soll's? Jetzt

muß sie mir unbedingt sagen, daß sie mir auf die Schliche gekommen ist. Ich weiß, warum Sie wollen, daß wir diese Rezepte vorlesen.

Ach ja?

Ja, weil sie nämlich gedruckt wie Lyrik aussehen, und manche lesen sich auch wie Lyrik. Ich finde, die sind sogar noch besser als Lyrik, weil man sie schmecken kann. Und, wow, die italienischen Rezepte sind pure Musik.

Maureen McSherry schließt sich ihr an. Was mir an den Rezepten auch so gefällt: Man kann sie so lesen, wie sie sind, ohne
daß irgendwelche Scheiß-Englischlehrer ständig auf dem tieferen Sinn rumreiten.

Schön, Maureen, darauf kommen wir noch zurück.

Auf was?

Auf die Scheiß-Englischlehrer, die auf dem tieferen Sinn
rumreiten.

Michael Carr sagt, er habe seine Flöte dabei, und falls jemand
ein Rezept rezitieren oder singen möchte, könne er ihn beglei-
ten. Brian schaut skeptisch. Er sagt, soll das ein Witz sein? Kochrezepte mit Flötenbegleitung? Drehn hier jetzt alle komplett
durch? Susan sagt ihm, laß den Quatsch, und bietet an, zu
Michaels Begleitung ein Lasagnerezept vorzutragen. Während
sie ein Rezept für schwedische Fleischbällchen vorliest, spielt
er »Hava Nagila«, eine Melodie, die nichts mit schwedischen
Fleischbällchen zu tun hat, und die anderen kichern erst, dann
hören sie ernsthaft zu, und am Schluß klatschen sie und gratulieren den beiden. James meint, sie sollten mit der Nummer auf
die Straße gehen und sich The Meatballs oder The Recipes nennen, und er bietet ihnen an, ihr Agent zu werden, weil er sowieso mal Steuerberater werden will. Als Maureen ein Rezept für
irisches Natronbrot vorliest, spielt Michael »The Irish Washer-
woman«, und alle klopfen oder schnippen den Takt mit.

Die Klasse ist lebendig. Einer sagt dem anderen, wie irre das
ist, schon allein die Idee, Rezepte vorzulesen, Rezepte zu rezi-

tieren, Rezepte zu singen, während Michael seine Flöte französischen, englischen, spanischen, jüdischen, irischen, chinesischen Rezepten anpaßt. Und wenn jetzt jemand reinkäme? Diese japanischen Pädagogen zum Beispiel, die sich hinten an die Wand stellen und den Lehrer beobachten? Wie würde der Rektor ihnen Susan und Michael und das Frikadellenkonzert erklären?

Brian setzt der allgemeinen Begeisterung einen Dämpfer auf. Er fragt, ob er einen Paß bekommen könne, um ins Sekretariat zu gehen und sich zu erkundigen, ob er die Klasse wechseln kann, weil er hier nichts lernt. Ich meine, wenn das die Steuerzahler erfahren, wie wir hier unsere Zeit mit dem Singen von Kochrezepten vertrödeln, sind Sie Ihren Job los, Mr. McCourt. Ist nicht persönlich gemeint, sagt er.

Er will sich bei Penny Schützenhilfe holen, aber die übt schon ein Paellarezept aus dem Kochbuch einer anderen. Sie sieht Brian an und schüttelt den Kopf, und als sie mit dem Rezept fertig ist, sagt sie, wenn er wirklich die Klasse wechseln wolle, sei er verrückt. Verrückt. Ihre Mutter hat ein Rezept für ein absolut himmlisches Lammragout, das sie, Penny, morgen mitbringen wird, und es wäre schön, wenn Michael dann wieder mit der Flöte dabei wäre. Ach überhaupt, ob sie nicht ihre Mutter mitbringen soll. Ihre Mutter singt immer in der Küche, wenn sie Lammragout macht, und das wär doch super, wenn Penny einfach das Rezept vorlesen, ihre Mutter singen und Michael so schön auf der Flöte spielen würde. Das wär doch super!

Brian wird rot und sagt, er spielt Oboe und würde gern mit Michael zusammenspielen, wenn Penny morgen ihr Lammragoutrezept vorträgt. Sie legt ihm die Hand auf den Arm und sagt, ja, das machen wir.

Im A-Train nach Brooklyn kommen mir Bedenken wegen der Entwicklung, die diese Klasse nimmt, vor allem weil meine anderen Klassen schon fragen, warum sie nicht auch mit allen möglichen Fressalien in den Park gehen und Rezepte mit Musikbegleitung vorlesen dürfen. Wie läßt sich das alles vor den höheren Stellen rechtfertigen, die den Lehrplan im Auge haben?

Mr. McCourt, was um Himmels willen geht eigentlich in diesem Raum vor? Herrgott noch mal, Sie lassen die Kinder aus Kochbüchern vorlesen. Rezepte singen? Wollen Sie uns veräppeln? Könnten Sie freundlicherweise erklären, was das mit Englischunterricht zu tun hat? Wo bleibt da die Literatur, die englische, amerikanische, die Weltliteratur? Sie wissen doch ganz genau, daß diese jungen Leute sich auf ein Studium an einem der besten Colleges des Landes vorbereiten, und Sie wollen Sie so in die Welt hinausschicken? Rezepte lesen? Rezepte vortragen? Rezepte singen? Wie wär's mit einer Choreographie für Irisches Ragout oder das klassische Western-Omelett, natürlich mit passender Musik? Oder warum nicht gleich Englisch und Collegevorbereitung ganz an den Nagel hängen und das Klassenzimmer in eine Lehrküche verwandeln? Warum gründen wir nicht einen Stuyvesant-High-School-Rezeptchor und geben in der ganzen Stadt und in aller Welt Konzerte, zum Nutzen dieser Kinder, die ihre Zeit in Ihrer Klasse vertrödelt haben, McCourt, die deswegen nicht aufs College gekommen sind und jetzt in Pizzabuden mit Teigfladen jonglieren oder in zweitklassigen französischen Bistros mitten in der Stadt Geschirr spülen? So weit wird's nämlich kommen. Diese Kinder können vielleicht Rezepte für eine Pâté de dies oder das singen, aber sie werden nie Vorlesungen an einer renommierten Universität hören.

Zu spät. Ich kann unmöglich morgen vor sie hintreten und ihnen sagen, April April, vergeßt die Kochbücher, keine Rezepte mehr. Pack die Flöte ein, Michael. Bring deine Mutter zum Schweigen, Penny. Schade um deine Oboe, Brian.

Aber hatten wir, abgesehen von Brians kleinem Aufstand, nicht drei Tage mit hundertprozentiger Beteiligung der Klasse? Und vor allem: Hat's dir nicht auch selber Spaß gemacht, Lehrer?

Oder warst du wieder mal nur der Trottel vom Dienst und hast dich von Mark Twain und F. Scott Fitzgerald in den unteren und von Wordsworth und Coleridge in den oberen Klassen abbringen lassen? Solltest du nicht verlangen, daß sie täglich ihre Bücher mitbringen, damit sie sich in die Texte versenken und nach dem tieferen Sinn schürfen können?

Ja, ja, aber nicht jetzt, nicht jetzt.

Haben dich die Kids durchschaut? Spielen sie mit dir, genau wie mit den Rezepten und der Musik? *Mea culpa*, wieder mal. Bist du im Grunde genommen doch ein Betrüger? Spielst du damit, wie sie mit dir spielen? Du kannst dir vorstellen, was die Kollegen in der Lehrerkantine sagen: Der Ire verschaukelt seine Klassen. Die machen da – Mann, du glaubst es nicht –, die machen da nichts anderes, als Kochbücher zu lesen. Ja. Von wegen Milton und Swift, Hawthorne und Melville. Nichts da. Herrgott noch mal, die lesen *Freude am Kochen* und *Omas Küche* und singen Rezepte. Da greift man sich doch an den Kopf! Auf dem Flur versteht man sein eigenes Wort nicht mehr vor lauter Oboen- und Flötengedudel und im Chor aufgesagten Rezepten. Was denkt der sich eigentlich?

Vielleicht solltest du ja nicht so erpicht darauf sein, Spaß zu haben. Du warst immer höchst einfallsreich, wenn es darum ging, dich selbst unglücklich zu machen, und das solltest du nicht ganz verlernen. Vielleicht probierst du's wieder mal mit dem Erstellen von Satzdiagrammen oder dem Schürfen nach dem tieferen Sinn? Du könntest deinen geplagten Halbwüchsigen *Beowulf* und die *Chroniken* aufs Auge drücken. Und wie war das mit deinem großartigen Förderprogramm für dich selbst, du Universalgelehrter? Schau dir dein Leben außerhalb der Schule doch an. Du gehörst nirgends dazu. Der Mann am Rande. Du hast keine Frau, und dein Kind siehst du kaum. Keine Vision, keinen Plan, kein Ziel. Steig einfach in die Krypta, Mann. Verschwinde, und hinterlaß keine Spuren außer Erinnerungen an einen Mann, der sein Klassenzimmer in ein Spielzimmer, eine Rap-Session und ein Forum für Gruppentherapie verwandelt hat.

Warum denn nicht? Scheiß drauf. Wofür gibt's überhaupt Schulen? Ist es vielleicht Aufgabe des Lehrers, Kanonenfutter für den militärisch-industriellen Komplex zu liefern? Formen wir Päckchen für die Fließbänder der Konzerne?

Oh, oh, werden wir jetzt aber feierlich. Jetzt fehlt mir nur noch die Kanzel.

Schaut mich an: Der ziellose Spätzünder, der herumstolpernde alte Furz entdeckt jetzt, mit über Vierzig, was seine Schüler schon als Halbstarke wissen. Bitte kein Gejammer. Keine Trauergesänge für mich. Keine Abschiedstränen.

Ich werde vor Gericht zitiert, unter der Beschuldigung, ein Doppelleben zu führen. Beweis: Ich gehe im Unterricht meinem eigenen Vergnügen nach und bringe meine Schüler um eine ordentliche Ausbildung, während ich mich allnächtlich auf meiner zölibatären Pritsche wälze und mich frage, Himmel hilf, was soll das alles?

Ich muß mir nebenbei selbst gratulieren, weil ich nie verlernt habe, mein Gewissen zu erforschen, nie die Gabe eingebüßt habe, mich als unzulänglich und mit Mängeln behaftet zu sehen. Warum sich vor der Kritik anderer fürchten, wenn du dich immer selbst als erster ins Kritikergetümmel stürzt? Wenn das Rennen Selbstbezichtigung heißt, bin ich schon Sieger, bevor noch der Startschuß gefallen ist. Kassiert eure Wettgewinne.

Angst? Das ist es, Francis. Der kleine Kerl aus dem Armenviertel fürchtet, seinen Job zu verlieren. Fürchtet, man wird ihn in die äußerste Finsternis werfen, wo ihn ohrenbetäubendes Jammern, Heulen und Zähneklappern peinigt. Tapferer, phantasievoller Lehrer ermuntert Teenager, Rezepte zu singen, fragt sich aber, wann das Fallbeil heruntersausen wird, wann Besucher aus Japan den Kopf schütteln und ihn in Washington anschwärzen werden. Besucher aus Japan werden in meinem Klassenzimmer sofort Anzeichen für die Degeneration Amerikas entdecken und sich fragen, warum sie den Krieg verloren haben.

Und wenn das Fallbeil heruntersaust?

Zur Hölle mit dem Fallbeil.

Am Freitag hatten wir volles Programm. Vier Gitarristen zupften an ihren Saiten, der bekehrte Brian übte auf seiner Oboe, Michael ließ seine Flöte trillern, Zach trommelte die kulinarischen Themen auf den kleinen Bongos zwischen seinen Knien, und zwei Jungen spielten Mundharmonika. Susan Gilman stand bereit, um die Stunde mit einem Rezept zu dominieren, das über mehrere Spalten lief, siebenundvierzig Arbeitsgänge umfaßte und Zutaten verlangte, die man im amerikanischen Durchschnittshaushalt vergeblich sucht. Sie sagte, es sei pure Poesie, und Michael war so hingerissen, daß er sich bereit erklärte, ein Stück für Holzbläser, Streicher, Bongos und Susans Singstimme zu komponieren. Pam wird ein Pekingentenrezept auf kantonesisch vortragen, und ihr Bruder, der in eine andere Klasse geht, spielt ein seltsames Instrument, das noch keiner hier jemals gesehen hat.

Ich versuche, ein bißchen Lehrstoff einzubauen. Ich sage, wer ein aufmerksam beobachtender Schriftsteller ist, dem wird die Bedeutung dieses Ereignisses klar sein. Zum ersten Mal überhaupt wird ein chinesisches Rezept mit Hintergrundmusik vorgelesen werden. Ihr müßt wach sein für historische Augenblicke. Ein Schriftsteller fragt sich immer, was geht hier vor? Immer. Ihr könnt euren letzten Dime darauf verwetten, daß ihr nirgends in der Geschichte, chinesisch oder nicht, einen solchen Augenblick finden werdet.

Ich betätige mich als Chronist. Ich schreibe die Programmpunkte an die Tafel. Als erste kommt Pam mit ihrer Ente, dann Leslie mit englischem Trifle, Larry mit Eier Benedict, Vicky mit gefüllten Schweinekoteletts.

Die Gitarren, Oboen, Flöten, Mundharmonikas und Bongos spielen sich warm. Die Vorleser üben stumm ihre Texte.

Die schüchterne Pam nickt ihrem Bruder zu, und der Pekingentenvortrag beginnt. Es ist ein langes Rezept, und Pam singt es mit hoher, klagender Stimme, während ihr Bruder die Saiten seines Instruments zupft, so lange, daß nach und nach die anderen Musiker einfallen, und als Pam die Lesung beendet, spielen alle Instrumente und fordern Pam zu so hohen Oktaven und so drängenden Rhythmen heraus, daß Konrektor Murray Kahn das Schlimmste befürchtet und aus seinem Büro herbeieilt, und als er durch das Türfenster schaut und sieht, was für eine Veranstaltung hier läuft, kann er nicht widerstehen, kommt herein und schaut mit weit aufgerissenen Augen zu, bis Pams Stimme immer leiser wird, die Instrumente verklingen und die Ente fertig ist.

Bei der Manöverkritik meinten einige, Pam hätte als letzte vortragen sollen. Sie sagten, ihr Entenrezept und die chinesische Musik seien derart dramatisch gewesen, daß alles andere daneben blutleer gewirkt habe. Außerdem fanden sie, Sprache und Musik hätten oft nicht zusammengepaßt. Es sei ein schwerer Fehler, Bongos als Hintergrund zu einem englischen Trifle einzusetzen. Dazu brauche man die Zartheit und Sensibilität der Violine oder vielleicht des Cembalos, und sie könnten überhaupt nicht verstehen, daß irgend jemand Bongos mit englischem Trifle in Verbindung bringen könne. Und apropos Violine, Michaels Begleitmusik zu den Eiern Benedict sei einfach perfekt gewesen, und auch die Kombination Bongos und Mundharmonika für die gefüllten Koteletts sei klasse gewesen. Schweinekoteletts verlangten geradezu nach der Mundharmonika, und es sei schon verblüffend, daß man sich das passende Instrument zu einem bestimmten Gericht vorstellen könne. Man muß radikal umdenken, Mann. Sie sagten, die Kids in den anderen Klassen würden auch lieber Rezepte lesen als Alfred Lord Tennyson und Thomas Carlyle. Die anderen Englischlehrer nahmen richtigen Stoff durch – Gedichtinterpretationen, Facharbeiten und korrekter Umgang mit Fußnoten und Bibliographie.

Der Gedanke an die anderen Englischlehrer und den richtigen Stoff verursacht mir wieder Unbehagen. Die halten sich an den Lehrplan, bereiten die Schüler auf die höhere Bildung und die große Welt danach vor. Wir sind nicht zu unserem Vergnügen hier, Lehrer.

Das ist die Stuyvesant High School, das Kronjuwel des New Yorker Schulsystems. Diese jungen Leute sind die Gescheitesten der Gescheiten. In einem Jahr werden sie zu Füßen eminenter Professoren an den besten Universitäten des Landes sitzen. Sie werden sich Notizen machen und Wörter abschreiben, die sie nachschlagen müssen. Da wird keine Zeit mehr vertrödelt mit Kochbüchern und nahrhaften Wortschatzübungen im Park. Es wird nur noch Zielstrebigkeit, Konzentration und ernsthaftes Studieren geben, und was ist wohl aus dem Lehrer geworden, den wir damals an der Stuyvesant hatten, ihr wißt schon, welchen.

14

Am Montag werde ich die Katze aus dem Sack lassen. Es wird allgemeines Gestöhn geben, gedämpfte Buhrufe und geflüsterte Bemerkungen über meine Mutter, aber ich muß wieder auf den rechten Weg zurückkehren wie all die anderen gewissenhaften Lehrer. Ich werde meine Schüler daran erinnern, daß es die Aufgabe ihrer Schule ist, sie auf die besten Colleges und Universitäten vorzubereiten, damit sie eines Tages ihren Abschluß machen und einen wichtigen Beitrag zum Wohlergehen und zum Fortschritt dieses Landes leisten können, denn wenn dieses Land zittert und zagt, welche Hoffnung gäbe es dann noch für den Rest der Welt? Ihr werdet große Verantwortung tragen, und es wäre kriminell von mir, eurem Lehrer, euer junges Leben mit dem Vorlesen von Rezepten zu vergeuden, auch wenn ihr das noch so gern macht.

Sicher, wir haben alle viel Spaß damit gehabt, Rezepte mit Musikbegleitung vorzulesen, aber dazu sind wir nicht auf der Welt. Wir müssen weiterkommen. Das ist der American Way.

Mr. McCourt, warum sollen wir keine Rezepte mehr lesen? Ist ein Hackbratenrezept nicht genauso wichtig wie diese Gedichte, die sowieso kein Mensch versteht? Ohne Lyrik kann man leben, ohne Essen nicht.

Ich versuchte, Walt Whitman und Robert Frost gegenüber Hackbraten und Kochrezepten allgemein aufzuwerten, geriet aber ins Schwafeln und gab auf.

Sie stöhnen abermals, als ich ankündige, daß ich mein Lieblingsgedicht aufsagen werde. Das kotzt mich an, und ich sage, ihr kotzt mich an. Schockiertes Schweigen. Ein Lehrer, der Gossensprache benutzt. Aber bitte. Rezitieren Sie Ihr Gedicht.

Elsi, die Brave, verliert ihre Schafe,
Sie kann sie nirgends mehr finden.
Laß sie nur sein, sie kommen schon heim,
Und wackeln mit den Schwänzchen klein.

Mann, was soll das denn? Das ist doch kein Gedicht. Wir sind hier auf der High School, und der tischt uns Mutter Gans auf! Will der uns verscheißern? Spielchen mit uns spielen?

Ich sage das Gedicht noch einmal auf und gebe ihnen den Rat, keine Zeit mit der Suche nach einem tieferen Sinn zu vertun.

Ach, kommen Sie. Was soll der Quatsch? Mann, wir sind hier auf der High School.

Oberflächlich betrachtet, ist das Gedicht, ein Ammenreim, simpel – eine einfache Geschichte von einem kleinen Mädchen, das seine Schafe verloren hat. Aber paßt auf. Das ist wichtig. Sie hat gelernt, daß sie die Schafe auch mal sich selbst überlassen muß. Elsi ist cool. Sie vertraut ihren Schafen. Sie denkt nicht daran, sie herumzukommandieren, wenn sie auf dem Berg und im Tal, im Wald und auf der Wiese weiden. Sie brauchen ihr Gras, ihr Rauhfutter und gelegentlich einen Trunk aus einem murmelnden Gebirgsbach. Außerdem haben sie Lämmchen, und die brauchen die Kuschelzeit mit ihren Müttern, nachdem sie den ganzen Tag mit ihren Altersgenossen herumgetollt sind. Da darf die Welt nicht dazwischenfunken und die Stimmung kaputtmachen. Mögen sie auch nur Schafe sein, Lämmer, Mutterschafe, Böcke, haben sie doch ein Anrecht auf ein bißchen gemeinsames Glück, bevor sie zu dem Fleisch werden, das wir verschlingen, zu der Wolle, die wir tragen.

Ach, Mann, Mr. McCourt, mußte das jetzt sein, dieses Ende? Warum haben Sie sie nicht einfach da draußen gelassen, die Schafe und die Lämmer, wo sie so schön beisammen sind und sich ihres Lebens freuen? Wir essen sie, wir tragen sie. Das ist gemein.

Es sind Vegetarier und Veganer in der Klasse, die hier und jetzt ihrem Schöpfer danken, daß sie nichts mit der Ausbeutung dieser armen Tiere zu tun haben, und könnten wir nicht noch einmal auf Elsi zurückkommen? Sie wüßten gern, ob ich auf etwas Bestimmtes hinauswolle.

Nein, ich will auf nichts Bestimmtes hinaus, außer darauf, daß ich das Gedicht wegen seiner einfachen Aussage mag.

Und die wäre?

Daß die Menschen einander in Frieden lassen sollen. Elsi hält sich zurück. Sie könnte die ganze Nacht aufbleiben und wartend und weinend an der Tür stehen, aber sie weiß es besser. Sie vertraut ihren Schafen, sie läßt sie in Ruhe, und sie kommen von sich aus nach Hause, und man kann sich ausmalen, wie froh alle sind, wieder zusammenzusein. Die Lämmer blöken freudig und vollführen possierliche Sprünge, und die Böcke lassen zufrieden ihre Baßstimme erschallen, während sie sich für die Nacht einrichten, und Elsi sitzt am Kamin und strickt, voller Genugtuung darüber, daß sie mit ihrem Tagwerk, dem Hüten der Schafe und Lämmer, niemanden drangsaliert hat.

In meinen Englischstunden an der Stuyvesant High School waren sich die Schüler einig, daß in puncto Grausamkeit und Horror nichts im Fernsehen oder aus Hollywood an das Märchen von Hänsel und Gretel heranreiche. Jonathan Greenberg sprach es aus. Wie können wir Kinder einer Geschichte aussetzen, in der ein Arschloch von Vater sich so von seiner neuen Frau unterjochen läßt, daß er einwilligt, die Kinder in den Wald zu führen und sie verhungern zu lassen? Wie können wir Kindern erzählen, daß Hänsel und Gretel von einer Hexe eingesperrt wurden, die sie mästen und kochen wollte? Und gibt es etwas Furchtbareres als die Szene, in der Gretel die Hexe in den Backofen stößt? Sie ist eine böse alte kannibalische Hexe, und es geschieht ihr recht, aber muß das bei Kindern nicht Alpträume auslösen?

Lisa Berg sagte, diese Märchen sind schon seit Jahrhunderten im Umlauf. Wir sind alle mit ihnen aufgewachsen und haben sie geliebt, und es hat uns nichts geschadet, also wozu die künstliche Aufregung?

Rose Kane stimmte Jonathan zu. Als sie klein war, hatte sie Alpträume wegen Hänsel und Gretel, und das lag vielleicht daran, daß sie selbst eine neue Stiefmutter hatte, die ein ausgemachtes Miststück war und keine Sekunde gezögert hätte, sie und ihre Schwester im Central Park oder in irgendeiner entlegenen U-Bahnstation auszusetzen. Nachdem sie von ihrer Lehrerin in der ersten Klasse die Geschichte von Hänsel und Gretel gehört hatte, weigerte sie sich, mit ihrer Stiefmutter irgendwohin zu gehen, wenn ihr Vater nicht dabei war. Das brachte ihren Vater dermaßen in Rage, daß er ihr alle möglichen Strafen androhte. Du gehst mit deiner Stiefmutter mit, Rose, oder du kriegst auf ewig Hausarrest. Was natürlich bewies, daß er total unter der Fuchtel der Stiefmutter stand, die eine Warze am Kinn hatte wie alle Stiefmütter im Märchen, eine Warze mit sprießenden Härchen, die sie sich immer wieder ausrupfte.

Jeder in der Klasse hatte offenbar eine Meinung zu Hänsel und Gretel, und die Hauptfrage war, würdest du deinen Kindern dieses Märchen erzählen? Ich schlug vor, die Befürworter und die Gegner sollten zwei Gruppen bilden und sich einander gegenübersetzen, und es zeigte sich, daß die Klasse genau in der Mitte gespalten war. Außerdem schlug ich vor, jemand solle die Diskussion moderieren, aber die Wogen schlugen hoch, das Thema ließ keinen kalt, und ich mußte die Aufgabe selbst übernehmen.

Es dauerte Minuten, bis der Tumult sich legte. Die Gegner sagten, ihre Kinder könnten so schweren Schaden erleiden, daß gewaltige Kosten für eine Therapie anfallen würden. Ach was, Blödsinn, hielten die Befürworter dagegen. Kriegt euch wieder ein. Wegen einem Märchen hat noch keiner eine Therapie gebraucht. Alle Kinder in Amerika und Europa sind mit diesen Geschichten aufgewachsen.

Die Gegner führten die Gewalttätigkeit in Rotkäppchen ins Feld, den Wolf, der die Großmutter auf einen Sitz verschlingt, und die Gemeinheit der Stiefmutter in Aschenputtel. Man müsse sich fragen, wie ein Kind es überhaupt aushalte, solches Zeug zu hören oder zu lesen.

Dann sagte Lisa Berg etwas so Bemerkenswertes, daß schlagartig Stille eintrat. Sie sagte, Kinder haben so dunkles, tiefes Zeug im Kopf, daß es unser Fassungsvermögen übersteigt.

Wow, sagte jemand.

Lisa hatte einen Nerv getroffen. Sie waren selbst noch nicht allzu weit von der Kindheit entfernt, obwohl man ihnen das nicht hätte sagen dürfen, und diese Stille hatte etwas von einer Rückkehr ins Traumland der Kindheit.

Am nächsten Tag sangen wir Überbleibsel aus meiner Kindheit. Das diente keinem bestimmten Zweck, hatte keinen tieferen Sinn. Es drohte keine Klausur, die unser Singen vergiftet hätte. Ich hatte Gewissensbisse, aber es machte mir Spaß, und so wie sie sangen, diese jüdischen, koreanischen, chinesischen, amerikanischen Schüler, nahm ich an, daß es auch ihnen Spaß machte. Sie kannten die beliebtesten Kinderreime. Jetzt hatten sie auch Melodien dazu.

> *Die alte Mutter Frank*
> *Schaut in den Küchenschrank.*
> *Erst kriegt ihr Hund den Knochen,*
> *Dann kann sie sich was kochen.*
> *Doch weh, im Schrank war Kehraus,*
> *Das Hündchen, das geht leer aus.*

Bericht über einen Unterrichtsbesuch, den ich geschrieben hätte, wenn ich Stellvertretender Unterschulrat beim Städtischen Schulamt, 110 Livingston Street, Brooklyn, New York, 11201, gewesen wäre:

Sehr geehrter Mr. McCourt:

Als ich am 2. März Ihr Klassenzimmer betrat, sangen Ihre Schüler, ziemlich laut und störend, wie ich sagen darf, ein Potpourri von Ammenreimen. Sie führten sie von Reim zu Reim, ohne jede Pause für Aufklärung, Hinterfragung, Rechtfertigung oder Analyse. Ja, es hatte sogar den Anschein, als fehlte diesem Tun jeglicher Zusammenhang, jegliche Zweckbestimmung.

Einem Lehrer mit Ihrer Erfahrung müßte doch aufgefallen sein, wie viele Studenten Straßenkleidung trugen, wie viele auf ihren Stühlen lümmelten und die Beine von sich streckten. Augenscheinlich hatte keiner von ihnen ein Heft oder eine Anleitung zur Benutzung desselben. Es ist Ihnen sicherlich bewußt, daß das Heft das wichtigste Arbeitsmittel eines jeden High-School-Schülers im Fach Englisch ist, und daß ein Lehrer, der es vernachlässigt, seinen Pflichten nicht gerecht wird.

Bedauerlicherweise stand auch an der Tafel nichts, was zur Aufklärung über Sinn und Zweck dieser Unterrichtsstunde beigetragen hätte. Das mag auch der Grund sein, warum die Hefte unbenutzt in den Schultaschen steckten.

Im Rahmen meiner Zuständigkeiten als stellvertretender Unterschulrat beim städtischen Schulamt befragte ich nach der Stunde einige Ihrer Schüler, welchen Nutzen sie ihrer Ansicht nach aus diesem Unterricht gezogen hätten. Sie waren um Antworten verlegen, kratzten sich gar am Kopf und wußten sich vollends nicht zu äußern, als ich mich nach dem Sinn dieses gemeinschaftlichen Singens erkundigte. Einer sagte, es habe ihm Spaß gemacht, und das ist zwar eine klare Aussage, doch handelt es sich dabei ganz gewiß nicht um eines der Ziele einer höheren Schulbildung.

So leid es mir tut, sehe ich mich doch gezwungen, den Schulrat über meine Beobachtungen in Kenntnis zu setzen, der zweifellos seinerseits die Oberschulrätin informieren wird. Somit besteht die Möglichkeit, daß Sie zu einer Anhörung vor den

Schulausschuß gebeten werden. Sie sind berechtigt, zu einer solchen Anhörung in Begleitung eines Gewerkschaftsvertreters und / oder eines Anwalts zu erscheinen.
  Hochachtungsvoll
  Montague Wilkinson III

Also gut, es hat geläutet. Wieder einmal gehört ihr mir. Schlagt euer Buch auf, bei dem Gedicht »Walzer mit meinem Vater« von Theodore Roethke. Wer kein Buch hat, kann beim Nachbarn reinschauen. Keiner in der Klasse wird etwas dagegen haben, einen anderen mitlesen zu lassen. Stanley, liest du uns das Gedicht bitte vor? Danke.

»Walzer mit meinem Vater« von Theodore Roethke

Aus deinem Mund weht Whiskeydunst,
Es ist zum Schwindelkriegen.
Ich kralle fest mich in dein Hemd,
Um nicht davonzufliegen.

Wir toben rum, bis Topf und Pfann
Vom Küchenbüfett schlittern.
Die Mutter leidet, ihre Stirn
Will sich nicht mehr entknittern.

Die Hand, in der du meine hältst,
Ist schwielig und voll Ruß.
Bei jedem falschen Schritt von dir
Kratzt mich dein Reißverschluß.

Du klopfst mit deiner harten Hand
Den Takt auf meinem Schopf.
Dann schwenkst du mich zur Tür hinaus,
Jetzt ab ins Bett, du Knopf.

Nochmals Dank, Stanley. Nehmt euch ein paar Minuten Zeit, und seht euch das Gedicht noch einmal an. Laßt es auf euch wirken. Was ist passiert, als ihr das Gedicht gelesen habt?

Wie, was passiert ist?

Ihr habt das Gedicht gelesen. Irgend etwas ist dabei passiert, es hat sich etwas in eurem Kopf bewegt, in eurem Körper, in eurem Bauch. Oder auch nicht. Schließlich müßt ihr nicht auf jeden Reiz im Universum reagieren. Ihr seid ja keine Wetterfahnen.

Mr. McCourt, wovon reden Sie?

Ich sage, ihr braucht nicht auf alles zu reagieren, was euch ein Lehrer oder sonst jemand vorsetzt.

Zweifelnde Blicke. Von wegen. Sagen Sie das mal ein paar von den Lehrern hier. Die nehmen alles gleich persönlich.

Mr. McCourt, möchten Sie, daß wir darüber reden, was das Gedicht bedeutet?

Ihr könnt reden, worüber ihr wollt, solange es halbwegs etwas mit dem Gedicht zu tun hat. Meinetwegen über eure Großmutter. Kümmert euch nicht um die »wahre« Bedeutung des Gedichts. Die kennt nicht einmal der Dichter selbst. Als ihr es gelesen habt, ist etwas geschehen, oder es ist nichts geschehen. Bitte alle die Hand heben, bei denen nichts geschehen ist. Schön, keine Meldung. Also, irgend etwas ist geschehen, in eurem Kopf, in eurem Herzen oder in eurem Bauch. Stellt euch vor, ihr seid Schriftsteller. Was geschieht, wenn ihr Musik hört? Kammermusik? Rock? Ihr seht auf der Straße ein Paar, das sich streitet. Ihr beobachtet ein Kind, das seiner Mutter trotzt. Ihr seht einen obdachlosen Bettler. Ihr seht einen Politiker, der eine Rede hält. Ihr bittet jemanden, mit euch auszugehen. Ihr achtet auf die Reaktion des anderen. Weil ihr Schriftsteller seid, fragt ihr euch immer, immer, immer, was geschieht, Baby?

Na ja, also, das Gedicht handelt von einem Vater, der mit seinem kleinen Jungen tanzt, und es ist nicht angenehm, weil der Vater betrunken und grob ist.

Brad?

Wenn es nicht angenehm ist, warum krallt er sich dann in sein Hemd, statt loszulassen?

Ja, Monica?

Es passiert ziemlich viel in dem Gedicht. Der Junge wird durch die Küche geschleift, und er könnte, was den Vater betrifft, genausogut eine Stoffpuppe sein.

Brad?

Da ist ein aufschlußreiches Wort, sie toben herum. Das ist ein Glückswort, stimmt's? Ich meine, er könnte ja auch tanzen oder sonst was Normales schreiben, aber er schreibt wir toben rum, und ein einziges Wort kann ja schon, wie Sie immer sagen, die Atmosphäre eines Satzes oder eines Absatzes verändern. Das Herumtoben schafft also eine glückliche Stimmung.

Jonathan?

Auch wenn Sie mich jetzt für leicht gestört halten, Mr. McCourt: Hat Ihr Vater jemals mit Ihnen in der Küche herumgetanzt?

Er hat mit uns nie in der Küche herumgetanzt, aber er hat uns mitten in der Nacht aus dem Bett geholt, und wir mußten patriotische irische Lieder singen und geloben, für Irland zu sterben.

Hab ich mir schon gedacht, daß das Gedicht was mit Ihrer Kindheit zu tun hat.

Das stimmt zum Teil, aber ich habe euch gebeten, es zu lesen, weil es einen Augenblick einfängt, eine Stimmung, und es könnte ja, halten zu Gnaden, auch einen tieferen Sinn haben. Manche von euch wollen ja unbedingt etwas für ihr Geld. Was ist über die Mutter zu sagen? Sheila?

Was in dem Gedicht geschieht, ist doch ganz einfach. Der Mann hat eine schwere Arbeit, er ist Kaminkehrer oder Bergmann oder so was. Seine Hände sind schwielig und voller Ruß. Die Frau sitzt dabei und ist fuchsteufelswild, aber sie kennt das schon. Sie weiß, daß das einmal die Woche passiert, wenn er seinen Lohn bekommen hat. Wie bei Ihrem Vater. Stimmt's,

Mr. McCourt? Der Junge liebt seinen Vater, weil man sich immer zu dem Verrückten hingezogen fühlt. Es spielt keine Rolle, daß die Mutter den Haushalt macht. Das ist für den Jungen selbstverständlich. Also wenn der Vater heimkommt, ist er total aufgekratzt von der Trinkerei und steckt das Kind damit an.

Was geschieht am Schluß des Gedichts? David?

Der Vater schwenkt ihn zur Tür hinaus und schickt ihn ins Bett. Die Mutter räumt Topf und Pfanne weg. Am nächsten Tag ist Sonntag, und dem Vater geht's nach dem Aufstehen gar nicht gut. Die Mutter macht Frühstück, redet aber mit keinem, und der Junge steht zwischen den beiden. Er ist erst neun oder so, weil er noch so klein ist, daß ihn der Reißverschluß des Vaters im Gesicht kratzt. Die Mutter würde am liebsten abhauen und sich scheiden lassen, weil ihr die Trinkerei und das lausige Leben bis hier steht, aber sie sitzt mitten in West Virginia, und da gibt es kein Entrinnen, wenn man kein Geld hat.

Jonathan?

Was mir an dem Gedicht gefällt, ist, daß es eine einfache Geschichte erzählt. Das heißt, Moment. So einfach ist sie gar nicht. Es passiert ganz schön viel, und es gibt ein Vorher und ein Nachher. Wenn man einen Film aus dem Gedicht machen wollte, hätte man's als Regisseur ganz schön schwer. Würde man in der ersten Szene zeigen, wie die Mutter und der Junge auf den Vater warten? Oder würde man gleich mit den ersten Zeilen anfangen, wo der Junge wegen der Whiskeyfahne des Vaters das Gesicht verzieht? Wie soll der Junge sich anklammern? Indem er die Arme hebt und das Hemd des Vaters packt? Wie würde man das Gesicht der Mutter zeigen, ohne daß sie fies wirkt? Man müßte entscheiden, was für ein Mensch der Vater ist, wenn er nüchtern ist, denn wenn er immer so wäre, würde man von vornherein keinen Film über ihn drehen wollen. Was mir nicht gefällt, ist, daß er auf dem Kopf des Jungen den Takt klopft, mit seiner dreckigen Hand, was natürlich beweist, daß er hart arbeitet.

Ann?

Ich weiß nicht. Da steckt schon viel drin, wenn man länger drüber redet. Aber warum lassen wir's nicht einfach gut sein? Lesen wir doch einfach die Geschichte, bemitleiden den Jungen und die Mutter mit ihrer Leidensmiene und vielleicht auch noch den Vater. Warum muß man immer alles in Grund und Boden analysieren?

Ja, David?

Wir analysieren nicht. Wir reagieren bloß. Wenn du aus dem Kino kommst, redest du doch auch über den Film, oder nicht?

Manchmal, ja, aber das ist ein Gedicht, und man weiß doch, was Englischlehrer mit Gedichten anstellen. Analysieren, analysieren, analysieren. Nach dem tieferen Sinn forschen. Das hat mir die Lyrik verleidet. Irgendwer sollte mal ein Grab schaufeln und den tieferen Sinn beerdigen.

Ich habe euch nur gefragt, was sich getan hat, als ihr das Gedicht gelesen habt. Wenn nichts war, ist das auch kein Beinbruch. Wenn ich Heavy Metal höre, kriege ich glasige Augen. Manche von euch könnten mir diese Musik wahrscheinlich erklären, und dann würde ich sie mir mit mehr Verständnis anhören, aber sie interessiert mich einfach nicht genug. Man muß nicht auf jeden Reiz reagieren. Wenn »Walzer mit meinem Vater« euch kalt läßt, dann läßt es euch eben kalt.

Das stimmt schon, Mr. McCourt, aber wir müssen da vorsichtig sein. Wenn man sich abfällig über irgendwas äußert, nehmen Englischlehrer das gleich persönlich und werden sauer. Meine Schwester hat an der Cornell Ärger mit einem Englischprofessor gekriegt wegen ihrer Interpretation von einem Shakespeare-Sonett. Er hat gemeint, sie liegt voll daneben, und sie hat gesagt, man kann ein Sonett auf hundert verschiedene Arten lesen, sonst stünden ja in der Bibliothek nicht tausend Bände Shakespeare-Kritik, und da war er eingeschnappt und hat sie in sein Büro bestellt. Da war er dann nett zu ihr, und sie ist zu Kreuze gekrochen und hat gesagt, vielleicht hätte er ja doch recht, und ist mit ihm in Ithaca essen gegangen, und das hab ich total ätzend von ihr gefunden, daß sie da so eingeknickt ist. Jetzt reden wir kaum noch miteinander.

Warum schreibst du nicht was darüber, Ann? Das ist doch eine ungewöhnliche Geschichte, daß du und deine Schwester euch wegen eines Shakespeare-Sonetts entzweit habt.

Könnte ich machen, aber dazu müßte ich mir die ganze Sonettgeschichte genauer erzählen lassen, was er gesagt hat, was sie gesagt hat, und weil ich erstens einen Horror davor habe, nach tieferen Bedeutungen zu suchen, und sie zweitens sowieso nicht mehr mit mir redet, kenne ich eben nicht die ganze Geschichte.

David?

Erfinde sie doch. Wir haben hier drei Figuren, Ann, ihre Schwester und den Professor, und dann ist da noch das Sonett, das an dem ganzen Ärger schuld ist. Du könntest jede Menge Spaß mit diesem Sonett haben. Du könntest auch die Namen auswechseln, das Sonett beiseite lassen und sagen, es handelt sich um einen mordsmäßigen Streit über »Walzer mit meinem Vater«, und schon hat man eine Story, die man verfilmen möchte.

Jonathan?

Nichts für ungut, Ann, aber ich kann mir nichts Langweiligeres vorstellen als eine Geschichte über eine Studentin, die sich mit einem Professor über ein Sonett streitet. Ich meine, Herrgott noch mal, pardon, die Welt geht in die Binsen, Menschen verhungern usw., und diese Leute haben nichts Besseres zu tun, als sich über ein Gedicht zu streiten. Ich würde mir diese Geschichte nie kaufen, und ich würde mir den Film nicht ansehen, nicht mal, wenn sie mich mit meiner ganzen Familie umsonst reinlassen würden.

Mr. McCourt?

Ja, Ann?

Bitte sagen Sie Jonathan, er kann mich mal.

Tut mir leid, Ann. Die Botschaft müßtest du schon persönlich überbringen. Ah, es klingelt, aber denkt dran, ihr müßt nicht auf jeden Reiz reagieren.

Immer, wenn eine Stunde durchhing, wenn die Schüler mit den Gedanken woanders waren, wenn zu viele den Paß verlangten, griff ich auf das »Abendbrotverhör« zurück. Regierungsbeamte oder besorgte Vorgesetzte hätten vielleicht gefragt: Ist das eine legitime Unterrichtsmethode?

Jawohl, ist es, meine Damen und Herren, denn ich unterrichte hier Schreiben, und alles ist Korn für unsere Mühlen.

Außerdem konnte ich mich bei dem Verhör wie ein Staatsanwalt fühlen, der mit einem Zeugen spielt. Wenn die Schüler sich amüsierten, gab das Pluspunkte für mich. Ich beherrschte die Bühne: Oberlehrer, Verhörexperte, Puppenspieler, Dirigent.

James, was hast du gestern zu Abend gegessen?

Er schaut überrascht auf. Wie bitte?

Abendbrot, James. Was hast du gestern zum Abendbrot gegessen?

Er tut so, als müßte er in seinem Gedächtnis kramen.

James, das ist keine vierundzwanzig Stunden her.

Ach ja. Huhn.

Wo kam das her?

Wie meinen Sie das?

Hat jemand das Huhn gekauft, oder ist es euch zugeflogen?

Meine Mutter.

Also deine Mutter geht einkaufen bei euch?

Ja, na ja, außer manchmal, wenn die Milch alle ist oder so, dann schickt sie meine Schwester. Meine Schwester meckert ständig deswegen.

Arbeitet deine Mutter?

Ja, sie ist Anwaltssekretärin.

Wie alt ist deine Schwester?

Vierzehn.

Und du?

Sechzehn.

Also deine Mutter arbeitet und erledigt die Einkäufe, und deine Schwester ist zwei Jahre jünger als du und muß ab und zu mal in den Lebensmittelladen laufen. Du mußt nie einkaufen?

Nein.

Und wer macht das Huhn?

Meine Mutter.

Und was machst du, während deine Schwester mal schnell was einkaufen geht und deine Mutter sich in der Küche abschuftet?

Na ja, also ich bin in meinem Zimmer.

Und was machst du da?

Hausaufgaben oder, äh, Musik hören.

Und was macht dein Vater, während deine Mutter das Essen kocht?

Der sitzt im Wohnzimmer und schaut Fernsehnachrichten. Er muß immer auf dem laufenden sein, weil er Börsenmakler ist.

Wer hilft deiner Mutter in der Küche?

Manchmal hilft ihr meine Schwester.

Aber du nicht und dein Vater auch nicht?

Wir können nicht kochen.

Aber jemand muß auch den Tisch decken.

Meine Schwester.

Du hast noch nie den Tisch gedeckt?

Doch, schon, als meine Schwester mit ihrem Blinddarm im Krankenhaus war, aber das war nix, weil ich nicht gewußt hab, wo die Sachen hingehören, und meine Mutter ist sauer geworden und hat mich aus der Küche geschickt.

Schön. Wer stellt das Essen auf den Tisch?

Mr. McCourt, wieso stellen Sie mir andauernd diese Fragen, wo Sie doch eh wissen, was ich sagen werde? Meine Mutter stellt das Essen auf den Tisch.

Was gab's gestern abend zum Huhn?

Ja, also, Salat gab's dazu.

Und was noch?

Wir haben gebackene Kartoffeln gegessen, ich und mein Vater. Meine Mutter und meine Schwester essen die nicht, weil sie Diät machen, und da sind Kartoffeln tödlich.

Und wie war der Tisch gedeckt? Hattet ihr eine Tischdecke?

Soll das ein Witz sein? Wir hatten Sets aus Stroh.

Was ist beim Abendessen geschehen?

Wie meinen Sie das?

Habt ihr euch unterhalten? Hattet ihr Tafelmusik?

Mein Vater hat weiter Fernsehen geschaut, und meine Mutter hat ihn angegiftet, daß er das Essen einfach runterschlingt, wo sie sich doch so viel Mühe damit gemacht hat.

Aha, Konflikt beim Abendbrot. Habt ihr nicht alle zusammen die Ereignisse des Tages besprochen? Hast du nicht erzählt, wie's in der Schule war?

Nö. Mom hat dann abgeräumt, weil Dad sich wieder vor den Fernseher gehockt hat. Sie war sauer auf meine Schwester, weil die ihr Huhn nicht essen wollte. Sie hat gesagt, das macht dick, das Huhn. Mr. McCourt, was soll das denn? Warum stellen Sie mir diese Fragen? Das ist doch langweilig.

Fragen wir doch mal die anderen. Was meint ihr? Wir lernen hier Kreatives Schreiben. Habt ihr irgend etwas über James und seine Familie erfahren? Seht ihr hier eine Geschichte? Jessica?

Meiner Mom könnte man mit so einem Scheiß nicht kommen. James und sein Dad sind die großen Macker, die sich von vorn bis hinten bedienen lassen. Die Mutter und die Schwester machen alles, und die beiden hängen bloß rum und hocken sich an den gedeckten Tisch. Ich wüßte ja zu gern, wer bei denen saubermacht und abwäscht. Obwohl, ist eigentlich klar: die Mutter, die Schwester.

Jede Menge Hände, alles Mädchen. Sie wollen James die Meinung sagen. Moment mal, meine Damen. Bevor ihr euch auf James einschießt, möchte ich von euch wissen, ob jede von euch im Haushalt ein Ausbund an Tugend ist, stets hilfsbereit, stets aufmerksam. Also sagt mir eins, bevor wir weitermachen: Wer von euch hat gestern abend nach dem Essen seiner Mutter gedankt, ihr einen Kuß gegeben und ihr gesagt, wie gut sie gekocht hat? Ja, Sheila?

Das wär doch Geschleime. Die Mütter wissen doch, daß wir ihnen dankbar sind.

Eine Gegenstimme. Nein, wissen sie nicht. Wenn James sich bei seiner Mutter bedanken würde, würde sie in Ohnmacht fallen.

Ich zog weiter meine Show ab, bis mir Daniel den Wind aus den Segeln nahm.

Daniel, was hat's bei dir gestern zum Abendbrot gegeben?

Kalbsmedaillons in so einer Weißweinsauce.

Und was gab's als Beilage zu den Kalbsmedaillons in Weißwein?

Spargel und einen kleinen Salat mit Vinaigrette.

Keine Vorspeise?

Nein. Nur das Essen. Meine Mutter findet, Vorspeisen verderben den Appetit.

Also hat deine Mutter die Kalbsmedaillons gemacht?

Nein, das Dienstmädchen.

Aha, das Dienstmädchen. Und was hat deine Mutter gemacht?

Die war bei meinem Vater.

Also das Dienstmädchen hat das Abendessen zubereitet und vermutlich auch serviert?

Stimmt genau.

Und du hast allein gegessen?

Ja.

An einem auf Hochglanz polierten Mahagonitisch, nehme ich an?

Stimmt.

Mit einem Kristallüster.

Ja.

Wirklich?

Ja.

Hattest du Hintergrundmusik?

Ja.

Mozart, nehme ich an? Passend zum Tisch und zum Kronleuchter.

Nein. Telemann.

Und dann?

Hab ich noch zwanzig Minuten Telemann gehört. Er ist einer der Lieblingskomponisten meines Vaters. Als das Stück zu Ende war, hab ich meinen Vater angerufen.

Und wo war der, wenn ich fragen darf?

Er liegt mit Lungenkrebs im Sloan-Kettering Hospital, und meine Mutter ist ständig bei ihm, weil er wahrscheinlich bald sterben wird.

Oh, das tut mir leid, Daniel. Das hättest du mir sagen müssen, statt dich hier verhören zu lassen.

Ist doch egal. Er stirbt so oder so.

Stille im Klassenzimmer. Was konnte ich jetzt zu David sagen? Ich hatte mein Spielchen gespielt: der clevere, amüsante Lehrer als Verhörexperte, und Daniel hatte es geduldig über sich ergehen lassen. Die Einzelheiten des einsamen Abendbrots in elegantem Ambiente erfüllten das Klassenzimmer. Sein Vater war da. Wir saßen mit Daniels Mutter am Bett. Wir würden uns immer an die Kalbsmedaillons erinnern, an das Dienstmädchen, an den Kronleuchter und an Daniel allein am polierten Mahagonitisch, während sein Vater im Sterben lag.

Ich verkünde in meinen Klassen, daß sie am Montag die *New York Times* mitbringen sollen, damit wir Mimi Sheratons Restaurantkritiken lesen können.

Sie wechseln Blicke und zucken auf die New Yorker Art die Schultern: Augenbrauen hochziehen. Hände hochheben, Handflächen nach außen, Ellbogen angelegt. Ausdruck von Geduld, Resignation, Verwunderung.

Warum sollen wir Restaurantkritiken lesen?

Vielleicht gefallen sie euch, und außerdem werden sie natürlich euren Wortschatz erweitern und vertiefen. Das solltet ihr dann auch wichtigen Besuchern aus Japan und anderen Ländern erzählen.

Mannomann, demnächst lassen Sie uns noch Nachrufe lesen.

Keine schlechte Idee, Myron. Aus der Lektüre von Nachrufen könntet ihr eine Menge lernen. Würdest du das Mimi Sheraton vorziehen? Von mir aus kannst du ruhig ein paar pikante Nachrufe mitbringen.

Mr. McCourt, belassen wir's doch lieber bei Rezepten und Restaurantkritiken.

Okay, Myron.

Wir sehen uns den Aufbau einer Mimi-Sheraton-Kritik an. Sie informiert uns über das Ambiente des Restaurants und die Qualität des Service – oder deren Fehlen. Sie beschreibt alles, was zu einer Mahlzeit dazugehört: Vorspeisen, Hauptgerichte, Desserts, Kaffee, Wein. In einer Zusammenfassung am Schluß begründet sie die Sterne, die sie vergibt oder nicht vergibt. Das ist der Aufbau. Ja, Barbara?

Ich finde diese Kritik richtig bösartig. Mir hat sich das Bild aufgedrängt, daß Blut von dem Papier in ihrer Schreibmaschine tropft oder worauf sie sonst schreibt.

Wenn du öfter in Restaurants mit so gepfefferten Preisen gehen würdest, wärst du dann nicht dankbar, daß dich jemand wie Mimi Sheraton warnt?

Ich versuche, die Kritik durchzugehen, Wortschatz, Eigenheiten, aber die Schüler wollen wissen, ob Mimi ihr Leben lang jeden Abend essen geht und wie sie das schafft.

Sie meinten, jemand mit so einem Job könne einem nur leid tun: nie einfach zu Hause bleiben können und einen Hamburger oder eine Schüssel Cornflakes mit einer Banane drin verdrücken dürfen! Wahrscheinlich kommt sie am Abend heim und sagt ihrem Mann, daß sie nie wieder Huhn oder Schweinekoteletts sehen will. Der Mann seinerseits hat nie das Vergnügen, ihr nach einem langen Tag einen kleinen Imbiß vorzusetzen, um sie aufzumuntern, weil sie wahrscheinlich an dem einen Abend so viel gegessen hat, daß sie damit die ganze Woche auskommen würde. Man stelle sich das Dilemma der Ehemänner dieser Restaurantkritikerinnen vor. Der Mann kann seine Frau nie zum Abendessen ausführen, nur um einfach einen schönen Abend zu verbringen, bei dem man nicht jeden Bissen im Mund umdrehen muß, um herauszubekommen, welche Gewürze verwendet wurden oder was alles in der Sauce ist. Wer würde mit einer Frau in ein Restaurant gehen wollen, die alles über Essen und Wein weiß? Da würde man doch die ganze Zeit nur darauf achten, was sie beim ersten Bissen für ein Gesicht macht. Nein, nein, die Frau habe ja vielleicht einen tollen Beruf, mit dem sie einen Haufen Geld verdiene, aber es würde einem schon bald zum Hals raushängen, immer nur vom Feinsten essen zu müssen, und wie einem das bekommen würde, stehe noch mal auf einem ganz anderen Blatt.

Dann gebrauchte ich zum erstenmal im Leben ein Wort, das ich noch nie gebraucht hatte. Ich sagte, nichtsdestotrotz, und wiederholte, nichtsdestotrotz werde ich aus euch lauter kleine Mimi Sheratons machen.

Ich bat sie, über die Schulkantine oder das Restaurant nebenan zu schreiben. Kein einziger schrieb eine positive Kritik über die Kantine. Drei beendeten ihren Aufsatz mit denselben beiden Wörtern: Echt ätzend. Ich las begeisterte Kritiken über verschiedene Pizzerien und den Kiosk an der First Avenue, der Hot dogs und Brezeln verkauft. Ein Pizzeriabesitzer sagte den Schülern, er möchte mich gern kennenlernen und sich dafür bedanken, daß ich die Aufmerksamkeit auf sein Lokal gelenkt und sein Metier zu Ehren gebracht hätte. Einfach phantastisch, daß dieser Lehrer mit dem irischen Namen seine Schüler dazu anhalte, die feineren Dinge im Leben zu würdigen. Wann immer ich Appetit auf eine Pizza hätte, nicht nur ein Stück, sondern eine ganze, stehe mir seine Tür weit offen, und ich könne mir auch den Belag ganz nach Wunsch aussuchen, selbst wenn er dazu extra jemanden ins Feinkostgeschäft schicken müsse.

Ich tadelte die Schüler wegen ihrer allzu billigen, abfälligen Kritiken der Schulkantine. Zugegeben, sagte ich, das Ambiente ist trostlos. Da würde Mimi euch beipflichten. Man könnte die Kantine mit einer U-Bahnstation oder einem Speisesaal beim Militär verwechseln. Ihr beklagt euch über den Service. Die Frauen an der Essensausgabe sind zu unfreundlich. Sie lächeln nicht genug. Ach herrje. Das verletzt eure Gefühle. Sie knallen euch einfach das Essen aufs Tablett. Aber was erwartet ihr? Was meint ihr, wie schnell euch das Lächeln vergeht, wenn ihr euch mal selber da hinstellt?

Stopp, sage ich mir. Keine Predigten. Den Fehler hast du vor Jahren schon mal gemacht, mit deiner Litanei über die Französische Revolution. Wenn sie die Kantine echt ätzend finden, dann dürfen sie das auch schreiben. Wir leben in einem freien Land, oder nicht?

Ich frage sie, was sie damit meinen, daß das Essen echt ätzend ist. Ihr seid Schriftsteller. Wie wär's, wollt ihr nicht euern Wortschatz ein bißchen aufmöbeln? Was würde Mimi schreiben?

Ach, Mann, Mr. McCourt, muß es denn immer nur Mimi und noch mal Mimi sein, wenn wir über Essen schreiben?

Trotzdem, was meint ihr mit echt ätzend?

Das wissen Sie doch.

Was?

Na ja, daß der Fraß ungenießbar ist.

Und warum?

Schmeckt wie Arsch und Friedrich. Oder nach gar nichts.

Könntest du »Arsch und Friedrich« ein bißchen genauer definieren?

Mr. McCourt, Sie sind ja ein netter Kerl, aber manchmal können Sie einem den letzten Nerv rauben.

Jack, weißt du, was Ben Jonson gesagt hat?

Nein, Mr. McCourt, ich weiß nicht, was Ben Jonson gesagt hat.

Er hat gesagt, die Sprache verrät den Menschen. Sprich, auf daß ich dich erkenne.

Ah, das hat Ben Jonson gesagt?

Das hat Ben Jonson gesagt.

Ganz schön geistreich, Mr. McCourt. Der sollte mal mit Mimi essen gehen.

15

Am Elternsprechtag haben die Kinder ab Mittag schulfrei, von eins bis drei kommen die Eltern in Scharen, und dann wieder am Abend von sieben bis neun. Wenn alles vorbei ist, trifft man die Kollegen an der Stechuhr, und alle sind müde, weil sie mit Hunderten von Müttern und Vätern geredet haben. Wir haben dreitausend Schüler an dieser Schule, das entspräche eigentlich sechstausend Müttern und Vätern, aber wir sind in New York, wo Scheidung eine beliebte Sportart ist und die Kinder sich selbst zusammenreimen müssen, wer wer ist und was was und was wann passieren wird. Dreitausend Kinder könnten zehntausend Eltern und Stiefeltern haben, die zutiefst überzeugt sind, daß ihre Sprößlinge zur geistigen Elite gehören. Das hier ist die Stuyvesant High School, wo sich in dem Moment, da ein Schüler eintritt, Türen zu den besten Universitäten und Colleges des Landes auftun, und wer es nicht schafft, ist verdammt noch mal selber schuld. Die Moms und Dads sind cool, zuversichtlich, gutgelaunt und selbstsicher, wenn sie nicht besorgt, bekümmert, verzweifelt, unsicher oder mißtrauisch sind. Sie erwarten viel und geben sich mit nichts zufrieden, das nicht eindeutig als Erfolg zu werten ist. Sie erscheinen derart massenhaft, daß jeder Lehrer einen Klassenordner braucht, der den Ansturm kanalisiert. Sie wollen unbedingt wissen, wie ihr Kind im Vergleich zum Rest der Klasse abschneidet. Würde ich sagen, daß Stanley über dem Durchschnitt liegt? Sie finden nämlich, daß er immer fauler wird und den falschen Umgang hat. Sie hören so manches über den Stuyvesant Square, Gerüchte über Drogen, Sie wissen schon, und das reicht schon aus, einem den Schlaf zu rauben. Macht er seine Hausaufgaben? Sind Ihnen irgendwelche Änderungen in seinem Verhalten oder seiner Einstellung aufgefallen?

Stanleys Eltern stecken mitten in einem erbitterten Scheidungskrieg, kein Wunder also, daß Stanley durch den Wind ist. Die Mutter behält die klassische Sechszimmerwohnung auf der Upper West Side, während Dad in irgendeiner Bruchbude am Arsch der Bronx haust. Sie haben sich darauf geeinigt, Stanley in der Mitte zu spalten, dreieinhalb Tage in der Woche gehört er jeweils dem einen oder dem anderen. Stanley ist gut in Mathematik, aber diese Autodivision macht ihm Schwierigkeiten. Er versucht, es mit Humor zu nehmen. Er verwandelt das Dilemma in eine Art algebraische Gleichung: Wenn a gleich 3,5 und b gleich 3,5 ist, welchen Wert hat dann Stanley? Sein Mathelehrer, Mr. Winokur, gibt ihm hundert Punkte dafür, daß er auch nur diesen Ansatz gewählt hat. Meine Klassenordnerin für den Elternsprechtag ist Maureen McSherry, und sie erzählt mir, daß Stanleys kriegführende Eltern in meinem Klassenzimmer sitzen und mich sprechen wollen. Insgesamt sei wohl ein halbes Dutzend Elternpaare da, die nicht nebeneinander sitzen wollen, wenn ich über ihre kleinen Lieblinge spreche.

Maureen gibt Nummern aus, wie man es von Ämtern kennt, und mir wird ganz flau, weil der Strom der in mein Zimmer kommenden Eltern nicht abzureißen scheint. Kaum ist man mit einem fertig, kommt der nächste. Sie haben alle Plätze besetzt: Drei hocken wie Schüler auf der hinteren Fensterbank und tuscheln miteinander, fünf oder sechs stehen an der Rückwand. Ich wollte, ich könnte Maureen bitten, sie abzuwimmeln, aber das kann man nicht machen an einer Schule wie der Stuyvesant, wo die Eltern ihre Rechte kennen und nie um Worte verlegen sind. Maureen flüstert mir zu, Achtung, da kommt Stanleys Mutter Rhonda. Die macht Sie zur Schnecke.

Rhonda stinkt nach Nikotin. Sie setzt sich, beugt sich vor und sagt, ich dürfe kein Wort von dem glauben, was dieser Mistkerl, Stanleys Vater, mir erzählt. Sie bringe es nicht einmal über sich, den Schuft beim Namen zu nennen, es tue ihr in der Seele weh, daß Stanley auf diesen Scheißer als Vaterfigur angewiesen sei, und überhaupt, wie macht sich Stanley denn so?

Oh, sehr gut. Er kann schreiben und ist bei seinen Mitschülern beliebt.

Das grenzt ja fast an ein Wunder, wenn man bedenkt, was er mit diesem Windbeutel von Vater durchmacht, vor dem nichts sicher ist, was einen Rock anhat. Ich tue mein Bestes, solange Stanley bei mir ist, aber er kann sich an diesen dreieinhalb Tagen nicht konzentrieren, weil er weiß, daß er die anderen dreieinhalb in dieser Bruchbude in der Bronx zubringen muß. Immer öfter übernachtet er jetzt schon bei Freunden. Jedenfalls erzählt er mir das, aber zufällig weiß ich, daß er eine Freundin hat, deren Eltern einfach alles durchgehen lassen, und ich hab da so den einen oder anderen Verdacht.

Tut mir leid, aber davon weiß ich nichts. Ich bin nur sein Lehrer, und es ist unmöglich, sich jedes Halbjahr mit dem Privatleben von hundertfünfundsiebzig Schülern zu befassen.

Rhonda sprach nicht eben leise, und die wartenden Eltern rutschten auf ihren Stühlen hin und her und verdrehten die Augen. Maureen sagte mir, ich müsse auf die Zeit achten und dürfe jedem höchstens zwei Minuten geben, auch Stanleys Vater, der natürlich auf gleiches Recht pochen würde. Er sagte, hi, ich bin Ben, Stanleys Vater. Ich hab gehört, was sie gesagt hat, die Madame Therapeutin. Zu der würde ich nicht mal meinen Hund schicken. Er lachte und schüttelte den Kopf. Aber lassen wir das. Ich hab da jetzt ein Problem mit Stanley. Nach der langen Schulausbildung und nachdem ich jahrelang für sein Studium gespart habe, will er jetzt alles hinschmeißen. Wissen Sie, was er sich in den Kopf gesetzt hat? Er will an irgendein Konservatorium in Neuengland gehen und klassische Gitarre studieren. Sagen Sie selbst, was kann man als klassischer Gitarrist schon verdienen? Ich hab ihm gesagt … aber ich will Ihre Zeit nicht über Gebühr beanspruchen, Mr. McCord.

McCourt.

Ja. Also, ich will Sie nicht aufhalten, aber ich hab ihm klipp und klar gesagt, nur über meine Leiche. Wir waren uns von Anfang an einig, daß er mal Steuerberater wird. Daran wurde nie gerüttelt. Ich meine, wofür arbeite ich denn? Ich bin selbst Steuerberater, und falls Sie mal ein kleines Problem haben, helfe ich Ihnen gerne. Nein, niemals. Keine klassische Gitarre. Ich sag ihm, studier Steuerberater, und spiel in deiner Freizeit Gitarre. Er bricht zusammen. Er heult. Er droht, ganz zu seiner Mutter zu ziehen, und das würde ich nicht mal einem Nazi wünschen. Meinen Sie, Sie könnten mal mit ihm reden? Ich weiß, daß er Ihren Unterricht mag, Rezepte spielen und was Sie hier sonst so machen.

Ich würde gern helfen, aber ich bin kein Beratungslehrer. Ich bin Englischlehrer.

Ach ja? Also, was Stanley so erzählt, machen Sie hier alles mögliche, nur kein Englisch. Nichts für ungut, aber ich weiß wirklich nicht, was Kochen mit Englisch zu tun hat. Trotzdem danke. Wie macht er sich eigentlich?

Sehr gut.

Die Glocke läutet, und Maureen, die kein bißchen schüchtern ist, verkündet, daß die Zeit um ist, daß sie aber gern die Namen und Telefonnummern von Eltern notiert, die zu einem viertelstündigen Gespräch an normalen Schultagen kommen möchten. Sie reicht ein Blatt Papier herum, das aber leer bleibt. Sie wollen hier und jetzt mit mir reden. Schließlich warten sie schon den ganzen Abend, während diese anderen Schwachköpfe endlos von ihren verkorksten Kindern labern, kein Wunder, daß die so verkorkst sind, bei den Eltern. Die Frustrierten folgen mir auf den Gang hinaus und fragen, wie macht sich denn Adam, Sergei, Juan, Naomi? Was ist denn das für eine Schule, wo man nicht mal eine Minute mit dem Lehrer reden kann, wofür zahle ich eigentlich Steuern?

Um neun an der Stechuhr meinen ein paar Lehrer, man könnte doch noch ins Gas House um die Ecke einen trinken gehen. Wir setzen uns an einen Tisch ganz hinten und bestellen Bier. Unsere Kehlen sind von dem vielen Reden ganz ausgedörrt. Gott, was für ein Abend. Ich erzähle R'lene Dahlberg und Connie Collier und Bill Tuohy, daß in meiner ganzen Zeit an der Stuyvesant nur ein einziges Mal eine Mutter wissen wollte, ob die Schule ihrem Sohn Freude mache. Ich sagte ja. Offenbar gefalle es ihm sehr gut. Sie lächelte, stand auf, sagte danke und ging. Eine einzige in all den vielen Jahren.

Denen geht's nur um eins, Erfolg und Geld, Geld, Geld, sagt Connie. Die setzen die höchsten Erwartungen in ihre Kinder, und wir sind die Fließbandarbeiter, die hier noch das eine, dort das andere kleine Teil einbauen, bis das fertige Produkt vom Band kommt, das dann so funktioniert, wie Eltern und Wirtschaft sich das vorstellen.

Ein Elterngrüppchen verlief sich auch ins Gas House. Eine Mutter kam zu mir herüber. Ist ja reizend, sagte sie. Bier in sich reinschütten, dafür haben Sie Zeit, aber für eine Schülermutter, die eine halbe Stunde gewartet hat, um mit Ihnen zu reden, haben Sie nicht mal eine Minute.

Ich sagte, es tue mir leid.

Sie sagte, ja, und ging an ihren Tisch zurück. Ich war so erschlagen von dem Elternabend, daß ich zuviel trank und am nächsten Morgen im Bett blieb. Warum hatte ich dieser Mutter nicht einfach gesagt, sie könne mich an meinem königlich-irischen Arsch lecken?

Bob Stein saß in meiner Klasse nie in der Reihe. Vielleicht lag es an seiner Statur, aber ich glaube, er fand Trost darin, es sich auf der geräumigen Fensterbank im hinteren Teil des Raums bequem zu machen. Sobald er sich niedergelassen hatte, lächelte er und winkte mir zu. Guten Morgen, Mr. McCourt. Ein wunderschöner Tag heute, nicht wahr?

Er trug das ganze Jahr über ein am Hals offenes weißes

Hemd, dessen Kragen über den grauen Kragen seines zweirei-higen Jacketts geschlagen war. Seinen Mitschülern erzählte er, das Jackett habe früher Orson Welles gehört, und falls er dem jemals begegnen sollte, hätten sie wenigstens ein Gesprächs-thema. Ohne das Jackett würde er nicht wissen, was er zu Orson Welles sagen solle, denn er habe ganz andere Interessen als der Schauspieler.

Außerdem trug er kurze Hosen, genauer gesagt, an den Knien abgeschnittene lange Hosen, und nein, die paßten nicht zu sei-nem Jackett, also bestand insoweit keine Verbindung zu Orson Welles.

Er trug graue Socken, die so dick waren, daß sie in wollenen Wülsten über seine gelben Arbeiterstiefel hingen.

Er hatte keine Schultasche, keine Bücher, keine Hefte, kein Schreibgerät. Ein bißchen sei das auch meine Schuld, scherzte er, weil ich einmal so enthusiastisch über Thoreau und dessen Forderung gesprochen hätte, man müsse vereinfachen, verein-fachen, vereinfachen und sich seiner Besitztümer entledigen.

Wenn in der Klasse eine Klausur oder eine Prüfungsarbeit geschrieben wurde, fragte er mich, ob ich ihm zufällig einen Kugelschreiber und etwas Papier borgen könne.

Bob, wir lernen hier schreiben. Das setzt bestimmtes Ar-beitsmaterial voraus.

Er versicherte mir, es sei schon alles in Ordnung, und gab mir den Rat, mir keine Sorgen zu machen. Von seinem Fensterplatz aus machte er mich darauf aufmerksam, daß sich auf meinem Kopf schon der erste Schnee zeige. Ich solle die Jahre genießen, die mir noch blieben.

Nein, nein, sagte er zu den anderen. Nicht lachen.

Aber das Gelächter war schon so laut, daß ich warten mußte, bis ich ihn wieder verstand. Er sagte, in einem Jahr würde ich auf diesen Moment zurückblicken und mich fragen, warum ich soviel Zeit und Gefühle auf das Fehlen von Stift und Papier ver-schwendet hätte.

Ich mußte die Rolle des strengen Lehrers spielen. Bob, wenn du nicht mitarbeitest, fällst du womöglich durch.

Mr. McCourt, ich kann gar nicht glauben, daß Sie mir das sagen, ausgerechnet Sie mit ihrer unglücklichen Kindheit und so, Mr. McCourt. Aber ist schon okay. Wenn Sie mich durchrasseln lassen, wiederhol ich den Kurs halt. Ich hab's nicht so wahnsinnig eilig. Was ist schon ein Jahr mehr oder weniger? Für Sie ist das vielleicht eine große Sache, aber ich bin ja erst siebzehn. Ich hab noch jede Menge Zeit, Mr. McCourt, auch wenn Sie mich durchfallen lassen. Er wandte sich an die Klasse: ob ihm wer mit Stift und Papier aushelfen könne. Es gab zehn Angebote, aber er entschied sich für das räumlich nächste, um nicht von seinem Fensterbrett herabsteigen zu müssen. Er sagte, sehen Sie, Mr. McCourt? Sehen Sie, wie nett die Menschen sind? Solange die ihre großen Taschen mit sich rumschleppen, brauchen Sie und ich uns nie Sorgen ums Arbeitsmaterial zu machen.

Schön und gut, Bob, aber was hilft dir das nächste Woche bei der großen Klausur über *Gilgamesch*?

Was ist denn das, Mr. McCourt?

Steht im Weltliteraturbuch, Bob.

Ach ja. Ich weiß schon. Das dicke Buch. Ich hab's zu Hause, und mein Dad liest die Bibelteile und so. Mein Dad ist Rabbiner, wissen Sie. Er war so glücklich, daß Sie uns dieses Buch gegeben haben mit den Propheten und allem, und er hat gesagt, Sie müssen ein toller Lehrer sein, und er kommt am Elternabend, um mit Ihnen zu reden. Ich hab ihm gesagt, Sie sind wirklich ein toller Lehrer, nur daß Sie halt diesen Fimmel mit dem Arbeitsmaterial haben.

Hör mir auf, Bob. Du hast das Buch doch noch nie in der Hand gehabt.

Er riet mir abermals, mir keine Sorgen zu machen, weil sein Vater, der Rabbiner, oft über das Buch spreche und er, Bob, bestimmt noch alles über *Gilgamesch* und was den Herrn Lehrer sonst noch glücklich macht rauskriegen würde.

Erneut tobte die Klasse. Sie umarmten einander, klatschten ab.

Ich hätte auch gern getobt, aber ich mußte meine Lehrerwürde wahren.

Durch das Kichern und Japsen und Lachen rief ich quer durch den Raum, Bob, Bob. Glücklich wäre ich, wenn du das Weltliteraturbuch selbst lesen und deinen armen Vater in Ruhe lassen würdest.

Er sagte, er würde das Buch liebend gern von der ersten bis zur letzten Seite lesen, aber das passe nicht in seine Pläne.

Und was sind das für Pläne, Bob?

Ich will Farmer werden.

Er lächelte, wedelte mit dem Papier, das Jonathan Greenberg ihm freundlicherweise gestiftet hatte, und sagte, es tue ihm leid, wenn er den Unterricht gestört hätte, und vielleicht sollten sie jetzt damit anfangen, zu schreiben, was ich ihnen am Beginn der Stunde, die ja zusehends vergehe, zu schreiben aufgegeben hätte. Er, Bob, sei jedenfalls so weit, und er schlage vor, daß die Klasse sich jetzt beruhige, damit Mr. McCourt seine Arbeit machen könne. An seine Mitschüler gewandt, sagte er, Unterrichten sei die schwerste Arbeit überhaupt, er spreche aus Erfahrung, weil er mal im Ferienlager versucht habe, einer Schar kleiner Kinder etwas über die Dinge beizubringen, die aus dem Boden wachsen, aber die hätten ihm nicht zugehört, sondern seien nur rumgerannt und hätten Insekten gejagt, bis er sauer wurde und sagte, er würde ihnen in den Arsch treten, und das sei das Ende seiner Lehrerlaufbahn gewesen, also ein bißchen mehr Rücksicht auf Mr. McCourt, wenn ich bitten darf. Aber bevor wir uns alle an die Arbeit machten, wolle er noch klarstellen, daß er zwar nichts gegen Weltliteratur habe, jetzt aber nur noch Veröffentlichungen des Landwirtschaftsministeriums und Zeitschriften über Ackerbau und Viehzucht lese. Er sagte, bei der Landwirtschaft gehe es um mehr, als man auf den ersten Blick sehe, aber das sei ein anderes Thema, und ich wolle doch sicher mit meinem Stoff weitermachen, und was war das noch gleich, Mr. McCourt?

Was sollte ich mit diesem Riesenkerl auf dem Fensterbrett machen, dem zukünftigen großen jüdischen Farmer Amerikas? Jonathan Greenberg hob die Hand und fragte, was das denn sei an der Landwirtschaft, das man nicht auf den ersten Blick sehe.

Bobs Miene verdüsterte sich kurz. Es ist wegen meinem Dad, sagte er. Er hat Probleme mit dem Mais und den Schweinen. Er sagt, Juden essen keinen Mais vom Kolben. Er sagt, man kann in Williamsburg und Crown Heights zur Abendbrotzeit eine Straße rauf und die andere runtergehen und in jüdische Fenster schauen und wird nie wen sehen, der an einem Maiskolben nagt. Das ist einfach nichts für Juden. Die Körner bleiben im Bart hängen. Zeig mir einen Juden, der einen Maiskolben ißt, und ich zeig dir einen, der seinen Glauben verloren hat. So redet mein Dad. Aber der eigentliche Stein des Anstoßes sind die Schweine. Ich hab meinem Dad gesagt, daß ich sie mag. Ich hätte nicht vor, sie zu essen oder so, aber ich würde sie gern aufziehen und sie an die Gojim verkaufen. Was ist dagegen zu sagen? Das sind wirklich liebenswerte Tiere, und sie können sehr zutraulich werden. Ich hab meinem Dad gesagt, ich werde heiraten und Kinder kriegen, und die werden die kleinen Ferkel unheimlich süß finden. Da ist er so ausgerastet, daß meine Mutter sich hinlegen mußte. Vielleicht hätt ich's ihnen nicht sagen sollen, aber sie haben mir beigebracht, daß man die Wahrheit sagen muß, und irgendwann wär's sowieso rausgekommen.

Es klingelte. Bob stieg vom Fensterbrett und gab Jonathan Stift und Papier zurück. Er sagte, sein Vater, der Rabbiner, werde nächste Woche kommen und mit mir reden, und entschuldigte sich dafür, daß er den Unterricht gestört habe.

Der Rabbiner saß vor mir, hob die Hände gen Himmel und sagte Oy. Ich dachte, er scherzt, aber die Art, wie er das Kinn auf die Brust sinken ließ und den Kopf schüttelte, verriet mir, daß er kein glücklicher Rabbiner war. Er fragte, Bob, wie macht er sich so? Er hatte einen deutschen Akzent.

Gut, sagte ich.

Er bringt uns um, bricht uns das Herz. Hat er's Ihnen erzählt? Er will Farmer werden.

Ein gesundes Leben, Mr. Stein.

Ein Skandal. Wir bezahlen ihm nicht das Collegestudium, damit er hergeht und Schweine züchtet und Mais anbaut. Man wird auf der Straße mit Fingern auf uns zeigen. Meine Frau wird das nicht überleben. Wir haben ihm gesagt, wenn er dabei bleibt, muß er sich alles selber finanzieren, Punktum! Keine Sorge, sagt er, es gibt jede Menge staatliche Stipendien für junge Leute, die Farmer werden wollen. Er weiß alles darüber. Im Haus stapeln sich Bücher und Schriften aus Washington und von einem College in Ohio. Wir haben ihn verloren, Mr. McCoot. Unser Sohn ist gestorben. Wir können keinen Sohn haben, der sich Tag für Tag mit Schweinen abgibt.

Das tut mir leid, Mr. Stein.

Sechs Jahre danach traf ich Bob auf dem Lower Broadway. Es war ein Januartag, aber er trug die obligaten kurzen Hosen und das Orson-Welles-Jackett. Er sagte, hi, Mr. McCourt. Wunderschöner Tag heute, nicht wahr?

Es ist eisig, Bob.

Ach, das ist schon okay.

Er erzählte mir, daß er bereits bei einem Farmer in Ohio arbeite, aber die Sache mit den Schweinen könne er nicht durchziehen, das könne er seinen Eltern nicht antun. Ich sagte, das sei eine gute, rücksichtsvolle Entscheidung.

Er hielt inne und sah mich an. Mr. McCourt, Sie haben mich nie leiden können, stimmt's?

Ich dich nicht leiden können, Bob? Wo denkst du hin? Es war die reine Freude, dich in der Klasse zu haben. Jonathan hat gesagt, du hast die Trübsal aus dem Klassenzimmer geblasen.

Sag's ihm, McCourt, sag ihm die Wahrheit. Sag ihm, daß er deine Tage vergoldet hat, daß du deinen Freunden von ihm erzählt hast, was für ein Original er ist, wie du seinen Stil bewunderst, seine gute Laune, seine Ehrlichkeit, seinen Mut, daß du deine Seele hergeben würdest für einen Sohn wie ihn. Und sag ihm, wie schön er in jeder Hinsicht war und immer noch ist, daß du ihn damals geliebt hast und ihn immer noch liebst. Sag's ihm.

Ich sagte es ihm, er war sprachlos, und mir war es piepegal, was die Leute auf dem Lower Broadway dachten, die uns in einer langen, herzlichen Umarmung sahen, den High-School-Lehrer und den zukünftigen großen jüdischen Farmer Amerikas.

Ken war ein koreanischer Junge, der seinen Vater haßte. Er erzählte vor der Klasse, daß er als Kind Klavierstunden nehmen mußte, obwohl sie kein Klavier hatten. Sein Vater zwang ihn, auf dem Küchentisch Tonleitern zu üben, bis sie sich ein Klavier leisten konnten, und wenn sein Vater argwöhnte, daß er nicht ordentlich übte, schlug er ihm mit einem Kochlöffel auf die Finger. Seiner sechs Jahre alten Schwester auch. Als sie ein echtes Klavier bekamen und sie »Chopsticks« spielte, zerrte der Vater sie vom Hocker, schleifte sie auf ihr Zimmer, riß ein paar Kleider von ihr aus den Schubladen, stopfte sie in einen Kopfkissenbezug und zerrte seine Tochter die Treppe hinunter in den Keller, wo er vor ihren Augen die Kleider im Ofen verbrannte.

Das wird dich lehren, ordentlich zu üben.

Als Ken zur Grundschule ging, mußte er zu den Pfadfindern und sich massenweise Abzeichen verdienen, mehr als jeder andere in seiner Schar. Als er dann auf der High School war, verlangte der Vater, daß er alles daransetzte, Eagle Scout zu werden, weil das einen guten Eindruck machen würde, wenn er sich in Harvard bewarb. Ken war der Zeitaufwand für den Eagle Scout eigentlich zuviel, aber er hatte keine Wahl. Harvard stand vor der Tür. Außerdem zwang ihn sein Vater, sich im Kampfsport auszuzeichnen, einen Gürtel nach dem anderen zu erwerben, bis er den schwarzen hatte.

Er gehorchte immer, bis die Entscheidung für ein College anstand. Sein Vater sagte ihm, er müsse sich auf zwei Universitäten konzentrieren, Harvard und M. I. T. Sogar daheim in Korea wisse jeder, daß nur eine von diesen beiden in Frage käme.

Ken sagte nein. Er wollte sich an der Stanford University in Kalifornien bewerben. Er wollte auf der anderen Seite des Kontinents leben, so weit weg von seinem Vater wie möglich. Sein Vater sagte nein. Das werde er nicht zulassen. Ken sagte, er werde entweder nach Stanford oder überhaupt nicht aufs College gehen. Der Vater baute sich in der Küche bedrohlich vor ihm auf. Ken, der Kampfsportexperte, sagte, probier's, Dad, und Dad strich die Segel. Dad hätte sagen können, na gut. Tu, was du für richtig hältst, aber was würden dann die Nachbarn sagen? Was würden sie in seiner Kirche sagen? Man stelle sich vor, ein Sohn, der die Stuyvesant High School absolviert hat und sich dann weigert, aufs College zu gehen. Diese Schande! Seine Freunde schickten ihre Kinder voller Stolz nach Harvard und aufs M. I. T., und wenn Ken die Familienehre nicht völlig gleichgültig sei, müsse er Stanford vergessen.

Ken schrieb mir aus Stanford. Er genoß die Sonne da drüben. Es lebte sich am College leichter als an der Stuyvesant High School – weniger Druck, weniger Konkurrenz. Er hatte gerade einen Brief von seiner Mutter bekommen, die ihn ermahnte, sich ganz auf sein Studium zu konzentrieren und auf alle Freizeitaktivitäten zu verzichten, kein Sport, keine Clubs, nichts, und falls er nicht in allen Fächern auf einem glatten A stehe, brauche er zu Weihnachten gar nicht nach Hause zu kommen. Das sei ihm gerade recht, schrieb er mir. Er wolle ohnehin zu Weihnachten nicht nach Hause fahren. Und wenn doch, dann nur, um seine Schwester wiederzusehen.

Ein paar Tage vor Weihnachten stand er plötzlich in der Tür

meines Klassenzimmers und sagte mir, ich hätte ihm geholfen, das letzte Jahr an der High School zu überstehen. Eine Zeitlang habe er davon geträumt, mit seinem Vater in eine dunkle Gasse zu gehen, aus der dann nur einer von beiden wieder herausgekommen wäre. Dieser eine wäre natürlich er gewesen, aber drüben in Stanford habe er begonnen, sich Gedanken über seinen Vater zu machen, wie es gewesen sein mußte, als koreanischer Einwanderer Tag und Nacht Obst und Gemüse zu verkaufen, obwohl er kaum genug Englisch konnte, um sich im Alltag verständlich zu machen, immer die Zähne zusammenzubeißen und weiterzuschuften, damit seine Kinder eine Ausbildung bekommen, von der man in Korea nicht mal träumen konnte. Als Ken dann in einem Englischseminar in Stanford vom Professor aufgefordert wurde, über eines seiner Lieblingsgedichte zu referieren, war ihm ausgerechnet »Walzer mit meinem Vater« eingefallen, und, mein Gott, das war einfach zu viel. Er brach zusammen und weinte vor all den Leuten, aber der Professor war phantastisch, er legte Ken den Arm um die Schultern, ging mit ihm in sein Büro und wartete, bis er sich wieder gefangen hatte. Sie blieben eine ganze Stunde im Büro des Professors, er redete und weinte, und der Professor sagte, das sei schon okay, sein Vater sei polnischer Jude, und er halte ihn für einen elenden Schweinehund, wobei er vergesse, daß dieser elende Schweinehund Auschwitz überlebt und sich nach Kalifornien durchgeschlagen habe, wo er den Professor und zwei weitere Kinder großzog und einen Feinkostladen in Santa Barbara führte, obwohl er jeden Moment hätte zusammenklappen können, weil alle seine Organe durch den Lageraufenthalt geschädigt waren. Der Professor meinte, ihre beiden Väter hätten sich sicher viel zu sagen, aber dazu werde es nie kommen. Der koreanische Obst- und Gemüsehändler und der jüdisch-polnische Feinkosthändler würden nie die Worte finden, die einem an der Universität so leicht über die Lippen kommen. Ken sagte, im Büro des Professors sei ihm eine große Last von der Seele genommen worden. Oder man könne auch sagen, sein Kreislauf sei von allen möglichen Giften gereinigt worden. Irgend etwas in der Art. Jetzt werde er seinem Vater eine Krawatte und seiner Mutter Blumen zu Weihnachten kaufen. Zugegeben, es sei verrückt, ihr Blumen zu kaufen, weil sie ja selber welche in ihrem Laden hatten, aber es sei ein großer Unterschied zwischen Blumen, die man beim Koreaner nebenan kaufe, und solchen aus einem richtigen Blumenladen. Er müsse immer wieder an die Bemerkung des Professors denken, die Welt sollte den jüdisch-polnischen Vater und den koreanischen Vater mit ihren Frauen, falls sie das Glück hätten, welche zu haben, in der Sonne sitzen lassen. Ken mußte lachen, weil sich der Professor so ereiferte. Sie einfach in der gottverdammten Sonne sitzen lassen. Aber das duldet die Welt nicht, denn es gibt nichts Gefährlicheres, als alte Knacker in der Sonne sitzen zu lassen. Da würden sie womöglich anfangen zu denken. Mit Kindern ist es dasselbe. Man muß sie auf Trab halten, damit sie nicht zu denken anfangen.

16

Ich lerne. Der Mick aus den Gassen von Limerick läßt seinen Neid raushängen. Ich habe es mit Einwanderern der ersten und zweiten Generation zu tun, mit Leuten wie ich, aber auch mit der Mittelklasse und der oberen Mittelklasse, und ich mache mich lustig. Ich will mich nicht lustig machen, aber alte Gewohnheiten sind nicht totzukriegen. Es ist die Mißgunst. Nicht einmal Ärger. Nur Mißgunst. Ich schüttle den Kopf darüber, was ihnen wichtig ist, dieser Mittelstandskram, es ist zu heiß, es ist zu kalt, diese Zahnpasta mag ich nicht. Nach drei Jahrzehnten in Amerika bin ich immer noch dankbar dafür, daß ich einfach das elektrische Licht anknipsen oder nach dem Duschen nach einem Badetuch greifen kann. Ich lese einen Mann namens Krishnamurti, und mir gefällt an ihm, daß er sich nicht als Guru aufspielt wie manche dieser Typen, die scharenweise aus Indien kommen und mit ihren Blechbechern Millionen einsammeln. Er will kein Guru sein, kein Weiser oder irgend etwas in der Richtung. Er spricht nur von der Möglichkeit, daß du auf lange Sicht auf dich selbst angewiesen bist, Baby. Es gibt einen beängstigenden Essay von Thoreau, dem er den Titel »Gehen« gegeben hat, darin sagt er, wenn man das Haus verläßt, um ein Stück zu gehen, sollte man so frei, so ungebunden sein, daß man nie wieder an seinen Ausgangsort zurückkehren muß. Man geht einfach nur immer weiter, weil man frei ist. Ich ließ die Schüler diesen Essay lesen, und sie sagten, o nein, das könnten sie nie machen. Einfach weggehen? Sie machen Witze! Was seltsam ist, denn als ich mit ihnen über Kerouacs und Ginsbergs Vagabundenjahre sprach, fanden sie das toll. Diese Freiheit. Marihuana und Frauen und Wein auf dreitausend Meilen. Wenn ich mit diesen Kids spreche, spreche ich mit mir selbst. Was wir gemeinsam haben, ist das Gefühl der Dringlichkeit. Mein Gott, ich bin ein Mann mittleren Alters und mache Entdeckungen, die der durchschnittliche intelligente Amerikaner mit zwanzig schon hinter sich hat. Die Maske ist meistens runter, ich kann atmen.

Die Kids gehen in ihren Aufsätzen und in Diskussionen aus sich heraus, und ich bekomme eine schriftliche Führung durch das amerikanische Familienleben, von hochherrschaftlichen Häusern an der East Side bis zu Mietskasernen in Chinatown. Es ist eine Prozession der Alteingesessenen und der Neuen, und überall lauern Drachen und Dämonen.

Phyllis schrieb einen Bericht darüber, wie ihre Familie den Abend verbrachte, an dem Neil Armstrong auf dem Mond landete, wie sie ständig hin und her liefen zwischen dem Fernseher im Wohnzimmer und dem Schlafzimmer, in dem ihr Vater auf dem Sterbebett lag. Hin und her. Besorgt um den Vater, nicht bereit, die Mondlandung zu verpassen. Phyllis sagte, sie sei bei ihrem Vater gewesen, als ihre Mutter rief, sie solle kommen und zusehen, wie Armstrong den Fuß auf den Mond setzt. Sie lief ins Wohnzimmer, alle jubelten und fielen sich in die Arme, bis sie diese Dringlichkeit spürte, diese alte Dringlichkeit, und ins Schlafzimmer rannte, wo sie ihren Vater tot vorfand. Sie schrie nicht, sie weinte nicht, und ihr Problem war, diesen glücklichen Menschen im Wohnzimmer mitteilen zu müssen, daß Dad von ihnen gegangen war.

Sie weinte jetzt, als sie vor der Klasse stand. Sie hätte sich wieder auf ihren Platz in der ersten Reihe setzen können, und ich hoffte, sie würde es tun, denn ich wußte nicht recht, was ich machen sollte. Ich ging zu ihr. Ich legte den linken Arm um sie. Aber das war nicht genug. Ich zog sie an mich, schloß sie in die Arme, ließ sie an meiner Schulter schluchzen. Überall tränenfeuchte Gesichter, bis jemand rief, super, Phyllis, und einer oder zwei zu klatschen anfingen, und die ganze Klasse klatschte und rief bravo, und Phyllis drehte sich um und lächelte ihren Mitschülern zu mit ihrem nassen Gesicht, und als ich sie an ihren Platz führte, drehte sie sich um und berührte meine Wange, und ich dachte, das ist nichts Weltbewegendes, diese Berührung, aber ich werde das nie vergessen: Phyllis, ihren toten Vater, Armstrong auf dem Mond.

Zuhören. Hört ihr mir zu? Ihr hört mir nicht zu. Ich wende mich an diejenigen unter euch, die sich möglicherweise für das Schreiben interessieren.

Ihr schreibt immer, jeden Augenblick eures Lebens. Sogar in euren Träumen schreibt ihr. Auf den Gängen dieser Schule trefft ihr verschiedene Leute, und ihr schreibt im Geiste wie wild drauflos. Da ist der Rektor. Ihr müßt eine Entscheidung treffen, eine Grüßentscheidung. Werdet ihr ihm zunicken? Werdet ihr lächeln? Werdet ihr sagen, guten Morgen, Mr. Baumel?, oder werdet ihr einfach hi sagen? Ihr seht jemanden, den ihr nicht ausstehen könnt. Wieder hektisches Schreiben im Kopf. Eine Entscheidung muß fallen. Wegschauen? Im Vorbeigehen anstarren? Nicken? Ein Hi hervorzischen? Ihr seht jemanden, den ihr mögt, und ihr sagt hi, in einem herzlichen, schmelzenden Ton, ein Hi, das plätschernde Ruder, singende Geigen, im Mondschein glänzende Augen heraufbeschwört. Es gibt so viele Arten, hi zu sagen. Man kann das Wort zischen, zwitschern, bellen, singen, blaffen, lachen, husten. Schon ein simpler Gang durch den Flur erfordert Absätze, Sätze im Kopf, Entscheidungen noch und noch.

Ich mache das jetzt mal vom männlichen Standpunkt aus, weil für mich Frauen nach wie vor das eine große Geheimnis sind – ich könnte euch Geschichten erzählen. Hört ihr mir zu? Also, angenommen, ein Junge hier hat sich in ein Mädchen verliebt, das auch auf diese Schule geht. Zufällig weiß er, daß sie mit einem anderen Schluß gemacht hat, also hat er freie Bahn. Er würde gern mit ihr ausgehen. Jetzt kommt der Schriftsteller in ihm ins Schwitzen. Vielleicht ist er ja so ein cooler Typ, daß er sogar die schöne Helena einfach ansprechen und sie fragen würde, ob sie nach der Belagerung schon was vorhat, er kenne da eine nette Taverne in den Ruinen von Ilion, in der es Lamm und Ouzo gibt. Der coole Typ, der Charmeur, braucht natürlich kein Skript. Wir übrigen müssen schreiben. Unser Mitschüler ruft also das Mädchen an und fragt, ob sie am Samstagabend mit ihm ausgehen möchte. Er ist nervös. Eine Zurückweisung würde ihn an den Rand des Suizids treiben, in die Überdosis. Er sagt ihr, am Telefon, daß er in ihrer Physikklasse ist. Sie erwidert zweifelnd, aha, so? Er fragt sie, ob sie am Samstagabend schon was vorhat. Sie hat was vor. Angeblich ist sie verabredet, aber er vermutet, daß sie schwindelt. Ein Mädchen kann einfach nicht zugeben, daß es am Samstagabend nichts vorhat. Das wäre unamerikanisch. Sie muß ihm was vorspielen. Gott, was würden die Leute sagen? Er schreibt im Kopf weiter und fragt nach dem übernächsten Samstagabend, nach allen weiteren Samstagabenden bis ins Unendliche. Er würde sich mit allem zufriedengeben, der arme Tropf, Hauptsache, er kann sie noch sehen, bevor er die Rente einreichen muß. Sie spielt ihr Spielchen, sagt ihm, er soll nächste Woche noch mal anrufen, dann sehen wir weiter. Dann sehen wir weiter. Am Samstagabend sitzt sie zu Hause und sieht fern mit ihrer Mutter und Tante Edna, deren Mundwerk nie stillsteht. Er sitzt am Samstagabend zu Hause, mit seiner Mutter und seinem Vater, die den Mund nie aufkriegen. Er geht ins Bett und träumt, daß sie nächste Woche, mein Gott, nächste Woche, ja sagen könnte, und für den Fall hat er schon alles geplant, das schnuckelige italienische Lokal an der Columbus Avenue mit den rot-weiß karierten Tischdecken und den Chiantiflaschen, in denen diese tropfenden weißen Kerzen stecken.

Träumen, wünschen, planen: Das alles ist Schreiben, aber der Unterschied zwischen euch und dem Mann auf der Straße ist, daß ihr es euch anseht, Freunde, es im Kopf sichtet und ordnet, die Wichtigkeit des Unwichtigen erkennt, es zu Papier bringt. Vielleicht seid ihr bis über beide Ohren verliebt oder zu Tode betrübt, aber ihr beobachtet messerscharf. Ihr selbst seid euer Stoff. Ihr seid Schriftsteller, und eins steht fest: Egal, was am Samstagabend oder an irgendeinem anderen Abend passiert, ihr werdet euch nie wieder langweilen. Niemals. Nichts Menschliches ist euch fremd. Spart euch den Applaus, und gebt eure Hausarbeiten nach vorn.

Mr. McCourt, Sie sind ein Glückspilz. Sie hatten diese unglückliche Kindheit, also haben Sie was, worüber Sie schreiben können. Aber wir, worüber sollen wir schreiben? Wir kommen doch bloß auf die Welt, gehen in die Schule, fahren in Urlaub, gehen aufs College, verlieben uns oder so, machen unseren Abschluß und fangen irgendeinen Beruf an, heiraten, bekommen die zwei Komma drei Kinder, von denen Sie ständig reden, schikken die Kinder auf die Schule, lassen uns scheiden wie fünfzig Prozent der Bevölkerung, setzen Fett an, kriegen den ersten Herzinfarkt, gehen in Pension, sterben.

Jonathan, das ist das trostloseste Szenario des amerikanischen Lebens, das ich je in einem High-School-Klassenzimmer gehört habe. Trotzdem hast du die Zutaten für den großen amerikanischen Roman aufgezählt. Du hast gerade die Romane von Theodore Dreiser, Sinclair Lewis und Scott Fitzgerald zusammengefaßt.

Sie sagten, Sie machen Witze.

Ich sagte, ihr kennt die Zutaten des Lebens von McCourt. Und ihr habt eure eigenen Zutaten, das, was ihr verwenden werdet, wenn ihr über euer Leben schreibt. Notiert eure Zutaten in eurem Heft. Hütet sie. Das ist wichtig. Jüdisch. Mittelstand. *New York Times*. Klassische Musik im Radio. Harvard vor der Tür. Chinesisch. Koreanisch. Italienisch. Spanisch. Eine fremdsprachige Zeitung auf dem Küchentisch. Ethnische Musik aus dem Radio. Eltern, die von der Reise in die alte Heimat träumen. Die Großmutter, die still in einer Ecke des Wohnzimmers sitzt und an Bilder von den Friedhöfen in Queens denkt. Tausende von Grabsteinen und Kreuzen. Sie bettelt: Bitte begrabt mich nicht hier. Bringt mich nach China. Bitte. Also, setzt euch zu eurer Großmutter. Laßt sie ihre Geschichte erzählen. Alle Omas und Opas haben Geschichten, und wenn ihr sie sterben laßt, ohne ihre Geschichten gehört zu haben, seid ihr kriminell. Zur Strafe bekommt ihr Lokalverbot in der Schulkantine.

Ha, ha.

Eltern und Großeltern reagieren natürlich mißtrauisch auf dieses plötzliche Interesse an ihrem Leben. Warum stellst du mir so viele Fragen? Mein Leben geht keinen was an, und was ich getan habe, habe ich getan.

Was hast du denn getan?

Geht keinen was an. Ist es wieder dieser Lehrer, der seine Nase überall reinsteckt?

Nein, Oma. Ich hab mir nur gedacht, du möchtest mir von deinem Leben erzählen, damit ich es meinen Kindern erzählen kann und die es an ihre Kinder weitergeben können und du nicht vergessen wirst.

Sag deinem Lehrer, er soll sich um seinen eigenen Kram kümmern. Diese Amerikaner sind alle gleich, andauernd stellen sie Fragen. In unserer Familie legen wir Wert auf Privatsphäre.

Aber Oma, dieser Lehrer ist Ire.

Ach ja? Also das sind die Schlimmsten, die reden ständig und singen von irgendwelchen grünen Sachen oder werden erschossen oder aufgehängt.

Andere kommen mit Geschichten an, wie sie ihre Altvorderen nach der Vergangenheit fragen, und sofort brechen die Dämme, und die alten Leute hören gar nicht mehr auf zu reden, sie erzählen bis zur Schlafenszeit und darüber hinaus, von Herzeleid und Tränen, der Sehnsucht nach der alten Heimat, ihrer Liebe zu Amerika. Die Beziehungen innerhalb der Familie werden neu geordnet. Der sechzehnjährige Milton sieht seinen Opa plötzlich mit ganz anderen Augen.

Im Zweiten Weltkrieg hat Opa unglaubliche Abenteuer erlebt. Einmal hat er sich in die Tochter eines SS-Offiziers verliebt und wäre dafür beinahe erschossen worden. Opa konnte fliehen und versteckte sich auf einer Müllkippe in einer, einem Dingsda, wie nennt man das noch, von einer Kuh.

In einer Kuhhaut?

Ja. Die Kuhhaut lag da nur, weil sie schon halb von Ratten aufgefressen war, und die Viecher mußte er sich vom Leibe halten. Drei Tage mußte er sich in dem Versteck gegen die Ratten wehren, dann hat ihn ein katholischer Priester gesehen und ihn im Keller seiner Kirche versteckt, bis ein Jahr später die Amerikaner kamen. Die ganzen Jahre hat Opa in der Ecke gesessen, und ich hab nie mit ihm geredet und er nicht mit mir. Sein Englisch ist immer noch nicht besonders, aber das ist keine Entschuldigung. Jetzt hab ich ihn auf dem Tonband, und meine Eltern, man glaubt es kaum, meine Eltern sagen, wozu das alles?

Clarence war schwarz, intelligent und schüchtern. Er saß zusammen mit drei anderen Schwarzen ganz hinten und beteiligte sich nie an einer Diskussion im Unterricht. Er und seine Freunde rissen heimlich ihre Witze, und das ärgerte mich, dieses schwarze Ränkespiel. Gleichzeitig dachte ich, wenn ich schwarz wäre, dann wäre genau das auch mein Platz, ganz hinten in meinem eigenen kleinen Getto, wo ich mich hinter vorgehaltener Hand über den weißen Lehrer lustig machen würde.

David war schwarz, intelligent und kein bißchen schüchtern. Er saß an einem der großen Fenster bei seinen weißen Freunden, die immer mit ihm zusammen hereinkamen und hinausgingen. Wenn ich der Klasse eine Frage stellte, ging seine Hand hoch, und wenn seine Antwort falsch war, schüttelte er aufgebracht den Kopf und sagte, ach, Mist. Die anderen versuchten, ihn nachzumachen, aber keiner konnte wie David Ach, Mist sagen. Und keiner konnte so wie David für Heiterkeit sorgen. Es gab Schüler, die ihren Stundenplan ändern ließen, nur um mit ihm in einer Klasse zu sitzen. Wenn er, immer am Freitag, seine Geschichten und Aufsätze vorlas, brüllten sie vor Lachen. Letzten Montag früh stieg ich aus dem Bett, oder ich stieg nicht aus dem Bett. Ich träumte nur, daß ich aus dem Bett stieg, und ich könnte auch jetzt nicht beschwören, daß ich im Bett oder nicht im Bett war oder davon träumte oder vielleicht nur träumte, daß ich davon träumte. Das ist alles Mr. Lippers Schuld, weil der hat sich in der Philosophiestunde über dieses chinesische Gleichnis verbreitet, wo ein Mann träumt, daß er ein Schmetterling ist, oder war es ein Schmetterling, der geträumt hat, er ist ein Mann? Oder ein Schmetterling. Ach, Mist.

Alle lachten, nur Clarence nicht. Seine drei Freunde lachten, wenn auch ein bißchen verlegen. Ich fragte ihn, ob er heute etwas vorlesen wolle. Er schüttelte den Kopf. Ich sagte, in Kreativem Schreiben werde das von jedem Schüler erwartet, und wenn er Bedenken habe, selbst zu lesen, könne ja vielleicht jemand anderer vorlesen, was er geschrieben habe. Seine Wurstigkeit irritierte mich. Ich wollte eine einzige glückliche Klasse mit lauter Davids haben, die Ach, Mist sagen.

An dem Tag hatte ich Aufsicht in der Kantine. Clarence saß mit einer Gruppe schwarzer Kids an einer Wand. Sie lachten über seine Hitlerparodie: eine Wurst als Bärtchen zwischen Oberlippe und Nase, eine Schüssel auf dem Kopf, den rechten Arm zum Hitlergruß ausgestreckt. Der Kantinen-Clarence war ein anderer als der Klassen-Clarence.

David sah von einem anderen Tisch aus zu, schweigend, ohne zu lächeln.

Nach dem Mittagessen fragte ich Clarence, ob er irgendwann einmal etwas vorlesen wolle. Nein, er habe nichts zu sagen.

Nichts?

Na ja, so wie David könnte ich es nie machen.

Du mußt es nicht so machen wie David.

Trotzdem, es würde Ihnen nicht gefallen. Die einzigen Geschichten, die ich kenne, sind Geschichten von der Straße. Was so in meiner Straße passiert.

Na gut, dann schreib etwas über deine Straße.

Geht nicht. Gossensprache und so.

Clarence, nenn mir ein Wort, das ich noch nie gehört habe. Ein einziges Wort, Clarence.

Aber ich hab gedacht, es muß anständiges Englisch sein.

Es kann jedes beliebige Englisch sein, du mußt es nur zu Papier bringen.

Am nächsten Freitag war er bereit. Andere standen zum Vorlesen auf, er wollte lieber sitzen bleiben. Er erinnerte mich noch einmal daran, daß sein Text Gossensprache enthalte. Macht Ihnen das wirklich nichts aus?

Ich sagte, nichts Menschliches ist mir fremd, und dann noch, ich weiß nicht mehr, von welchem russischen Autor das Zitat stammt.

Er sagte, oh, und begann mit seinem Bericht darüber, wie die Mütter in seiner Straße mit einem Drogenhändler verfuhren. Sie forderten ihn auf, aus ihrer Straße zu verschwinden, aber er sagte, von irgendwas müsse er schließlich leben und sie sollten sich zum Teufel scheren. Eines Abends packten ihn sechs Mütter und schleppten ihn auf ein leeres Grundstück. Was sie dort mit ihm machten, konnte Clarence nicht sagen, aber es habe Gerüchte gegeben. Die Gerüchte könne er nicht wiederholen, selbst wenn man es ihm erlaubte, die Sprache sei für Stuyvesant-Schüler einfach zu brutal. Er könne nur berichten, daß eine der Mütter die Ambulanz rief, sonst wäre der Typ auf dem leeren Grundstück gestorben. Natürlich seien die Cops gekommen, aber niemand habe irgend etwas gewußt, und die Cops hätten schon verstanden. So gehe es in seiner Straße zu.

Stille. Wow. Ein Beifallssturm. Clarence lehnte sich zurück und schaute zu David hinüber, der am heftigsten klatschte. David sagte nicht Ach, Mist. Er begriff, daß das Clarence' Stunde war.

Sie wollten wissen, wer der komische Typ draußen vor der Klassenzimmertür sei. Er war totenbleich, ausgemergelt und stoned. Er hätte mich mit Frank anreden können, sagte aber, guten Tag, Mr. McCourt, um dem Lehrer den nötigen Respekt zu erweisen.

Ich trat auf den Gang hinaus, um eine unserer gelegentlichen kurzen Konferenzen abzuhalten, und er erklärte mir, er sei gerade in der Gegend gewesen, habe an mich gedacht und sich gefragt, wie es mir gehe. Außerdem sei er gerade ein bißchen klamm, und ob ich wohl etwas Kleingeld übrig hätte. Er wisse vergangene Freundlichkeiten sehr zu schätzen, und die Wahrscheinlichkeit einer Rückzahlung sei zwar gering, er werde sich meiner aber stets mit den wärmsten Gefühlen erinnern. Es sei ihm eine große Freude, mich hier zu besuchen und zu sehen, daß die Jugend Amerikas, diese prachtvollen Kinder, der Obhut eines so fähigen und großzügigen Mannes anvertraut sei. Er bedankte sich und meinte, möglicherweise würden wir uns bald einmal in Montero's Bar in Brooklyn treffen, ein paar Straßen von seinem Apartment. Ich wußte natürlich, daß die zehn Dollar, die ich ihm zusteckte, postwendend in den Besitz eines Dealers auf dem Stuyvesant Square übergehen würden.

Das war Huncke, sagte ich meinen Schülern. Schlagt irgendeine Geschichte der jüngeren amerikanischen Literatur oder der Beat Generation auf, und ihr werdet im Register den Eintrag Huncke, Herbert finden.

Alkohol ist nicht sein Ding, aber er würde sich jederzeit im Montero einen Drink von euch spendieren lassen. Seine Stimme ist tief, sanft und melodisch. Er vergißt nie seine guten Manieren, und man würde kaum auf den Gedanken kommen, ihn Huncke den Junkie zu nennen. Er achtet die Gesetze, aber er befolgt sie nicht.

Er hat wegen Taschendiebstahl, Raub, Drogenbesitz und Drogenhandel gesessen. Er ist Stricher, Schwindler, Betrüger, Charmeur und Schriftsteller. Er hat den Ausdruck Beat Generation geprägt, heißt es. Er nutzt Menschen aus, bis sie mit ihrer Geduld und ihrem Geld am Ende sind und ihm sagen, es reicht, Huncke. Raus hier, aber ein bißchen plötzlich! Er versteht das und trägt einem nichts nach. Ihm ist alles einerlei. Ich weiß, daß er mich ausnutzt, aber er hat jeden in der Beat-Bewegung gekannt, und ich höre ihm gern zu, wenn er über Burroughs, Corso, Kerouac und Allen Ginsberg redet. R'lene Dahlberg hat mir erzählt, daß Ginsberg ihn einmal mit Franz von Assisi verglichen hat. Ja, sicher, er ist ein Krimineller, ein Gesetzloser, aber er klaut nur, um seine Drogenabhängigkeit zu finanzieren, und zieht keinen Gewinn aus seinen Aktivitäten. Außerdem stiehlt er mit Bedacht. Er würde nie etwas mitgehen lassen, was nach einem Erbstück aussieht. Er weiß, wenn er einen Gegenstand zurückläßt, der seinem Besitzer ans Herz gewachsen ist, sammelt er Pluspunkte und hilft dem Bestohlenen, den Verlust der übrigen Sachen zu verschmerzen. Außerdem bringt ihm das Glück. Er bekennt sich zu jedem Verbrechen außer Mord und hat sogar einmal in R'lenes Haus auf Mallorca versucht, sich das Leben zu nehmen. Die zehn Dollar, die ich ihm ab und zu gebe, garantieren mir, daß er nie bei mir einbrechen wird, obwohl er mir anvertraut hat, daß Brüche im ersten Stock inzwischen seine Kräfte übersteigen und er normalerweise einen Helfer anheuern muß, wenn er von einer guten Gelegenheit erfährt. An willigen jungen Männern herrscht an der Lower East Side kein Mangel. Feuerleitern und Regenrohre sind nichts mehr für Herbert Huncke. Es gibt andere Möglichkeiten, in die Festen der Reichen einzudringen, sagt er.

Zum Beispiel?

Es ist schier unglaublich, wie viele warme Portiers und Hausmeister es an der Park und der Fifth gibt. Wenn ich die richtigen Deals mache und diesen Körper mit jenem Körper zusammenbringe, winken sie mich durch, so daß ich praktisch in manchen dieser Wohnungen ein Nickerchen halten könnte. In der guten alten Zeit, als ich noch jung war, habe ich mich selbst verhökert und ja, doch, ich bin sehr gut damit gefahren, danke der Nachfrage. Einmal hat mich so ein hohes Tier von einer Versicherung erwischt, und ich hab mich schon auf ein Jahr Knast gefaßt gemacht, aber er hat nur seiner Frau etwas zugerufen, die brachte Martinis, und am Ende machten wir einen flotten Dreier. Das waren noch Zeiten. Damals waren wir noch nicht schwul, nur vom anderen Ufer.

Tags darauf liegt auf meinem Pult ein Protestbrief mit der Unterschrift »Eine Mutter«. Sie will anonym bleiben, damit ich es nicht an ihrer Tochter auslasse, die am Abend heimgekommen ist und den Eltern von dieser verachtenswerten Kreatur erzählt habe, Honky, bei der es sich, so wie ihre Tochter es geschildert habe, kaum um eine Gestalt handeln dürfte, die der Jugend Amerikas als Vorbild dienen könne. Ihr, der Mutter, sei zwar bewußt, daß es solche Existenzen an den Rändern der amerikanischen Gesellschaft gebe, aber es müßten sich doch vielleicht andere Persönlichkeiten finden lassen, die man den Jugendlichen als Beispiele für »das Wahre und das Gute« vorführen könne. Menschen wie Elinor Glynn oder John P. Marquand.

Ich kann auf diese Mitteilung nicht reagieren, kann nicht einmal vor der Klasse darüber sprechen, weil ich damit die Tochter in Verlegenheit bringen könnte. Ich verstehe ja die Bedenken der Mutter, aber wenn hier Kreatives Schreiben mit einem Seitenblick auf Literatur unterrichtet werden soll, wo sind dann die Grenzen für den Lehrer? Wenn ein Junge oder ein Mädchen eine Geschichte über Sex schreibt, darf die dann im Unterricht vorgelesen werden? Nachdem ich über die Jahre Tausende von Teenagern unterrichtet, ihnen zugehört, ihre Arbeiten gelesen habe, weiß ich, daß ihre Eltern sich übertriebene Vorstellungen von der Unschuld ihrer Sprößlinge machen. Die Schüler waren meine Nachhilfelehrer.

Ohne Huncke zu erwähnen, taste ich mich an das Thema heran. Schaut euch die Biographien von Marlowe, Nash, Swift,

Villon, Baudelaire oder Rimbaud an, von nichtswürdigen Charakteren wie Byron und Shelley ganz zu schweigen, bis hin zu Hemingways lockerem Umgang mit Frauen und Wein und Faulkner, der sich drunten in Oxford, Mississippi, totgesoffen hat. Oder denkt an Anne Sexton, die sich umgebracht hat, genau wie Sylvia Plath, und John Berryman, der von einer Brücke gesprungen ist.

Ach, was bin ich doch für ein Connaisseur der Nachtschatten.

Herrgott noch mal, McCourt, hör auf, die Kinder zu drangsalieren. Halt dich zurück. Laß sie sein, sie kommen schon heim, und wenn sie nicht mit den Schwänzchen wackeln, liegt das daran, daß sie ganz rammdösig sind vom Gefasel ihres Englischlehrers.

Strebsame Schüler heben die Hand und erkundigen sich, wie ich ihre Leistungen für die Zeugnisse bewerten werde. Die üblichen Tests müßten sie ja bei mir nicht machen: keine Multiple Choice, kein Ausfüllen leerer Felder, kein Richtig oder Falsch. Besorgte Eltern stellen Fragen.

Ich sage den strebsamen Schülern, bewertet euch selbst.

Was? Wie können wir uns denn selbst bewerten?

Das tut ihr doch ständig. Wir alle tun es. Ein andauernder Prozeß der Selbstbewertung. Gewissenserforschung, Herrschaften. Stellt euch ehrlich die Frage, hab ich etwas daraus gelernt, daß wir Rezepte als Lyrik gelesen, »Elsi, die Brave« wie ein Gedicht von T. S. Eliot besprochen, uns in »Walzer mit meinem Vater« vertieft haben, daß wir uns James' und Daniels persönliche Berichte von ihrem Abendessen angehört, auf dem Stuyvesant Square geschlemmt, Mimi Sheraton gelesen haben? Ich sage euch, wenn ihr aus alledem nichts gelernt habt, dann habt ihr entweder Michaels ergreifendes Violinspiel und Pams epische Ode an eine Ente verschlafen, oder, und das ist durchaus möglich, Freunde, ich bin ein lausiger Lehrer.

Tosender Beifall. Ja, genau, Sie sind ein lausiger Lehrer. Und wir lachen alle, weil es teilweise stimmt und weil sie es sagen dürfen und weil ich den Spaß verstehe.

Die strebsamen Schüler geben sich damit nicht zufrieden. Sie wenden ein, in anderen Klassen sagt einem der Lehrer, was man alles wissen muß. Der Lehrer unterrichtet es, und der Schüler lernt es. Dann hält der Lehrer eine Prüfung ab, und man bekommt die Note, die man verdient.

Die strebsamen Schüler sagen, es befriedigt einen, im voraus zu wissen, was man wissen sollte, damit man sich anstrengen kann, dieses Wissen zu erwerben. In dieser Klasse weiß man nie, was an Wissen von einem erwartet wird, also wie kann man dann lernen oder sich gar selber bewerten? In dieser Klasse weiß man nie, was einem am nächsten Tag blüht. Die große Frage am Schuljahresende lautet, wie kommt der Lehrer zu seinen Noten?

Ich sage euch, wie ich zu meinen Noten komme. Erstens, wie war es um eure Anwesenheit bestellt? Auch wenn ihr nur still dagesessen und über die Diskussionen und die Lesungen nachgedacht habt, habt ihr bestimmt etwas gelernt. Zweitens, habt ihr euch beteiligt? Habt ihr euch am Freitag hier hingestellt und etwas vorgelesen? Irgend etwas. Geschichten, Aufsätze, Gedichte, Theaterstücke. Drittens, habt ihr euch zu den Arbeiten eurer Klassenkameraden geäußert? Viertens, und das liegt ganz bei euch, könnt ihr über diese Erfahrung nachdenken und euch fragen, was ihr gelernt habt? Fünftens, habt ihr nur dagesessen und vor euch hin geträumt? Wenn ja, dann gebt euch dafür selbst eine Note.

An dieser Stelle wird der Lehrer ernst und stellt die große Frage: Was ist Lernen überhaupt? Was machen wir an dieser Schule? Ihr könnt sagen, ihr wollt euren Abschluß machen, damit ihr aufs College geht und euch auf eine Karriere vorbereiten könnt. Aber, liebe Mitschüler, es ist mehr als das. Ich mußte mich fragen, was zum Geier ich in einem Klassenzimmer mache. Ich habe für mich selbst eine Gleichung aufgestellt. Auf die linke Seite der Tafel schreibe ich ein großes F, auf die rechte Seite ebenfalls ein großes F. Ich zeichne einen Pfeil von links nach rechts, von der FURCHT zur FREIHEIT.

Ich glaube nicht, daß irgend jemand vollkommene Freiheit erlangt, aber was ich mit euch zusammen versuche, ist, die Furcht in die Ecke zu treiben.

17

Der Flügelschlag der Zeit braust an dein Ohr, und der himmlische Jagdhund ist dir auf den Fersen. Du wirst älter und bist doch immer noch der faselnde, scheinheilige Mick, der die Kids zum Schreiben ermuntert und anstachelt, obwohl er weiß, daß sein eigener Traum vom Schreiben verblaßt. Aber sei getrost: Eines Tages wird einer deiner begabten Schüler den National Book Award oder den Pulitzerpreis bekommen, dich zur Verleihung einladen und in einer brillanten Dankesrede kundtun, daß er oder sie alles dir verdankt. Man wird dich auffordern, dich zu erheben. Du wirst die Huldigung der Menge entgegennehmen. Das wird dein Augenblick in der Sonne sein, der Lohn für Tausende gehaltener Unterrichtsstunden, Millionen gelesener Wörter. Dein Preisträger umarmt dich, und du verschwindest wieder in den Straßen von New York, der kleine alte Mr. Chips, der sich die Treppe zu seiner Mietwohnung hinaufschleppt, wo er einen Kanten Brot im Kasten hat, einen Krug Wasser im Kühlschrank und eine Glühbirne mit bescheidener Wattzahl über seinem zölibatären Bett.

Das große amerikanische Drama ist der Zusammenprall von Jugend und mittlerem Alter. Meine Hormone verlangen nach einer ruhigen Waldlichtung, ihre schreien, pulsieren, fordern.

Heute wollen sie nicht von Lehrern oder Eltern drangsaliert werden.

So wenig, wie ich von ihnen drangsaliert werden möchte. Ich will sie nicht sehen und nicht hören. Ich habe meine besten Jahre in der Gesellschaft quäkender Halbwüchsiger vergeudet. In der Zeit, die ich in Klassenzimmern zugebracht habe, hätte ich Tausende von Büchern lesen können. Ich hätte die Forty-second

Street Library durchkämmen können, die eine Seite hinauf und die andere hinunter. Wenn die Kids doch verschwinden würden! Ich bin nicht in Stimmung.

An anderen Tagen kann ich es kaum erwarten, ins Klassenzimmer zu kommen. Ich stehe ungeduldig auf dem Flur. Ich scharre mit den Füßen. Jetzt machen Sie schon, Mr. Ritterman. Beeilen Sie sich. Beenden Sie Ihre blöde Mathestunde. Es gibt ein paar Dinge, die ich dieser Klasse sagen will.

Eine junge Lehramtsanwärterin saß neben mir in der Lehrerkantine. Sie sollte im September ihre reguläre Lehrtätigkeit aufnehmen und fragte mich, ob ich ihr einen Rat geben könne.

Finden Sie heraus, was Sie lieben, und tun Sie es. Darauf läuft es hinaus. Zugegeben, ich habe das Lehrersein nicht immer geliebt. Ich war in unbekannten Gewässern unterwegs. Man ist auf sich gestellt im Klassenzimmer, ein Mann oder eine Frau vor fünf Klassen täglich, fünf Klassen von Teenagern. Eine Energieeinheit gegen hundertfünfundsiebzig Energieeinheiten, hundertfünfundsiebzig tickende Zeitbomben, und man muß Wege finden, seine Haut zu retten. Vielleicht mögen sie einen, vielleicht lieben sie einen sogar, aber sie sind jung, und es ist Sache der Jungen, die Alten vom Planeten zu schubsen. Ich weiß, ich übertreibe, aber es hat wirklich was von einem Boxer, der in den Ring steigt, oder einem Stierkämpfer, der in die Arena hinaustritt. Man kann k. o. geschlagen oder aufgespießt werden, und das ist dann das Ende einer Lehrerlaufbahn. Aber wenn man durchhält, lernt man mit der Zeit die Tricks. Es ist alles andere als leicht, aber Sie müssen sich im Klassenzimmer wohl fühlen können. Sie müssen egoistisch sein. Im Flugzeug sagt man Ihnen, falls die Sauerstoffzufuhr ausfällt, sollen Sie Ihre eigene Maske zuerst aufsetzen, obwohl Sie instinktiv zuerst an Ihr Kind denken würden.

Das Klassenzimmer ist ein Ort höchster Dramatik. Sie werden nie erfahren, was Sie den Hunderten, die da kommen und gehen, angetan oder was Sie für sie getan haben. Sie sehen sie hinausgehen: träumerisch, abwesend, spöttisch, bewundernd, lächelnd, ratlos. Nach ein paar Jahren wachsen Ihnen Antennen. Sie merken es, ob Sie sie erreicht oder abgeschreckt haben. Das ist Chemie. Psychologie. Instinkt. Sie sind mit den Kindern zusammen, und solange Sie Lehrerin bleiben wollen, gibt es kein Entrinnen. Hoffen Sie nicht auf Hilfe von Menschen, die dem Klassenzimmer entflohen sind, von den Höhergestellten. Die sind immer gerade beim Mittagessen oder denken an Höheres. Sie sind mit den Kindern allein. Ah, es klingelt. Tschüs. Finden Sie heraus, was Sie lieben, und tun Sie es.

Es war April, draußen schien die Sonne, und ich fragte mich, wie viele Apriltage, wie viele Sonnentage mir noch blieben. Mich beschlich das Gefühl, daß ich den High-School-Schülern von New York nichts mehr über das Schreiben oder irgendein anderes Thema zu sagen hatte. Es kam immer öfter vor, daß ich einen Satz nicht vollendete. Ich wollte hinaus in die Welt, bevor ich aus der Welt war. Wer war ich, daß ich vor anderen über das Schreiben redete, obwohl ich noch nie ein Buch geschrieben, geschweige denn veröffentlicht hatte? Was ich alles erzählt, was ich alles in Hefte gekritzelt hatte, führte zu nichts. Und wunderte das nicht auch die Schüler? Fragten sie sich nicht, wieso redet der so viel über das Schreiben, wenn er es noch nie selber gemacht hat?

Es ist an der Zeit, mich in den Ruhestand versetzen zu lassen, von meiner nicht eben fürstlichen Lehrerpension zu leben. Ich werde endlich die Bücher lesen, zu denen ich in den letzten dreißig Jahren nicht gekommen bin. Ich werde stundenlang in der Forty-second Street Library sitzen, an dem Ort, der mir in New York der liebste ist, ich werde durch die Straßen laufen, im Lion's Head ein Bier trinken, mit Deacy, Duggan und Hamill reden, Gitarre spielen lernen und hundert Songs dazu, meine

Tochter Maggie im Village zum Essen ausführen, in meine Notizbücher kritzeln. Vielleicht wird ja was daraus.

Ich komm schon klar.

Guy Lind war im zweiten Jahr, als er an einem matschigen Wintertag einen Regenschirm mit in die Schule brachte. Im ersten Stock traf er einen Freund, der auch einen Regenschirm dabei hatte. Sie begannen, mit den Regenschirmen zu fechten, bis der Freund ausrutschte und die Spitze seines Regenschirms sich in Guys Auge bohrte, wodurch er halbseitig gelähmt wurde.

Er wurde ins Beth Israel Hospital auf der anderen Straßenseite gebracht, und damit begann eine lange Wanderschaft von Stadt zu Stadt, von Land zu Land. Er kam sogar nach Israel, wo sie wegen all der Kämpfe in puncto Wundheilung stets die Nase vorn haben.

Guy kam im Rollstuhl und mit einer schwarzen Augenklappe in die Schule zurück. Nach einer Weile konnte er sich mit Hilfe eines Gehstocks durch die Gänge bewegen. Schließlich ließ er den Stock weg, und man hätte nichts mehr von dem Unfall bemerkt, wären da nicht die schwarze Augenklappe und ein nutzlos auf dem Tisch liegender Arm gewesen.

Guy saß in meiner letzten Stunde und hörte Rachel Blaustein zu. Sie sprach über einen Lyrikkurs, den sie bei Mrs. Kocela besuchte. Der Kurs und Mrs. Kocelas Art, über Dichtung zu sprechen, machten ihr zwar Spaß, aber im Grunde genommen sei es Zeitverschwendung. Worüber solle sie schreiben, wo doch alles in ihrem Leben perfekt sei? Ihre Eltern seien glücklich und erfolgreich, und sie, Rachel, ihr einziges Kind, auf dem Weg nach Harvard und durch und durch gesund.

Ich sagte, sie könne auch noch Schönheit in ihren Katalog der Vollkommenheiten aufnehmen.

Sie lächelte, aber die Frage blieb: Worüber konnte sie schreiben?

Jemand sagte, deine Sorgen möchte ich haben, Rachel. Wieder lächelte sie.

Guy erzählte von seinen Erfahrungen in den letzten zwei Jahren. Obwohl er so viel durchgemacht habe, würde er nichts ändern wollen. In einem Krankenhaus nach dem anderen hatte er zerschmetterte, kranke, still vor sich hin leidende Menschen angetroffen. Er sagte, das habe seinen Unfall in ein anderes Licht gerückt. Er habe Abstand zu sich selbst gewonnen. Nein, er würde nichts ändern.

Das ist ihre letzte Stunde an der High School, und meine auch. Tränen und Staunen, weil Guy uns zum Abschied eine Geschichte erzählt hat, die uns mahnt, froh zu sein über das, was wir haben.

Die Glocke läutet, und sie bewerfen mich mit Konfetti. Sie wünschen mir ein schönes Leben. Ich wünsche ihnen dasselbe. Bunt gesprenkelt gehe ich durch den Korridor.

Jemand ruft mir nach, he, Mr. McCourt, Sie sollten ein Buch schreiben.

18

Ich probier's.

DANKSAGUNG

Dank an die American Academy in Rom für drei Monate Gelehrsamkeit, Glanz und gute Laune.

Dank an Pam Carter vom Savoy Hotel in London dafür, daß sie mich drei Monate in einer River Suite verwöhnt hat.

Dank an meine Agentin Molly Friedrich für helle Worte an dunklen Tagen.

Pauken und Trompeten für meine Lektorin Nan Graham. Ich habe Wörter aneinandergereiht, doch unter meinen staunenden Augen hat sie gemeißelt und geformt, bis ein Buch zum Vorschein kam.

Und Liebe Dir, Ellen, meiner Wunderfrau, stets heiter und strahlend, stets bereit für das nächste Abenteuer, stets herzlich.

Frank McCourt

Wo ist das Christkind geblieben?

Eine Weihnachtsgeschichte
Bilder von Reinhard Michl

32 Seiten, 16 Illustrationen, Halbleinen
ISBN 978-3-630-87270-4

Frank McCourts hinreißende Weihnachtsgeschichte nimmt eine Anek-
dote aus der Kindheit seiner Mutter
Angela auf, die sie dem kleinen Frankie selbst erzählt hat. Als Angela sechs
Jahre alt war, machte sie sich große
Sorgen um das Christkind, das in der
Krippe der kalten St.-Josephs-Kirche

in ihrer Heimatstadt Limerick sicher bitterlich frieren muss-
te. Und dann ist das Christkind eines Tages spurlos verschwunden …

»Wenn er aus seinem Leben erzählt, vergessen Jungen und
Mädchen alles andere. McCourt ist ein begnadeter Schriftsteller.« *TV Today*

Luchterhand **).**

www.luchterhand-verlag.de